中国文化概论十五讲

主审 丁钢
主编 樊娟 单辉 徐晓明

江苏大学出版社
JIANGSU UNIVERSITY PRESS
镇江

图书在版编目(CIP)数据

中国文化概论十五讲 / 樊娟，单辉，徐晓明主编. — 镇江：江苏大学出版社，2020.8(2025.1 重印)
ISBN 978-7-5684-1423-4

Ⅰ. ①中… Ⅱ. ①樊… ②单… ③徐… Ⅲ. ①中华文化—高等职业教育—教材 Ⅳ. ①K203

中国版本图书馆 CIP 数据核字(2020)第 161784 号

中国文化概论十五讲
Zhongguo Wenhua Gailun Shiwu Jiang

主　　编/樊　娟　单　辉　徐晓明
责任编辑/任　辉　张　平
出版发行/江苏大学出版社
地　　址/江苏省镇江市京口区学府路 301 号(邮编：212013)
电　　话/0511-84446464(传真)
网　　址/http://press.ujs.edu.cn
排　　版/镇江市江东印刷有限责任公司
印　　刷/江苏扬中印刷有限公司
开　　本/718 mm×1 000 mm　1/16
印　　张/16
字　　数/280 千字
版　　次/2020 年 8 月第 1 版
印　　次/2025 年 1 月第 8 次印刷
书　　号/ISBN 978-7-5684-1423-4
定　　价/48.00 元

如有印装质量问题请与本社营销部联系(电话:0511-84440882)

悠悠五千年的中华文化，在人类历史的文明长河中从未断流，弘浩博大，流丽千古。今天，站在新时代的峭岸上，世人惊异地看到，中华文化辉煌灿烂，一往无前，掀起的巨浪迸发出令人惊叹的磅礴力量。它是华夏儿女的珍宝，是中华民族的精神滋养。

传承优秀文化，高等院校责无旁贷。为了落实教育部《完善中华优秀传统文化教育指导纲要》（教社科〔2014〕3号）精神，镇江市高等专科学校面向全校开设了“中华文化概论”课程。无论教师还是学生，都需要一本既系统全面又简明扼要、既通俗易懂又趣味盎然的教材。针对教学的现实需要，我们不揣浅陋，怀着敬畏之心编写了本书。

本书在内容的选择上依据三个方向：一是中国文化的渊源和成因；二是中国文化体系的内涵；三是中国文化形态的发展及其特征，以及对现代文化的影响。考虑到高职教育的实际需要和学时的限制，我们安排了十五讲的内容，其论述也是概要式的。

在编写的过程中，我们力求既交代历史发展的线索，又以逻辑的方法对各种文化形态的内在动因、本质特征及其与其他文化领域的相互影响展开论述，同时，根据中国现代化建设的实际进程和学生思想认知的实际状况，进一步发掘中华文化的现实意义。“察古以鉴今，彰往而知来”，正是学习和传承中华文化的意义所在。

本书由樊娟、单辉、徐晓明主编，丁钢教授主审。虽然编者都是长期工作在教学一线、具有高级职称和丰富教学经验的专业教师，但在编写过程中，面对浩瀚精深的中华文化，常常有力不从心之感，加上不同的章节由不同的编者完成，行文风格也略有差异，疏漏和不当之处在所难免。恳请读者批评指正并提出宝贵意见。

编　者

2020年6月

目录

绪论

第一节　文化的概念

一、文化的含义

文化究竟是什么？“文化”一词古已有之。“文”的本义指各色交错的纹理。《易·系辞下》载：“物相杂，故曰文。”《礼记·乐记》称：“五色成文而不乱。”均指此义。在此基础上，“文”引申出若干词义：一是包括语言文字在内的各种象征符号，进而具体化为文物典籍、礼乐制度。二是由伦理之说导出彩画、装饰、人文修养之义，与“质”“实”相对，所以《论语·雍也》称“质胜文则野，文胜质则史。文质彬彬，然后君子”。三是在前两层意义之上，更导出美、善、德行之义，这便是《礼记·乐记》所谓“礼减而进，以进为文”，郑玄注解为“文犹美也，善也”，《尚书·大禹谟》所谓“文命敷于四海，祗承于帝”。

“化”的本义为改易、生成、造化，如《易·系辞下》“男女构精，万物化生”，《礼记·中庸》“可以赞天地之化育”，等等。综上所述，“化”指事物形态或性质的改变。“文”与“化”合并使用，最早出现在《易·贲卦·象传》：“观乎人文，以化成天下。”孔颖达在《周易·正义》中解释道：“观乎人文以化成天下，言圣人观察人文，则诗书礼乐之谓，当法此教而化成天下也。”这里已有“以文教化”的意味。古人往往从这个角度来谈文化，如西汉刘向说：“凡武之兴，为不服也；文化不改，然后加诛。”（《说苑·指武》）晋代束皙说：“文化内辑，武功外悠。”这里的“文化”，或与天造地设的自然对举，或与无教化的“质朴”“野蛮”对举。

我们今天所说的“文化”，与古文里的“文化”含义不尽相同。今天所用的“文化”（culture）概念，是19世纪末从日文转译过来的，其源出于拉丁文cultura，原意为耕耘、耕作，后引申为对自然界的开拓之意。19世纪，随着人类学、文化学、社会学等以文化为研究对象的学科的兴起，学者们大都认为：凡是与自然状态、天然状态相对立的都属于文化现象，即“文化”与“自然”相对。自然不仅指存在于人身之外并与之对立的外在自然界，也指人类的本能、人的身体的各种生物属性等自然性。文化的实质含义是“人化”或“人类化”，是指人类主体通过社会实际活动，适应、利用、改造自然界客体而逐步实现自身价值观念的过程和一切物质与非物质成果。也就是说，自然界本无文化，自从有了人类，凡经人“耕耘”的一切均为文化。石头不是文化，但经过原始人简单打磨而成的石器却是文化；水不是文化，但水库就是文化。总之，人类的历程就是文化的历程，只要留下人类劳动痕迹的东西都可以称为文化产品。文化是人类特有的现象，文化的本质是非天然、非本能，是人为创造。动物的行为是本能，虽然人也有饮食男女之本能，但如何饮食男女却并不完全受制于自然和本能。如有的宗教主张禁欲，传统儒家思想提倡“男女授受不亲”等都是源于人的文化性、社会性。

二、文化的特性

第一，文化是人类在进化过程中衍生出来或创造出来的。自然存在物不是文化，只有经过人类有意加工制作出来的东西才是文化。

第二，文化是后天习得的。文化不是先天的遗传本能，而是后天习得的经验和知识。如男性、女性不是文化，“男女授受不亲”或自由恋爱才是文化；前者是遗传的，后者是习得的。文化的一切方面，从语言、习惯、道德一直到科学技术知识等都是后天学习得到的。

第三，文化是共有的。文化具有民族性、国度性、普遍性。所以，有“汉文化”“藏文化”之说，有“中国文化”“印度文化”“英国文化”之说，有“东方文化”“西方文化”之说。文化是人类共同创造的社会性产物，它必须为一个社会群体的全体成员所接受和遵循。纯属个人私有的东西，如个人癖好、习惯等，不为社会成员所理解和接受，则不是文化。

第四，文化具有传递性。这是指文化一经产生就被他人模仿、效法、利用。传递分为纵向传递和横向传递，纵向传递指人类将文化一代一代地传下去，横向传递指文化在不同地域、不同民族间传播。不同民族文化间的交流极大地促进了各民族社会的发展。仅以饮食文化为例，现在世界上为人们所享用的食物并不是由一个民族提供的。番茄、土豆、玉米、可可出自美洲，啤酒出自古埃及，蔗糖则出自印度，我国为这张世界食谱提供的是大米、茶叶等。

第五，文化的变迁性和文化堕距。文化不是静止不动的，而是时刻处于变化之中。一般认为，大规模的文化变迁无不是由三种因素引发：一是自然条件的变化。气候变迁、自然灾害、资源匮乏、人口变迁，都会引起文化变迁。二是不同文化之间的接触，不同国家、民族在技术、生活方式、价值观念等方面的交流会引发大的文化变迁。三是发明与发现。各种技术的发明、创造会导致人类社会文化的巨大变迁。但是，文化在变迁时其组成部分的变迁并不同步，有的部分快，有的部分慢，这就是“文化堕距”。一般来说，“物质文化”总是先于“非物质文化”发生和变迁。

三、广义文化与狭义文化

上面所谈的文化概念是广义文化，即人类创造的一切物质文明和精神文明成果。广义文化包罗万象，因此，要分析文化的结构。

关于文化结构，有物质文化与精神文化两分说，物质、制度、精神三层次说，物质、制度、行为、心态四层次说，物质、社会关系、精神、艺术、语言符号、风俗习惯六大子系统说，等等。一般人们将文化划分为四个层次：物态文化层、制度文化层、行为文化层和心态文化层。这里将四层次说展开论述。

第一，物态文化，是指可触知的具有物质实体的文化事物，是人的物质生产活动及其产品的总和，以满足人类最基本的生存需要——衣、食、住、行——为目标。虽然都是满足人类基本的生存需要，但不同的民族在衣、食、住、行方面表现出很大的差异。在食的方面，如东方的特色饮食以五谷杂粮为主区别于西方的以肉食为主，以突出味道区别于西方的突出成分，以茶道区别于西方人喝咖啡。在衣的方面，如独具民族特色的服装，唐装、旗袍等外在样式及独特的丝绸材料。在住的方面，如建筑形式上以中轴对称为美、特有的大屋顶及体现家族长幼有序的群体建筑，如现存的北方四合院、皇家园林等。这些都属于第一层次文化（饮食文化、服饰文化、建筑文化）。物态文化是文化的最表层，最容易让人觉察，变化也最快。

第二，制度文化，是指人们在社会实践中建立的各种社会规范和社会组织。如经济制度、家庭婚姻制度、政治法律制度及家庭、民族、国家、宗教社团、教育、科技、艺术等各种组织，如中国特有的宗法家族制度、中央集权的君主专制制度等。

第三，行为文化，是指人们在社会实践，尤其是在人际交往中约定俗成的风俗习惯。这是一类以民风民俗形态出现，见之于日常行为之中，具有鲜明的民族、地域特色的行为模式。如中国传统节日、人生礼仪（过满月、庆寿、成年礼、婚礼、丧礼、交际礼仪等）、民间文学和艺术（神话传说、民歌、对联、灯谜、手工制品等）。

第四，心态文化，是指人类在社会实践和意识活动中长期孕育出来的价值观念、审美情趣、思维方式、道德规范、宗教信仰等深层次的内容，是文化的核心。具体而言，心态文化可分为社会心理和社会意识两个子层次。社会心理指人们日常的精神状态和思想面貌，是尚未经过加工和意识升华的流行的大众心态，如人们的要求、愿望、情绪等。社会意识则经过了系统加工，往往是由文化专家（思想家、文学艺术家等）对社会心理进行理论归纳、逻辑整理、艺术完善，并形成物化形态——通常以著作、艺术作品等方式流传下来。

广义文化的四个层次之间有着内在的联系：一般来说，心态文化尤其是其中的价值观念是根本，决定其他三个文化层。以中国传统文化的主干儒家思想为例做一说明：儒家维护父系家族制度，主张在家庭里男女有别、长幼有序，其核心道德观念是“孝”。“不孝有三，无后为大”，因此婚姻不是基于爱情，而是为了繁衍后代、传承家族，不可能是男女自由恋爱，而只能是“父母之命，媒妁之言”。这反映在民间习俗里就是，虽然没有虔诚的宗教信仰，却祭祀祖先，孝敬老人；反映在建筑里，典型如北方的四合院，适合大家庭居住的群体院落，主体建筑是坐北朝南、高大气魄的北房，由家长居住，其他偏房明显矮小，由子女儿孙居住；反映在古代法律制度里，也是维护家长、丈夫的尊贵地位。《历代刑法志》记载，凡告父母者，不论其控告是否属实，均判极刑；夫妻离异，妻子不得提出等。

与广义“文化”相对的，是狭义的“文化”。狭义的“文化”排除人类社会、历史、生活中关于物质创造活动及结果的部分，专注于精神创造活动及其结果，所以又被称作“小文化”。1871 年，英国文化学家泰勒在《原始文化》一书中提出，文化“乃是包括知识、信仰、艺术、道德、法律、习俗和任何人作为一名社会成员而获得的能力和习惯在内的复杂整体”，这是狭义“文化”早期的经典界说。在汉语言系统中，“文化”的本义是“以文教化”，亦属于“小文化”范围。毛泽东在论及新民主主义文化时说：“一定的文化是一定社会的政治和经济在观念形态上的反映。”① 这里的“文化”，也属狭义文化。

① 《毛泽东选集》，人民出版社，1991 年，第 655 页。

广义文化与狭义文化涉及的范围有别，“文化”概念的广狭，应由研究者的学科、课题、内容而定。本书肯定“大文化”概念，但基本上以“小文化”为论述范围，主要讨论涉及精神创造领域的文化现象。换言之，在本节前文剖析的文化结构四层次中，本书主要围绕第四层次即心态文化层展开论析。

需要说明的是，狭义文化在逻辑上从属于广义文化，与后者存在着不可分割的联系。我们在研究人类的精神创造活动及成果时，不能忽略物质创造活动的基础意义和决定作用；在讨论关于心态文化诸问题的时候，不能忽略物态文化、制度文化、行为文化对于心态文化的影响、制约。总之，不能将“小文化”与“大文化”割裂开来，这是历史唯物主义文化观与方法论的基本要求。

第二节　文化的功能

文化的功能是指文化系统（人类社会的三大支柱又称三大系统：政治、经济与文化）在人们的社会生活实践中，能适应和满足个人和社会多种需要的重要作用。文化的功能是巨大的，主要表现在以下几个方面：

一、记录功能

文化从被人类创造的第一天起，就起着记录的作用。当文字还没有被创造出来时，人们就通过口头语言将知识、经验、观念等口耳授受、代代相传。世界各民族的文学几乎都是在口头文学的基础上发展起来的。直至今天，一些没有文字的民族还是如此。

文字作为文化的载体，扩大了文化的记录功能。中国的甲骨文、埃及的象形文字、巴比伦的楔形文字等，都留下了人类早期社会实践的记录，让我们得以窥见远古先民的智慧和能力。而后，随着造纸术、印刷术的出现，随着科学技术和文字本身的不断发展，这种记录功能更是随时随地、无处不在地发挥作用。科学著作、史书典籍、报纸杂志、录音唱片、缩微胶卷……人类正是凭借文化的记录功能，才能在前人积累的知识经验基础上，去开拓更广更深的认知领域，创造出更加光辉灿烂的文化。不仅语言文字有记录功能，物质型文化也有这种功能。一件兵器、一种生活用具、一件艺术品，都可以使我们感知到彼时彼地人们的精神风貌和实践活动、彼时彼地的风土人情和风风雨雨。秦朝的兵马俑可以使我们重睹秦王朝的风采，而一幅《清明上河图》使宋代都市繁华热闹的生活场景又呈现在眼前。

二、认知功能

一部人类文化史，从认识论的角度看，就是一部人类认识史。人类的认识过程总是受到文化现象的制约和规范。人类正是通过文化，不断积累经验，改进自己的思维方式，提高自己的认知能力，从而逐渐地认识自然，认识社会，认识自身，认识世界。人们还通过文化，不断改进已有的物质认识工具，并创造出新的物质认识工具，从而不断增强自己的认识能力，不断提高认识质量，不断加快认识速度。从望远镜到射电望远镜，从显微镜到 CT 机，从算盘到电子计算机，从记账本到电脑终端网络，这些都是明证。

人类还通过文化，认识不同国家、民族、阶级、阶层的昨天和今天，并去探索他们的明天。

三、传播功能

任何一种文化现象都是社会现象，它在社会交往中产生和发展，自然就会在社会交往中得到传播。一件款式新颖的时装、一首中听的流行歌曲为什么能风行一时，依靠的就是文化传播功能。显然，这种传播可以是纵向的，也可以是横向的；可以在社会群体之内，也可以在社会群体之间。

语言和文字既是文化现象，又是文化的载体，其传播功能强大。语言能够传播，所以一个地区乃至一个国家都能操同一种语言，各种信息才得以交流。文字能够传播，《二十四史》为我们记载关于中国封建社会的诸多信息，现时众多的报纸杂志使“秀才不出门，却知天下事”。

实物也可以传播。古有丝绸之路、昭君出塞、文成公主入藏、郑和下西洋，促成了中国和邻国、汉族和少数民族之间的文化交流。现在，广交会上琳琅满目的商品、艺术节里精彩纷呈的节目，以及各种展览会、体育竞技比赛、学术报告会等，无不在利用文化的传播功能来促进文化的进一步交流。随着科技的不断进步，文化传播功能日臻完美，电报、电话、电台、电视、电脑、手机，使天涯若比邻，四海成一家，世界上任何一个角落里发生的事情，我们都可以在同一天，甚至即时知晓。同时，文化的传播还可以跨越时空。1977 年，美国先后发射了两艘宇宙飞船，载着地球上人类的各种信息，包括莫扎特的乐曲、中国的古琴曲《流水》及许多数学符号等，飞向茫茫的太空，向宇宙传播人类的文明。

四、教化功能

文化被人们创造出来以后，就成了人们生活环境中的有机组成部分。这种不同于自然界的人造环境，我们称为“文化环境”。它一旦产生就会反过来影响人、塑造人，发挥其教化功能。

人从呱呱坠地开始，就生活在一定的文化环境中，父母教我们说话、识别器物，教我们爱憎。长大后，学校教我们知识，教我们做人。社会上各种规章制度、风俗习惯规范我们的言行举止，教我们适应社会。文化不仅自觉教化人，而且更多的是潜移默化地教化人，使之成为社会化的人。

文化的教化功能可以是积极的，也可能是消极的。近朱者赤，近墨者黑，因而我们要积极营造健康向上的文化环境，克服文化的消极影响，塑造广大人民特别是青少年的健康的身心，以保证他们健康成长。

五、凝聚功能

文化可使处于一个社会群体中的人们在同一文化类型或模式中得到教化，从而产生相同的思维方式、价值观念和行为习惯，紧密团结在一起，产生巨大的认同抗异力量。中华民族文化的凝聚功能主要表现为伟大的爱国主义，一代一代的中国人为了民族的独立、国家的富强艰苦奋斗、努力拼搏，甚至不惜抛头颅、洒热血，使中华民族历尽劫难仍生生不息。

六、调控功能

任何一个社会群体为了共同的生存和发展，在实践过程中，都自然会要求其成员必须遵守一定的社会规范，使人们明是非、辨善恶，共同趋向某种价值观、审美观等，以保证社会在一定秩序中运行发展。这就是文化的调控功能。

“人不知耻，何以为人?”“家有家规，国有国法。”这说明文化的调控功能主要靠精神型文化和行为型文化来实现。原始社会没有阶级，没有国家，自然也没有法律，于是巫术、图腾等成为实施调控的工具；在阶级社会里，统治阶级靠法律道德甚至采取武装暴力的强制文化手段来达到实施调控的目的。

文化的调控功能是客观存在的，丰富的知识、优美的艺术、健康的体育竞技，都能给人们以美的熏陶、美的享受，能直接或间接地调节人们的社会生活。所以，我们应该以积极的态度和科学的精神，优化文化的调控功能。

第三节　中国文化与中国传统文化

一、中华民族

民族性、国度性是文化的重要属性之一。在世界历史上，各民族、各国家分别在不同的自然、社会条件的舞台上，演出了情节有别、风格各异的文化正剧。本书所论的中国文化，是指由中华民族在东亚这片广袤的土地上创造的文化。

中国，作为一个地理概念，其内涵经历了一个渐次扩展的过程。上古时，华夏族居住于黄河流域，自认为居天下之中央，故称“中国”，将周边地区称为“四方”。“民亦劳止，汔可小康。惠此中国，以绥四方”（《诗经·大雅·生民之什》），“吾闻中国之君子，明乎礼义而陋于知人心”《庄子·田子方》，均为此义。秦汉以后，以汉族为主体的大一统中央政权建立，历朝版图时有损益，但基本趋势是不断拓展。清代疆域“东极三姓所属库页岛，西极新疆疏勒，至于葱岭，北极外兴安岭，南极广东琼州之崖山”（《清史稿·地理志》）。新中国成立后，政府相继与缅甸、尼泊尔、蒙古、巴基斯坦、阿富汗等邻国签订边界条约。至此，形状酷似雄鸡的中国疆域版图最终形成。本书所论中国文化，在地域范围上，以此为界。

中华民族是中国文化的创造主体。中华民族是现今中国境内由华夏族衍变而来的汉族及55个少数民族的总称。虽然“中华民族”是一个近世概念，但“中华”之得名，由来已久。“中”，意谓居四方之中；“华”，本义为光辉、文采、精粹，用于族名，蕴含文化发达之意。“中华”一词在《唐律疏议》中的解释：“中华者，中国也。亲被王教，自属中国，衣冠威仪，习俗孝悌，居身礼仪，故谓之中华。”

在漫长的历史年代里，随着疆域的扩大、社会的发展，中国境内各民族间的联系纽带愈益强化，民族共同体诸要素（共同语言、共同地域、共同经济生活，以及表现于共同文化之上的共同心理素质）渐趋完备。进入近代，由于西方资本主义殖民势力的侵入，中国境内各族人民更增强了政治、经济、文化上的整体意识，进一步形成了自觉的民族观念，“中华民族”遂成为中国境内诸民族的共同称谓。在全世界范围内，正如梁启超在《中国历史上民族之研究》中所说，“凡遇他族而立刻‘有我中国人’之一观念浮于其脑际者，此人即中华民族一员也”。

二、中国文化与中国传统文化

中国文化是中华民族对于人类的伟大贡献。独具特色的语言文字、浩如烟海的文化典籍、嘉惠世界的科技工艺、精彩纷呈的文学艺术、充满智慧的哲学宗教、完备深刻的道德伦理，共同构成了中国文化的基本内容。

中国文化有一个生生不息的运动过程。任何一种民族文化，都有它发生、发展的历史，都有它的昨天、今天和明天。本书所论，重点在中国文化的“昨天”；具体而言，即以鸦片战争以前的中国文化，即通常所说的中国传统文化为主要对象，仅在“中国文化发展历程”部分论及中国文化的近现代发展问题。

中国传统文化是中国文化的主体部分，是先辈们留给我们的丰厚遗产。传统文化是历史的结晶，但它并不只是博物馆里的陈列品，而是有着活的生命。传统文化所蕴含的思维方式、价值观念、行为准则，一方面具有强烈的历史性、遗传性；另一方面又具有鲜活的现实性、变异性，无时无刻不在影响着今天的中国人，为我们开创新文化提供历史的根据和现实的基础。因此，传统文化距离我们并不遥远，在现实生活的强劲脉搏里，我们时时刻刻都能够感觉到它的存在。传统文化在影响现实的同时，也在新的时代氛围中发生蜕变。所以，本书在审视中国传统文化的丰富内涵之后，也以一定篇幅讨论它的转型与新生。

第四节　学习中国传统文化的目的、意义和方法

一、学习中国传统文化的目的和意义

（一）有助于更加准确而深入地了解我们的国情

国情不仅有地理资源、人口种族、经济政治等方面的含义，更有文化传统方面的含义，如哲学思想、法律制度、文学艺术、宗教传统、科学技术、民间习俗等。文化是民族、国家分野的标志。在不同的国家、民族或群体之间，文化所表现的区别要比人类的肤色或任何其他生理现象所表现的区别深刻得多。地域、疆界只能划出国家、民族形式上的区别，只有文化才能表现出其内在的区别。

（二）有助于增强民族自豪感、爱国情怀及全世界华人的凝聚力

中国传统文化给予东亚、东南亚周边国家以巨大影响，并且远播中亚及欧洲，为人类文明进步做出了巨大贡献，至今其原曲精神愈见生机与活力。中国传统文化是祖先留给我们的珍贵精神遗产，我们一定要珍惜并发扬光大。

5000年灿烂的中华文化，是维系全世界华人的精神纽带。台湾著名诗人余光中先生称屈原是他写作的“蓝墨水的上游”，他曾在《从母亲到外遇》一文中言道：“大陆是母亲，不用多说。烧我灰，我的汉魄唐魂仍然绕着那片后土。那无穷无尽的故国，四海漂泊的龙族叫她做大陆，壮士登高叫她九州，英雄落难……叫她做江湖。还有那上面正在走动着的、那下面早歇下的，所有龙族。还有几千年下来还没有演完的历史，和用了几千年似乎要不够用了的文化。……这许多年，我所以在诗中狂呼着、低呓着中国，无非是一念耿耿为自己喊魂。不然我真会魂飞魄散，被西潮淘空。”这深情的吟咏，代表了所有海外华人的心声，即我们同文同种一家亲。

（三）有助于辨别中国传统文化的良莠，抛弃糟粕，继承优秀文化传统，建构具有现代意识的新文化

诚然，中国传统文化并不全都是精华，其中有不少糟粕，有许多已不适应现代社会的发展，甚至近代以来中国的落后也与中国文化中的一些内容有关。外国文化中确有许多先进的、有价值的内容，我们不应盲目自大，故步自封，反对学习外来文化。但是，所有这些都不能成为鄙视和否定中国传统文化及其价值的理由，更不能简单地认为，一个民族的生活样式和心理积淀的文化，是想抛弃就抛弃得了的。正确的态度应是对传统文化进行分析辨别，有的抛弃，有的继承，有的改造或转化。马克思说过：“人们自己创造自己的历史，但是他们并不是随心所欲地创造，并不是在他们自己选定的条件下创造，而是在直接碰到的、既定的、从过去继承下来的条件下创造。”①

传统并不是与我们今天分离或隔绝的对象，在传统属于我们之前，我们早已属于传统。传统文化是历史的结晶，但它不是博物馆里的陈列品，而是源头活水。“传统并不仅仅是一个管家婆，只是把它所接受过来的忠实地保存着，然后毫不改变地保持着并传给后代。它也不像自然的过程那样，在它的形态和形式的无限变化与活动里，永远保持其原始的规律，没有进步。”②传统文化所蕴含的思维方式、价值观念和行为准则，一方面具有强烈的历史性、遗传性，另一方面又具有鲜活的现实性、变异性，无时无刻不在影响着今天的中国人，为我们开创新文化提供历史根据和现实的基础。由上可知，传统文化是建立现代文化的基础，我们只有深入地学习它、研究它、分析它，才能根据时代发展的要求，不断对之调整、改造、提高，使之永葆生命力，

---

① 《马克思恩格斯选集》（第2卷），人民出版社，1982年，第122页。

② 黑格尔：《哲学史讲演录》（第1卷），商务印书馆，1978年，第8页。

而不致成为博物馆中的古董或陈列品。

（四）有助于把握中国文化的精神和特点，在世界文化之林中保持民族特色

常言道“越是民族的，越是世界的”，在经济全球化浪潮涌动的今天，并行不悖的是文化寻根。这是因为文化带有不同于经济的特点和功能，经济一般解决人们的物质需求，而文化则为人们提供精神食粮。随着物质生活水平的提高，人们愈来愈渴求丰富多彩的精神活动。试想，如果全世界的人穿同样的服装，住同样的摩天大楼，吃相同的食物，说同样的语言，生活该是多么乏味！独具特色的中华文化——汉字汉语、书法国画、中餐中服、中医中药、文学艺术、园林建筑、民俗习惯等，应是世界文化中一道靓丽的风景！

（五）有助于提高个人的文化修养和培育人文精神

中国传统文化内涵丰富，格调高雅，哲理深邃，意境高远，具有强烈的感染力。学习它，有助于矫正现代学科分类过细所带来的知识结构单一问题。中国文化中最有价值的部分，是它的人文精神。天、地、人三位一体，而人是最重要的。以人为本，因之也就重视自我，重视人性和独立人格。但是，在中国文化里，人不是孤立的不受制约的个体。人既与自然融为一体，不违背自然的本然状态，与自然相亲、相依存；又是社会群体中的一分子，依存于人际关系中，承担着社会责任。这种既重视自我、重视人性和人格尊严，又重视个体与自然、个体与社会的依存关系的精神极为突出。这种人文精神具体表现为：既追求个体的独立气节，又讲究对他人的仁爱情义；既有修身齐家治国平天下的入世抱负和忧国忧民的社会责任感，又有超然物外的洒脱精神和琴棋书画的艺术追求，这些是成为一个现代健全人格的精神源泉。

二、学习中国文化的方法

（一）历史梳理与逻辑分析相结合

中国文化历经数千年演化，内容异常丰富。我们既要对它的来龙去脉有一个明晰的了解，又要避免被无法穷尽的枝节材料淹没，唯有将历史的方法与逻辑的方法有机地结合起来。正如恩格斯所说：“历史常常是跳跃式地和曲折地前进的，如果必须处处跟随着它，那就势必不仅会注意许多无关紧要的材料，而且会常常打断思想进程……因此，逻辑的研究方式是唯一适用的方式。但是，实际上这种方式无非是历史的研究方式，不过摆脱了历史的形

式，以及起扰乱作用的偶然性而已。”①

（二）典籍研习与社会考察相结合

中国文化的要义，多被记录在汗牛充栋的古籍之中。研读这些古籍，尤其是其中具有经典意义的文献，如《诗经》《周易》《论语》《史记》等，对于我们把握中国文化的精髓，无疑是非常重要的。但这只是问题的一方面，另一方面，中国文化的众多要素，是以非文本的形式存留于社会生活之中的，例如起居习俗、宗教礼仪、道德规范等。这就要求我们将研究视野扩大到文本之外的社会生活的宽阔领域，将典籍研习与社会考察结合起来，相互比照、相互印证、相互补充，从而对于生生不息的中国文化有一个动态的、全面的了解。

（三）批判继承与开拓创新相结合

千百年来，我们的先辈对于滋养自己的中国文化，进行过详尽的研究，取得了丰硕的成果。我们没有理由拒绝这一份珍贵的遗产。苛求前人、否定过去、打倒一切的非历史主义和民族虚无主义态度，是不可取的。但是，我们又不能被前辈的认识成就束缚。一味沿袭前说，只会窒息科学的生命。新的时代、新的社会，对于中国文化的研究提出了新的课题、新的要求。为了完成这一历史使命，我们唯有以历史唯物主义的科学观点和方法，批判地继承前贤已经取得的成就，与时俱进，不断开拓创新，如此才能在中国文化研究领域有所发现、有所发明、有所创造、有所前进。

【思考与练习】

1. 如何理解文化的内涵和特性？
2. 怎样理解广义文化与狭义文化的联系和区别？
3. 文化具有哪些调节功能？
4. 文化结构的四层次说包括哪些内容？
5. 结合个人认识谈谈学习、研究中国传统文化的重要意义。

① 《马克思恩格斯选集》（第2卷），人民出版社，1982年，第122页。

第一讲 中国文化产生与发展的物质基础

任何类型的文化都是在一定类型的文化土壤中成长起来的，正如不同的气候、土质适宜不同的作物生长一样，不同的文化土壤自然会生长不同的文化。

大体而言，中国传统文化产生的土壤是：极有回旋余地的半封闭的暖温带大陆国家；以农业为主干的经济结构而非发达的游牧业或工商业经济结构；在社会组织上不同于中世纪亚欧等级制度和印度种姓制的血缘宗法制而是独特的君主专制制度。地理环境、生产方式、社会组织、政治制度这四个层次的格局，共同构成了中国文化的根基，决定了中国文化形成的类型。中国文化的一系列优点与缺点，都与此或远或近、或深或浅地存在着联系。

影响中国文化产生与发展的物质基础有两个：一是地理环境条件，二是自然经济条件。一方面，中国文化是在古代中国特定的自然地理环境和人文地理环境中孕育产生并发展起来的，它以独特的面貌按照自身发展的规律呈现在世界文化之林。因此，了解中国自然地理环境的基本特征和人文地理环境的基本特征，我们便可了解地理环境对中国文化的形成、延续有怎样的影响，又是以什么方式来施加影响的，由此而形成了中国文化怎样的特征。另一方面，中国文化还根植于农耕自然经济的肥沃土壤之中。黄河流域作为中华民族的摇篮，也是农耕文明的发祥地。随着社会的发展，农耕文明的重心渐次向长江流域和钱塘江流域南移。在这个过程中，农耕文明与游牧文明在对立中相互融合，形成了多元的中华文化。农耕经济作为一种自然经济形态，影响和制约了中国文化的产生与发展。同时，它的持续性决定了中国文化的延续力，其多元结构形成了中国文化的包容性，而其早熟的特性也造就了中国文化的凝重性。

第一节　中国文化的地理环境

地理环境是文化形成与发展的基础，文化的产生与发展离不开地理环境。中国文化产生和发展的历史地理生态环境，包括两个方面：自然地理环境和人文地理环境（又分为经济地理环境和社会文化地理环境）。自然地理环境，如气候、地形、地貌、水文、植被、海陆分布等，发展变化的速度比较缓慢，有时需要相当长的时间才能为人们所觉察；但在某些阶段和某些局部地区，自然地理环境的变化也可能发生得非常迅速、非常剧烈，会造成巨大的影响。人文地理环境，如疆域、政区、民族、人口、文化、城市、交通、农业、牧业等方面，发展变化的速度比自然地理因素发展变化的速度要快得多。当然，这两方面也是相互作用的，不能截然分开。但无论如何，地理环境是发展变化的，历史上的地理环境不同于现在的地理环境。因此，我们在考察中国的传统文化时，必须将它们放在当时的地理环境条件下，注意研究地理环境对文化发展的影响，这样才能了解中国文化为什么会是这样的。

一、中国地理环境的基本特征

（一）自然地理环境

自然地理环境包括气候、地形、地貌、土壤、水文、山川、植被、海陆分布等直接影响人类生存生活的地理区域空间和地理生态环境。

1. 地形、地貌特征

（1）形态多样，山区面积广大。中国的地形地貌形态多样，几乎包含了世界上所有的地形地貌，有高原、平原、戈壁、沙漠、丘陵、盆地、高山、湿地等。中国又是一个多山的国家，山地、高原和丘陵约占全国土地总面积的65%。海拔500米以下的土地面积仅占全国土地面积的25.2%，而3000米以上的却占25.9%。全球海拔超过8000米的12座山峰中，中国就有7座。

（2）西高东低，呈阶梯状分布。中国的地势西高东低，高差悬殊。高山、高原及大型内陆盆地主要分布在西部，丘陵、平原及较低的山地多见于东部，宽阔缓斜的大陆架则在我国大陆东南侧延伸于海下。地势自西而东层层下降，形成地形上的三级台阶，习惯上称其为“三大阶梯”。青藏高原是最高的第三级的地形阶梯，被称为“世界屋脊”，海拔在4000～5000米，许多山峰超过7000米。高原的东侧是举世闻名的横断山高山峡谷地带，高原内部的巨大山脉间地势宽缓，湖盆星布，长江、黄河、澜沧江等亚洲大河都发源于此。青藏高原以东、以北，至大兴安岭、太行山、伏牛山、雪峰山一线为第二阶梯，其内部地形相当复杂。由此往东是最低的第一阶梯。中国的河流大部分都是自西向东而流，基本上反映了中国西高东低的地势特征。

2. 气候特征

中国的大部分领土都处在北温带，在5000年发展的历程中先后出现过互相交替的四个温暖期和四个寒冷期。由于地形、地势和地貌，中国形成了三大自然地理区，即东部季风区（东部）、西北干旱半干旱区（西北）和青藏高寒区（青海、西藏和四川西部）。从总体上看，与这些自然地理区域相对应的气候呈现出三大特征：其一，气候类型多种多样。虽然中国大部分处于温带地区，但从南到北既有热带气候，又有寒温带气候，气候类型呈多样化分布。其二，季风气候明显。冬夏有不同的风向，风向有明显的变化，降水量在不同的季节也有明显变化。偏北风盛行于冬季，偏南风盛行于夏季，降雨量多集中在7—9月。其三，大陆性气候强。冬季寒冷，夏季炎热，气温年差较大。中国冬季气温较低，夏季气温较高。与人类活动关系密切的气候一直处在变化之中，而最能反映气候变化的两个方面主要是温度与湿度。从温度变化来看，中国气候变化的基本趋势为：由温暖转向凉爽，但不同时期不同地区的幅度不同，并且有过多次反复变化。从湿度变化来看，距今五六千年前的新石器时代既是温暖期也是气候湿润期，但随后气候逐渐变得干燥。到了2500年前，气候转而变得较为湿润，之后再次变得干燥。近500年以来，我国的旱灾多于水灾，这一点在北方表现得尤其突出。

（二）人文地理环境

人文地理环境是指社会人为创造和划分的，包括疆域、政区、民族、人口、农业、牧业、交通、城市等人文地理环境因素在内的经济地理环境和社会文化地理环境。

1. 疆域与政区

（1）疆域。疆域是指一个国家所管辖的领土范围或者地域。在中国历史发展的长河中，中国的国土面积时有盈缩，基本的趋势是逐渐扩大并得以巩固，而且不少王朝都拥有过今天中国领土以外的疆域。时至今日，中国陆地领土面积稳定为960万平方公里，是仅次于俄罗斯和加拿大的世界第三大国。

（2）政区。政区就是行政区域，是国家为进行分级管理而划分出的地方，体现了国家的政治制度。

商周时期没有划分行政区域，而是采用了分封制。春秋战国时代，齐、晋、秦、楚国都有县制，以后各国又都设置了郡制。公元前221年，秦始皇灭六国统一全国建立第一个封建王朝，继续采用郡县管理模式，从而郡县制得以在全国范围内推行。

隋唐直至明清时期，行政的管理模式虽然有一些名称的改变，如州、道、省、府、路、方镇、所等，但基本上是在郡县制的范畴里略加改动，有的时候是二级制，有的时候是三级制，甚至有的时候还有四级制。清朝实行的是省—府—县管理模式。民国时期，又重新划分了政区，形成了省—道—县三级制。

新中国成立后，在省以下设置专区，后改为地区，作为省的派出机构。基本的政区依然是省（直辖市、自治区）—县二级制。改革开放后，既有的专区（地区）陆陆续续改设为市，成为介于省县之间的行政区划，于是便出现了省—市—县三级制和省—县二级制并存的局面。比如，肇庆市就是介于广东省与怀集县、广宁县、德庆县等之间的行政区划。

2. 民族与人口

从中国历史的发展来看，中国自古至今就是一个多民族的国家，时至今日在中国这片热土上共同生活着 56 个民族。绝大多数民族都是在中国形成的，或者在中国繁衍生息了很长时间，进而成为中华民族大家庭的重要成员。汉族的前身是华夏诸族，经过夏、商、周三代的融合，华夏族雏形基本形成。随着自身的扩张与发展，以及其他民族的迁入，汉族与其他民族不断融合。汉族不仅人口数量庞大，在经济、文化等方面也保持了其他民族所不具备的优势。因此，早在春秋时期汉族就已经成为黄河流域的主体民族。夷泛指四周的各民族，经过春秋战国时期的华夷对举与夷蛮戎狄配合，以汉族为主体的格局基本形成，为以后中国成为一个统一的多民族国家奠定了坚实的历史基础。

人口数量、人口密度是衡量人类社会与自然环境之关系的重要标尺。中国在不同的历史时期，人口政策不一样，人口数量与人口分布也不相同。

《汉书·地理志》记载，公元 2 年在汉朝设置政区的范围内有近 6000 万人口，未列入统计的少数民族和此范围之外的中国人，估计还有数百万，合计人口超过当时世界人口（约 1.7 亿）的 1/3。12 世纪初，北宋末年境内人口已经超过 1 亿，加上辽、西夏境内和其他少数民族地区，人口就更多了，当时世界人口约有 3.2 亿，中国人口也占世界人口的 1/3 以上。1850 年，世界人口达到约 12 亿，而中国人口已突破 4.3 亿，所占比例并没有减少。当然，在以往两三千年间，中国的人口并不是直线上升的，而是经历过无数次起落。在大规模的天灾人祸持续发生时，人口损失幅度达 20% 以上的情况并不少见，有时甚至超过50%。但即使是低谷时期，中国人口在世界人口中的比例一般也在20%以上。在主要依靠人力和简单工具的条件下，中国无疑拥有世界上最强大的生产力。

这样庞大的人口分布很不均衡。公元1世纪，60%的人口分布在华北一带的，而长江以南大多数地区人口稀少，尤其在浙江南部、福建、两广、贵州等地，还有大片无人区。10世纪以后，随着经济的发展和政治中心的转移，主要的人口稠密区已经转到南方。到20世纪初，以云南腾冲—黑龙江瑷珲（今黑河）一线为界，中国形成了东南人口稠密区和西北人口稀疏区，这一格局至今仍无明显改变。

二、地理环境对中国文化产生与发展的影响

（一）对生存方式的影响

早期人类处于原始群团阶段，生产力水平极其低下，生产方式也极为简单，其生产活动、生存方式等都深受自然地理环境的限制。当时人类还没有足够的能力和自然界抗衡，所以只能消极地、被动地适应自然环境，只能在气候比较温暖、水资源比较丰富、动植物资源比较充足、土壤比较肥沃的地区生存。

适宜的自然地理环境是人类诞生的基础。当人类在适宜的自然地理环境中诞生后，在人类早期，自然地理环境对人类的生存活动、生存方式等几乎都起到了决定性作用。在野生动物资源丰富的山区丘陵地带，原始先民的生存更倾向于从事狩猎活动；在各种植物资源非常丰富的地区，原始先民则主要以种植、畜牧和植物采摘为生存方式；在气候适宜、雨水充足、土地肥沃的地区，原始先民多以农耕为主要的生存方式；靠近大海、湖泊、江河生活的原始先民，较多采用捕捞等渔业生存方式。鉴于自然地理环境的作用，人类在不同的自然地理环境中会采用不同的生存方式，以适应自然地理环境的变化，由此便形成了与生存方式、生产活动相一致的文化。所以，农耕文化、游牧文化、渔业文化，以及舞蹈文化、礼仪文化等的产生和发展都与人们长期以来在特定自然地理环境中所从事的不同生产活动和不同的生存方式有着极为密切的联系。有什么样的自然地理环境，便会有什么样的生存方式；有什么样的生存方式，便会有什么样的文化特质。

（二）对文化活动的影响

文化必须在一定的地理空间区域产生、发展，不同文化活动的开展也需要有不同的地理环境作为重要前提，特定的文化与特定的地理环境、特定的

空间区域密切相关，文化必然会打上地理环境因素的烙印。上古时代大禹治水的传说，正是先民们生活的这个区域内经常洪水泛滥，大禹为治水三过家门而不入，由此才造就了其英雄形象，这也是中国古代英雄文化形成的模式。战国时李冰父子主持修建的著名的都江堰就是根据其所在区域的地形、地貌、水文、气候等情况，通过科学分析、精心设计而兴建的。这一伟大创举既是以李冰父子为代表的彼时民众改造自然环境的积极行为，也是一项创造物态文化的重大活动，为后世人类主动地改造自然提供了丰富宝贵的经验。都江堰本身作为水利工程也是一种实体文化，形成了为民造福、以天下为己任、艰苦奋斗、无私奉献的人文精神。都江堰兴建后，可以灌溉成都平原800万亩土地，由此必然影响到这个区域内的文化活动、文化生活和文化品质，并在这个区域内为形成丰富多样的建筑文化、旅游文化、文学艺术、绘画艺术、水利文化等提供了重要的条件。类似的例子还有古代寺庙文化、古代南方少数民族的悬棺葬民俗文化、客家围龙屋文化等，都必须分布在一定的空间地理区域内才能形成并发展。

（三）对生产力的影响

其一，地理环境与生产力发展水平的相互作用制约了文化的发生发展。生产力是人类在生产过程中把自然物改造成适合自己需要的物质资料的力量，包括具有一定知识、经验和技能的劳动者，以生产工具为主的劳动资料，以及劳动对象。生产工具是生产力发展水平的最重要的标志，远古先民制造和使用生产工具的历史正反映了不同历史时期生产力发展的状况，并创造了与生产力发展水平相适应的中华文化。在原始社会，由于生产力水平极为低下，人类还没有制造先进生产工具的技术和能力，为了应付十分困难和严峻的自然生活环境，人类自然而然地结成了由若干人组成的原始群体，依靠集体的力量生存。可以说，人类在制造第一件石质工具之前没有所谓生产力。第一把石质工具的制成，不仅表明人类拥有了生产工具，也说明人类进化达到了相当的程度，同时还产生了不同的物质文化。在石器时代、青铜时代、铁器时代等不同的历史时期，远古先民普遍使用石器、青铜器或铁器，不仅促进了农业、手工业的发展，逐步提高了生产力的发展水平，同时创造了金石文化、青铜文化等不同的物态文化。近现代至今，随着生产力水平的不断提高，人类对地理环境的利用意识越来越强烈，对地理环境的利用能力和利用程度也越来越强、越来越深。随着科学技术的不断发展，人类在利用自然环境的同时，又主动地改造自然环境，为自身的发展创造有利、有用的条件。从这个意义上说，地理环境对生产力发展的影响力虽然在减弱，但是依然主导着人类活动的方式方法，由此便产生了与生产力水平相协调的文化现象。当自然灾害来临，人类所使用的救援技术、施救工具更为先进，对自然环境条件的利用也达到了前所未有的程度，由此而形成了与不同的地理环境相吻合的不同文化现象。

其二，地理环境制约着生产力发展的方向，并由此影响到文化的发生发展。生产力如何发展，向何处发展，尤其是在生产力水平较为低下的时代，地理环境往往起决定性作用，这也是人类适应自然、适者生存的历史必然。比如，在中国东南沿海人们会充分利用天然的地理环境条件，大力发展渔业生产。于是，与渔业生产有关的捕捞工具、技术、手段、船只和渔业生产者等就顺应需要而产生。在大兴安岭等森林资源丰富的地区，生产力主要向着木材加工方向发展。在广东等水资源和热能源丰富、多丘陵山地的地方，生产力发展的方向则更多地反映在经济作物种植及其加工方面。所以，地理环境作为影响文化的一种重要途径，通过对生产力发展方向和生产力基本特质的影响而制约文化的发生发展。在不同的空间区域，由于具体的地理环境状况不同，人们对渔业、造船业、种植业、农牧业、采矿业、伐木业、养殖业、冶炼业、盐业等生产的观念与思考都会有较大不同，于是与不同生产力性质相关的文化活动、民风民俗等也就不断地出现。

（四）对群体性格、心理品质的影响

人们常说，山东人豪爽义气，随性而为；江浙人聪明伶俐，善于随机应变；广东人吃苦耐劳，精明务实；客家人坚忍不拔，具有浓重的乡土情结；等等。这些群体性格、心理品质的形成与他们所居住、生活的地理环境条件有着密不可分的关系。比如，客家人长期以来居住、生活在以梅州为中心的空间区域内。这个地区是四周被高山包围的丘陵山地：东面是武夷山与九连山脉，西面是罗霄山脉，北面是南岭，南面是较为低矮的丘陵山地。在罗霄山脉的中段还有雩山山脉和武夷山相连，由此把江西南部与中部隔开，从而形成了一个相对封闭的自然环境。在这里生活的原始人类是与赣、闽、粤、浙等南方地区同一属族的百越民，他们“各有种姓，互不统属”。秦汉以后，两晋之际，尤其是唐宋以来，由于战争、灾害等，北方人不断迁徙到该地区，使得百越民逐步或被强制迁出该地区，或退出平原进入深山老林。大量北方移民居住在大山屏蔽的赣、闽、粤三角地区，与当地原始民族彼此杂居、相互通婚、互相融合，从而创造出以汉民族文化为主导，并与周边湘文化、广府文化、潮汕文化等多个地域性文化相区别的客家文化。客家文化作为一种地方性文化，蕴含着坚忍不拔的意志、勇于开拓的精神、勤劳朴实的文化品

格，并善于利用血缘、亲缘、地缘等各种条件建立同宗、同乡关系而形成团体主义精神等内涵。这些群体心理品质、群体性格特征等文化内涵的形成，自然与客家人漂泊流离的生活经历、所居住生活的自然地理环境等有着内在的因果关联。

三、地理环境对中国文化特征的影响

（一）地理环境决定了中国文化的丰富性与多样性

从地理区域来看，地域的差异使中国文化多样性的特点非常明显，形成了多元文化、区域文化的格局。所以，中国文化便有齐鲁文化、秦文化、三晋文化、荆楚文化、巴蜀文化、吴越文化、岭南文化等多元文化的区分。齐鲁大地，山海兼备；秦偏于西北，属于四塞之地；三晋土地肥沃，四季分明；巴蜀雄踞川渝，大山河流密布；荆楚扎根于两湖，滔滔长江水奔流而下；吴越专注于江浙，山清水秀，鱼米飘香；岭南盘踞南粤，气候湿热，多丘陵山地，各地文化也因此各不相同。显然，这些文化都是在不同自然地理环境影响下所形成的不同的区域性文化。这些不同区域的中国人，有着不同的宗教、语言、风俗习惯、文化心理、生活方式、思维惯性，使中国文化呈现出丰富性和多样化的特点。所以说，地理环境的多样性、复杂性是中华文化多样发展的重要基础。

从地形地貌来看，中国地形地貌的差异性很大，影响和制约了人们的行为方式、生活习俗、思维模式等，从而形成了多元化的文化。从这个意义上说，文化又有山岳文化、草原文化、河谷文化、海洋文化等。因有高山峻岭与外界隔断，所以山岳文化相对封闭和排他；草原人民重牧轻农、热情勇猛，所以草原文化具有较大的流动性与外向性；河谷文化分布于土肥雨多、适于耕种的平原盆地，农业民族更依赖于农业和土地，居安思稳，安土重迁，重农轻商，保守平和，所以河谷文化更具有包容性和内聚力；海滨的人们把海洋视为生活的必需和财富的来源，不仅注重渔业生产，还致力于海上贸易与海外交流，所以海洋文化有更显著的开放性与冒险精神。

从气候特征来看，受特定的多样化气候影响，中国形成了众多与气候有关的文化，比如节气文化、中医文化、饮食文化、服饰文化、建筑文化、诗歌艺术等。就节气文化来说，我国自古以农立国，先民们很早就注意到了四时交替、气候变化对农业生产的重要意义，所以创立了立春、雨水、惊蛰、春分、清明、谷雨、立夏、小满、芒种、夏至、小暑、大暑、立秋、处暑、白露、秋分、寒露、霜降、立冬、小雪、大雪、冬至、小寒、大寒等二十四节气。二十四节气表明了气候的变化与对农事季节的划分，节气文化顺应了农业生产的需要。历代农民“春争日，夏争时”，根据二十四节气的指引春耕秋收，不违农时。节气文化已经深深地融入各地的民风民俗之中，有的节气还成了民间的重要节日，比如清明节已经成为国人祭拜祖先、纪念往生的重大节日。就中医文化来说，中医学把外感病邪分为“风”“寒”“湿”“热”“燥”“火”，民间称之为“六淫”，其大部分都是与气候有关的。李时珍在《本草纲目》中专门讲到“四时用药例”，这表明季节的变化、气候的不同对中医用药是多么的重要。

（二）地理环境决定了中国文化的封闭性与开放性

一方面，中国文化所赖以生存发展的自然环境是相对封闭的，造成了中国文化与外部世界缺乏更多的交流。从整个地理环境来看，我国西南有高山高原，西北有戈壁荒漠，北部有草原冻土，东南又有长一万多公里的海岸线。由于生产力水平的低下，这种自然地理环境作为一种天然的屏障，阻隔了古代中国与外部世界的联系，使中国形成了一个相对独立封闭的地理单元。地理环境不仅影响了文化的传播，也使中国不同地理区域受外来文化的影响程度有较大的不同。比如，青藏高原、云贵高原、秦岭一带，在航线、铁路、公路、航道还没有开通之前与其他地区联系起来非常困难。中国文化向外传播辐射有限，异域文化也很难进入中国文化的核心区域，即便是传入了中国也会因为地理环境等原因而损耗很大，缺乏足够的生命力，因此中国文化有其封闭性。

另一方面，中国的地理环境固然形成了天然屏障，阻碍了中国文化向外部世界的传播，但无论是在中国的腹地还是在环绕陆地的沿海，都有着通向外部世界的多处通道，使中国文化与外部世界保持着一定程度上的联系，而没有完全与世界隔绝，从而又使中国文化具有一定程度的开放性。东南沿海地区航海意识的觉醒及航海技术的不断进步，不但促进了中国内陆不同地区之间的交流、腹地与沿海之间的沟通，还促使中国与外界保持着千丝万缕的联系。比如，古代不仅有陆上的丝绸之路，还有海上的丝绸之路；不仅有佛教的传入，还有西方传教士的传教；等等。可见，海洋并不是对外开放的唯一途径，地理环境也并非决定开放的唯一条件。

（三）地理环境决定了中国文化以农耕文化为主体特质

从地形地势条件来看，先民们生活在一个相对封闭独立而又以农耕生产为主的地理环境之中，这为农耕经济的发展提供了得天独厚的优越的自然条件。中国山区面积约占全国土地总面积的 2/3 以上。山区虽然不利于种植业的发展，更不利于交通运输和经济文化的交流，但这些地区矿藏丰富、森林茂密，并有大量珍贵的动植物资源。此外，黄河、长江两大河流形成了辽阔的冲积平原；四川盆地、珠江流域、淮河流域、钱塘江流域等广大的区域，土地肥沃，湖泊众多，都为农业的产生与发展提供了比较优越的地理生态环境，从而这些地区也成为以农耕经济为主的重要经济区域。

从气候条件来看，西高东低、呈阶梯状面向太平洋逐级下降的地势，又对来自东南沿海的暖湿海洋气流深入腹地具有较大的推动作用，由此而形成了中国特有的适宜于农业发展的气候条件。中国东部平原、丘陵居多，而且大部分处于北温带，降水期和高温期基本一致。受夏季风的强烈影响，东部地区一般年均降水量都在 1500 毫米以上，降雨量充分，气候温暖湿润，水利资源丰富，为中国农业的产生发展提供了优越的水热资源。这些气候条件可满足各种农作物生长发育的需要，是农业发展的自然基础。而中国西北部内陆地区多为山区，受大陆气团控制，年均降水量一般在 400 毫米以下，这是畜牧业发展的自然基础。中国分布有多种垂直的气候带，气候类型的多样性有利于发展不同层次的立体农业，适宜于林、牧、果、药等多种经营。

基于上述条件，虽然在中国幅员辽阔的土地上存在着凝重的农耕文化、内敛的海洋贸易、难以成熟的商品经济等多元化的文化类型，但是适宜于农耕的自然地理环境的影响，必然造就中华民族以农耕文明为核心的民族文化性格，必然使农耕文化成为中国传统文化的主体。在古代中国的多元文化格局中，农耕文化占据着绝对优势，是中国文化的主体，起到主导作用，引领着中国传统文化前进的方向。

第二节　中国文化植根的农耕自然经济基础

一、农耕文明的发祥地及其重心南移

中国得天独厚的地理生态环境，孕育形成了华夏民族以农耕经济为主体的经济生产形态，并由此产生了华夏农耕文明。农耕文明以小农经济“男耕女织”为基本格局，牢固地树立了“民以食为天”的思想观念。在古代中国，由于农耕经济打下的坚实基础，黄河流域和长江流域同时成为中华农耕文明的发祥地。

从目前发现的新石器时代文化——仰韶文化和龙山文化可以看出，上溯到四五千年前，黄河中游地区的华夏民族的先民们就已经从渔猎向农耕生产过渡。气候适宜、土地肥沃的黄河中游流域首先成为中华农耕文明的发祥地。

仰韶文化遗址和龙山文化遗址出土的大量文物，如农作物、农具等足以证明这一点。夏商周三代时期，农业已经成为先民们赖以生存的生活资料的主要来源，而先秦诗歌如《击壤歌》“日出而作，日落而息”等诗句更加真切地描绘了古代先民们从事农业生产的繁忙景象。正因为农业的发展达到了相当的水平，所以黄河中下游地区在很长一段时间里成为一国政治、经济和文化的中心。如秦王朝在中国大地上确立一统帝国之后，一系列固本强基的政策和措施使得“重农固本”成为治理国家的不易之道。唐朝以前，有多个朝代将国都都定于黄河中游的西安（包括咸阳），这些例子不仅说明了华夏农耕文明对自然地理环境的依赖性，也无可辩驳地成为黄河中下游首先作为华夏农耕文明发祥地的最有力明证。

在黄河中下游农耕文明得到逐步发展的同时，农业生产的不断繁荣、生产力水平的不断提高、生产技术的不断改善，特别是铁制农具、牛耕的普及，为中国农耕区域向南转移并使农耕范围不断扩大提供了有利条件。再加上北方战乱频仍、自然灾害频繁出现等原因，尤其是汉晋以降，北方边患日益严重，战火不断，导致黄河中下游农业生态环境迅速恶化。面对这样的现实，中原大批农耕男女拖家带口，举家颠沛南迁，辗转而落脚于长江中下游、江南地区及东南沿海各地。随着农耕业开始逐步向长江中下游、江南地区和东南沿海各地延伸拓展，隋唐以后，长江中下游区域迅速成为京都及边防粮食、布帛的主要供应地，农耕文明的中心也逐渐向这一区域转移。“东南财税”与“西北兵甲”共同构成了唐以后历朝社会政治稳定的基本格局。从分布于长江中下游的屈家岭文化和钱塘江流域的河姆渡文化遗址中，考古发现了大量人工栽培的稻谷、更为灵巧先进的生产工具和农业技术等，这些都表明先民农业生产已经达到相当高的水平。“苏杭熟，天下足”“湖广熟，天下足”等谚语也从另外一个角度证明了唐宋以后农耕文明重心的南移。

二、农耕文明与游牧文明的对立与互动

（一）农耕民族与游牧民族的长期对垒与融合

1. 长期对垒

农耕民族主要生活在古代中国黄河流域及其以南地区。这个地区季节变化明显，气候适宜，雨水充足，地势地形相对平稳，土地比较丰饶，适宜农作物的生长，有利于先民们从事农业生产。所以，古代农耕民族把土地作为赖以生存的稳定基础，把从事农业生产作为主要生产方式，把稳定安居作为农耕经济社会发展的基本前提。长期以来，这些地区的经济相对比较发达，

文化也较为先进。游牧民族则多生活在中国北方。这个区域内气候比较恶劣，降雨量较少，冬季比较漫长，多高山峻岭、草原冻土、荒漠丘陵，不适于农耕生产。古代游牧民族世世代代“逐水草迁徙，毋城郭常处耕田之业”（《史记·匈奴列传》），他们无城郭和耕地，只能把草原作为赖以生存的稳定基础，把畜牧业、狩猎业作为主要生产方式，把游移不定作为游牧经济社会发展的基本前提，因此被称为“马背上的民族”。牧业生产方式的自然属性决定了游牧民族不能像农耕民族那样长久地安居于某个固定的地方，为了生产和生活的共同需要，他们只能随着四时的交替不断地流动迁徙，住蒙古包，吃牛羊肉，喝奶茶，穿皮毛制品，有时还要用畜产品同农耕民族交换粮食、茶叶、布帛和铁器等物品。

在古代中国的历史发展长河中，农耕民族和游牧民族长期处于相互对垒状态。中原农耕民族生活在一片丰饶的土地上，过着男耕女织、相对稳定的生活；而北方游牧民族迫于险峻的自然环境和生存的压力，经常南下夺中原地区。据《史记·匈奴列传》记载，匈奴人“利则进，不利则退”，不仅影响了中原农耕民族正常的生活，更为重要的是给农耕民族的生存带来了巨大的威胁。在自然地理环境的各要素中，气候既是一个经常变动的非常重要的因子，也是决定农业生产丰歉的关键条件。农业是农耕社会的经济命脉，农耕社会的安定决定于农业生产发展的状况。在中国历史上，气候的变化往往是北方游牧民族南下逐鹿中原最直接的原因，寒冷期与温暖期的交替往往就是北方游牧民族小规模犯边和大规模南下的交替。北方游牧部落在出类拔萃的领袖人物带领下对中原王朝进行经济劫掠，这往往会发展演变成为大规模的战争。民族之间对垒的情况决定了历史发展的状态和方向，所以历史上就出现了北方的游牧人入主中原，建立起游牧区和农耕区并存的王朝。比如匈奴、鲜卑、契丹、女真等北方少数民族都在中原地区建立过政权，更典型的是蒙古族人和满族人在中原建立了元朝和清朝，这两个大一统的王朝。

秦汉以来，面对北方游牧民族的不断侵扰，历代王朝都竭尽全力加以抗争，比如历史上汉武帝、唐太宗、明成祖都曾有远征漠北的短暂军事行为。但长期以来，农耕民族的生产方式和生存状态使他们形成了根深蒂固的安居乐业思想，这种思想与文化特质决定了他们在面对游牧民族的大肆侵扰时，大多采取抵御的策略加以防范和对抗而一般不会主动出击。万里长城的建造正体现了中原华夏民族试图把农耕区围护起来，以抵御北方游牧民族侵扰的防御心态。所以，在古代中国，经济文化先进的中原农耕民族常常处于被动挨打的状态，而经济文化比较落后但彪悍善战的北方游牧民族则常常处于主动攻取的状态。

2. 相互融合

游牧民族与农耕民族之间的战争与争锋，往往以迁徙、聚合、和亲为结局，客观上促进了经济文化的互补和民族的融合。中原农耕民族和北方游教民族的长期对垒，只是中华文明发展史上非常重要的一个方面，更重要的一面则是两大类型民族把迁徙、聚合、战争、和亲、互市等作为中介，进行经济文化的交错互动和民族的融合。

一方面，北方游牧民族从中原农耕民族身上汲取优秀的文化营养来丰富自己。北方游牧民族由于社会经济文化水平比较落后，远远不如中原农耕民族经济繁荣富足，所以要从农耕民族身上学习先进的生产方式、文化技术和政治制度，以促进自身的发展。东汉、魏晋时期，北方和西北少数民族如匈奴、鲜卑、羯、氐、羌等不断迁往中原。他们或定居中原，和中原农耕人杂居在一起，相互通婚，互通有无；或武力攻取，在中原建立少数民族政权，统治中原农耕区。无论是迁徙定居还是巧取豪夺，游牧人往往都会在先进优裕的农耕文化氛围中被中原农耕文明同化，从而出现农耕化的趋向。比如西夏对汉字的借鉴、对儒家思想的吸收，都是在相互对垒过程中民族之间的交融。

另一方面，中原农耕民族也从北方游牧民族身上吸收有益的文化成分来完善自己。北方游牧民族体格健硕，粗犷强劲，崇尚武力，英勇善战，富于流动性。这些优秀的品质正是中原稳健儒雅的农耕民族所欠缺的，因此而成为中原农耕民族发展自我、完善自我的“补强剂”。比如，战国时期赵武灵王的“胡服骑射”，汉唐开辟通往西域的“丝绸之路”，都是中原农耕民族与游牧民族之间相互融合的结果。

（二）农耕经济与游牧经济的交错互动

1. 中国农耕经济的发展与中国历史发展的脉动是同步的

中国农耕经济即中国农业自然经济始终是各个历史阶段的主要经济成分，与中国各个历史时期的经济发展状况一脉相承。土地是农耕社会最基本、最重要的生产资料，土地所有制是农耕社会经济发展阶段的最显著标志，所以土地所有制的形式最能够反映农耕经济发展的本真。依据土地所有制的状况，我们可以将中国农耕经济大致上分为两个阶段：

第一阶段：春秋之前

殷商西周时期，农耕业已经成为中原华夏民族社会生活资料的主要来源。在这个阶段内，农耕经济具有三大特点：（1）土地国有。远古时代，土地归氏族所有。虽然中国社会发展到西周后期已经逐渐出现了土地交换、转让的现象，但是总的来看，殷商西周时期仍然属于土地国有的自然经济阶段。正如《诗经》中所描述的那样:“普天之下，莫非王土；率土之滨，莫非王臣。”周天子把国有土地和奴隶赐给各位诸侯与臣下，并可以随时再将土地和奴隶赐给或转赐给别人，拥有土地的最终所有权。土地在一定范围内实行定期平均分配，实际耕作者对土地只拥有使用权却并无所有权。（2）土地不得自由买卖。这个阶段内，土地不得自由买卖和私相授受，即所谓“田里不鬻”（《礼记・王制》）。即便是贵族阶层，在封地之外另求土地以传给子孙也是不允许的。（3）实行集体耕作。各级奴隶主贵族采用井田制的方法，把土地分配给奴隶集体耕种。井田制是中国古代社会的土地国有制度，出现于商朝，到西周时已发展得很成熟，实质是一种以国有为名的贵族土地所有制。西周时期，道路和渠道纵横交错，把土地分隔成方块，形状像“井”字，因此称作“井田”。井田属周王所有，分配给奴隶主使用，奴隶主不得买卖和转让井田，还要交一定的贡赋。奴隶主强迫奴隶集体耕种井田，周边为私田，中间为公田，要先耕种公田然后才能耕种私田。这种集体耕作的方式自然与当时的生产力水平低下有密切关系，与那个时代生产工具铜石并用的低下生产力水平相吻合。

第二阶段：东周以后

春秋战国时期，农耕业得到长足进展。从《孟子・梁惠王》等篇所表现的当时物质生活状况看，谷物生产、蚕桑业及小家畜饲养是人们衣食的基本来源。发展农业，提倡“耕战”，成为历代王朝竞相效仿的国策。这个阶段的农耕经济也有三个特点：（1）土地国有和私有并存，私有逐渐占据主导地位。这个时期，由于中原地区开始实行牛耕，使用铁制生产工具，促进了农业生产的发展，因而农业生产力得到进一步提高。之前的土地国有制形式走向瓦解，井田制被破坏并走向没落，“井田”变成了“私田”。特别是春秋战国时代，由于生产力的发展和荒地大量被开垦，贵族之间争夺公田的斗争甚至是战争也逐渐激烈并频繁起来。“争地以战，杀人盈野；争城以战，杀人盈城。”（《孟子・离娄上》）各诸侯国贵族的私田数量不断增加，出现了公田私田交错的情况，但总的趋势是土地国有向土地私有过渡。（2）土地可以自由买卖。由于各国实行了一系列的变法和改革，打破了世袭贵族土地所有时期“田里不鬻”的惯例，因而封建土地所有制逐渐得以确立。比如，战国时期，秦国商鞅推行了变法，在土地政策方面推行“坏井田，开阡陌，民得买卖”。土地买卖合法化、普遍化，出现了“富者田连阡陌，贫者无立锥之地”

（《汉书·食货志》）的现象。“为田，开阡陌”，推行的就是土地个人私有制，从而导致“井田制”瓦解。秦汉以后，实行井田制的社会基础已不复存在，但其均分共耕之法对后世的影响却极为深远。（3）单家独户耕种，男耕女织的小农业经济占据主导地位。随着土地私有化进程向纵深发展和个体家庭经济的成长，原初那种集体耕作的生产方式已经渐渐地失去了存在的必然性。春秋战国以后，奴隶主经济逐步向地主经济转化，集体生产逐步向个体生产过渡。西周时期的大规模集体耕作制，到了春秋时代则被“二十五家为一社”的小规模集体耕作制所代替。到了战国时代，则又演变成家庭耕作，“百亩之田，匹夫耕之，八口之家，足以无饥”（《孟子·尽心下》）。秦汉时期，以小家经济耕作制为主导，一个家庭男子耕田，女子纺织，“一夫不耕，或受之饥；一女不织，或受之寒”（《汉书·食货志》）。东周以后，土地日益私有化，家庭个体生产经营出现并得到迅速发展，但这并不意味着中国农耕经济完全处于纯粹的自给自足状态。事实上，伴随着自然经济的发展，商品交换也悄然出现了。虽然波浪式发展的商品经济只是作为农耕经济的一种补充形式而存在，但和西欧封建社会相比，中国古代商品经济具有发达较早的特点。商品性家庭手工业诸如纺织业等和传统的自给自足小农业相结合，形成了男耕女织的农耕经济形态，从而构成了中国古代社会生产方式的广阔基础。随着社会的发展，这种以农户为单位、以自给自足的农耕生产方式为主体、以商品性家庭手工业经济等为辅助的多元经济结构日趋完善和成熟，为中国封建经济的延续注入了活力，从而创造了唐、宋、元、明、清不同历史时期各具特色的繁荣景象。

2. 游牧经济作为一种非自足性经济类型起步较晚，对农耕经济具有依赖性

中国北方游牧业的兴起是在青铜文化背景下展开的。当中原农耕经济按照自己的发展规律渐次达到一定水平的同时，在中国的西北部地区生活着的游牧民族也在程度不同的繁衍发展。早在先秦时期，戎、羌、匈奴等少数民族便在黄河河套以西的广大山区和荒原沙漠地区活动。在中国北方和西北部地区，从秦汉时期开始，除了匈奴、羌族之外，又出现了鲜卑、羯、氐等民族，隋唐时期出现了突厥、回纥民族，两宋时期又有契丹、党项、女真、蒙古等民族。这些游牧民族居无定所，逐水草而居，善于骑射，彪悍善战。以畜牧业、狩猎为生，把马作为生产资料，把马的驯化和传播作为草原游牧业兴起的关键。正所谓“天苍苍，野茫茫，风吹草低见牛羊”（《敕勒歌》）。游牧民族生活在极端恶劣的自然环境下，形成了自身独特的民族文化品质，

更为了寻求自我的生存与发展，顺时南下侵扰中原，获取所需要的生活物资等。所以游牧经济对农耕经济有一定的依赖性。

游牧民族与农耕民族之间既有战争又有和亲、互市，促进了农耕经济与游牧经济的交错互动，由此带来了游牧经济的发展。

（三）农耕文化与游牧文化的差异与借鉴

农耕民族与游牧民族作为古代中国的两大民族类型，与之相适相应的是农耕经济和游牧经济两个经济类型。其各自的主要文化特征为：其一，农耕文化的基本特征。农耕文化是发生、形成、发展于农耕经济区域，和农耕经济相适应的一种文化类型。其主要有以下基本特征：（1）居安求稳，和谐有序，防守心态，不尚武力，热爱和平。农耕人崇尚文德，倡导“君子爱人以德”，以“德”来治理天下。（2）以土为本，稳定性强，依恋故土，具有很强的凝聚力和容纳性。（3）勤劳务实，自给自足，无求于人，安于现状。（4）安土重迁，定居封闭，因循守日，“瞻后式”思维，缺乏开拓创新意识。其二，游牧文化的基本特征。游牧文化是发生、形成、发展于游牧经济区域，和游牧经济相适应的一种文化类型。其主要有以下基本特征：（1）流动外向，开拓进取。（2）勇敢强悍，崇尚武力。（3）扩张进攻，掠夺性强。（4）地域转换频繁，文化缺乏稳定。

三、农耕经济对中国文化产生与发展的影响

（一）农耕经济的持续性对中国文化延续力的影响

中国作为一个文明古国，农耕经济的持续性是中国传统自然经济的重要特点之一，也造就了中国文化的持续性。中国自古就是以农立国，农耕业是农耕民族赖以繁衍的最基本保证，农业发展是农耕社会发展的重要动力源泉。传统农业的持续发展确保了中华文明的绵延不断，使中国文化具有极大的承受力和凝聚力。

在中国发展的历史进程中，战乱时有发生：既有中原王朝内部的战争，诸如西汉七国之乱、西晋八王之乱、唐代安史之乱等，又有北方游牧民族的侵扰和入侵，王朝的兴衰与短时期的社会动荡不可避免。所以，王朝不断更替、社会时有分裂的现象并不罕见，虽推动了历史的发展，但不可否认的是也给古代中国社会带来了极大的创伤。不过，无论社会怎么变化，王朝如何更替，农耕经济却并没有伤筋动骨，而是依然向前发展。以农耕经济为基础而形成的农耕文化在战乱与分裂洗礼之中也日益得到充实和升华，这就更增进了中国文化的坚韧性和向心力。与此同时，由于农耕经济的核心在于农业

生产，所以凡是与农业文明有关的文化就生机勃勃，延续至今依然比较发达。比如节气文化、中医文化、饮食文化、服饰文化等，在农业文明阶段在世界上一直处于遥遥领先的地位。中国传统文化虽然基于农耕经济的发展而延续不断，但是中国传统农耕文化定型较早，到了现代工业文明阶段开始走向落后，这便促使人们产生了“瞻后式”的思维方式，安土重迁，居安求稳，从而也累积了农耕文化的守旧性格，缺乏强烈的开拓创新意识。

（二）农耕经济的多元结构对中国文化包容性的影响

其一，对思想观念的包容性。春秋战国时期是中国农耕经济发展的重要转型时期，也是中国文化百家争鸣的兴隆时期。诸子百家兴起，各种学派林立，学说思想各有纷争。历史上出现了道家老子、儒家孔子、墨家墨子、天人相分的荀况、集法家学说之大成者韩非、唯物论者王充、无神论者范缜、主张“公天下”的黄宗羲、反对“独治”的顾炎武、唯物论思想家王夫之等。他们的思想学说都自成一体，但经过社会变革的洗礼，取长补短，汇总融合，从而促进了中国文化的长足发展。这从思想层面反映了中国文化的包容性格。

其二，对区域文化的包容性。在中国辽阔的土地上，不同的地理区域存续着不同的地域文化。这些不同的区域性文化虽有区别，但又相辅相成，共同构成了中国文化的一体性。比如，秦文化、齐鲁文化、晋文化、楚文化、燕赵文化、巴蜀文化、岭南文化、吴越文化等都被包容在中国文化里。甚至在某个区域内，还有更为细密的区域性文化，比如岭南文化中又有广府文化、潮汕文化、客家文化等。它们既相互区别，又相互影响、相互融合。

其三，对少数民族文化的包容性。华夏民族自古就是一个由多民族组合而成的统一体。中原汉族人从周边少数民族文化中吸收了相当多有益的成分，促进了自我的改进和完善，使中国传统文化呈现出以农耕文化为核心、以少数民族文化为重要补充的多元化特征。这点从汉族对少数民族的器用杂物、饮食服饰、乐器歌舞的喜爱和借鉴学习中可以看出。比如，盛唐时期汉人对胡骑胡音的热衷等，表明了汉文化对少数民族文化的吸纳与包容。

其四，对外来文化的包容性。外来文化主要是指国外异域文化。对外来文化的包容性是指，中国文化对其他国家和地区的文化更多的时候都能够加以识辨并采取吸收与借鉴的态度，而不是加以拒绝和排斥。中国文化先后吸纳了中亚游牧文化、波斯文化、佛教文化、伊斯兰文化、基督教文化等异域文化。比如，东汉时佛教的传入，明清之际耶稣教会传教士来华传教，西方水利、机械、火炮、数学、天文、化学、地理、测量、美术、建筑等方面科学、艺术知识和先进技术的在华传播，都显示了中华民族对外来文化的吸收。

（三）农耕经济的早熟对中国文化凝重性的影响

所谓凝重性，就是稳健庄重，灵活不足，稳重有余；开放不足，保守有余。翻开中国历史，不难看到中国农耕经济的繁荣昌盛。中华先民们居住在固定的土地上，春种秋收，日出而作，日落而息，顺应天时而按部就班地在田间劳作。他们把土地作为农业生产的根基，世世代代居住在同一个地方，长时期地采用相同的生产模式，辛勤耕作，和平共处，安于现状，形成了中国文化凝重性的品质。虽然历史上也有对外来文化的吸纳，比如唐、宋都曾有过对外经济、文化的交流，元朝在统一全国的同时恢复了海外贸易等，但是总体而言，中国古代社会处于封闭状态。比如，明朝政府曾一度封锁全部通商口岸，禁止客商往来；清朝也实行过“海禁”政策，直到鸦片战争后闭关锁国的局面才被打破。“天朝物产丰盈，无所不有，原不借外夷货物以通有无”（《海关志》），也许正是古代中国农耕经济形态下保守观念的真实写照。由此可见，在农耕经济条件下，中国一直是比较保守的，闭关锁国政策一直处于主导地位。中国传统自然经济是以农耕经济形态出现的，而且定形很早。正是农耕经济结构的多元性，促进了古代中国社会经济的发展，也造就了灿烂辉煌的中国古代文化。农耕经济的早熟孕育形成了中国文化的凝重性。

【思考与练习】

1. 地理环境对中国文化的形成与发展都产生过哪些较大的影响？请举例说明。
2. 地理环境对中国文化特征都产生过怎样的影响？
3. 农耕经济作为古代社会的自然经济形态对中国传统文化产生了哪些影响？
4. 如何理解农耕文化与游牧文化的差别与相互借鉴？
5. 请结合地理环境与文化之间的关系简要分析客家文化的形成。

第二讲 中国文化依托的社会政治结构

一个民族文化的发展史，除受特定的地理环境、经济状况和外来因素的制约外，社会政治结构对其影响也是至关重要的。就世界几个主要文明古国发展史的比较来看，中国古代的社会政治结构至少有以下特点：第一，以血缘关系为纽带的宗法制度完备而系统，包括嫡子制、庙数制、分封制等。从理论到实际，其完善程度都是世界各国所无法比拟的。第二，专制主义严密。中国自国家产生之日起，尽管先后出现过奴隶主阶级、地主阶级等不同的统治，但其专制却是一脉相承的。尤其是地主阶级的专制，不但延续时间长，而且存在着日益强化的趋势。在漫漫历史长河中，中国一脉相承的专制制度和带有某种血缘温情的宗法制度相结合，形成一种“家国同构”的社会政治结构。这种社会政治结构深刻地影响着中国文化，包括占主导地位的意识形态，以及史学、文学、艺术、民风民俗，甚至科学技术等。因此，了解中国传统社会政治结构，就成为理解中国文化特点的一个重要方面。

第一节　血缘宗法家族制度

宗法制度是中国古代社会最重要、最基本的政治制度。宗法制度基本上是与中国文明社会的发展相伴随的，从未中断，影响深远。早在商朝，宗法制已经产生，到了周朝，宗法制就已经很完备了，所以，没有一个中国人能够完全不受宗法制度的影响。要理解中国的社会，一定要了解中国的宗法制度。可以说，不了解宗法制度，便不可能了解中国文化。

一、宗法制度的形成

（一）宗法制度的定义

“宗”是个会意字，宝盖头象征宫室，示为象形，表示祖先的神主牌位。综合起来看，“宗”就是祭祀祖先的场所，它的引申义是祖先。因为“宗”是家族的源，是家族最珍贵的根，这根是一代代流传下来的，所以“宗”又引申为家族的继承人，也就是家族的血脉。“族”是对具有同一血缘的人的总称。“宗”“族”加在一起就是指同一父系血亲的人群聚而居，拥有共同的土地、财产、祖庙，祭祀同一祖先等所形成的血缘群体。宗族和我们经常说的家庭是不一样的，宗族可称为家族，但不能说成家庭。家庭成员是同居共炊、共同拥有财产的；家族则由不同的彼此间有血缘关系的家人组成，是不同居、不共炊、不共财的，只有血缘关系。因此，家族不可以称为家庭。

宗法制度是以血缘关系为基础的，不同的祖先，表示不同的血缘，所以不同的家族要受不同的宗法制度的制约。宗族内部的尊卑长幼不是按生理年龄或社会地位排序，而是按血缘地位亲疏远近来排序的。同时，这种排序往往不是按家庭，而是按家族来进行的。

综上所述，宗法制是指一种以血缘关系为基础的，标榜、尊崇共同祖先，维系亲情，而在宗族内部区分尊卑长幼，并规定继承秩序，以及不同地位的宗族成员各自不同的权利和义务的法则。

（二）宗法制度的形成过程

宗法制度源于原始社会氏族公社时期的父系家长制，产生于商代后期，并最终确立、完备于西周。毫无疑问，古代中国之所以会确立并延续、完善宗法制度，完全是中国古代血缘关系发展的产物。宗法制度是由原始社会最初的氏族、部落逐步发展而来的，是建立在中国古代家族观念的基础之上的。血缘关系之所以在中国有如此重要且深远的影响，与中国古代的自然环境与地理环境因素是分不开的。在中国这片土地上，黄河与长江两大水系冲积了辽阔而又肥沃的平原，东亚大陆特有的自然地理条件和生态环境又孕育形成了华夏民族以农耕自然经济为主的经济形态。鉴于自然地理环境，在生产力极为低下的条件下，先民们为了生存，为了繁衍后代，个人必须融入集体之中才能够适应自然环境，才能够发挥作用。群居生活是先民们的不二之选，先民们自然地就把血缘作为维系群居生活的最为可靠的纽带。由群居而氏族，再由氏族而部落，最终再由部落到宗族，每个阶段的社会组织形式都是从血缘关系发展而成的。

父系氏族社会后期也就是尧舜禹时代，社会依赖于禅让制来传承权力，部族之间的最高首领由各个部落首长协商公推，虽然那个时代部族的最高首领并没有什么特权与利益。随着生产力的进一步发展和生产方式的进一步改进，社会创造了与日俱增的剩余财富，这就给部族的最高首领提供了利用特权拥有更多社会财富的条件与可能。夏禹死后，把权力传给了其子启，把禅让制度下的“官天下”演变成为父传子的“家天下”，从而建立了中国历史上第一个奴隶制王朝。这种背景下，以子继父为世，以弟继兄为及，王位世袭的制度即世袭制形成了。商代后期，基于血缘关系的宗法制已经形成。到了西周时期，宗法制度趋于严密与完善。周公确立了礼制，以家族为基础的宗族继承制度便作为一种礼而存在。

二、宗法制度的发展形态

我们通常讲宗法制度，是把它作为整体来理解的，但事实上中国的宗法制度很复杂，其间有不同的发展阶段，对中国社会产生的影响也是不一样的。

（一）西周的宗法制度

1. 嫡长子继承制

在殷商时代，血缘宗族的基本原则是“亲亲”，也就是兄终弟及，到了周代，社会政治的基本等级原则是“尊尊”，也就是父子相继，正所谓“殷代亲亲，周代尊尊”，这实际上是一种王位继承的方式。在宗法制度所有的规则中，最核心的是嫡长子继承制。按照周制，天子是国家最高的统治者，统治天下的土地和臣民，并世代继承王位。西周王室一开始就推行固定的嫡长子继承制。天子正妻所生的长子被称为嫡长子，并规定只有嫡长子才具有继承王位的权利，其他庶出的儿子（庶子）则没有继承王位的权利。嫡长子继承王权作为一种制度被确定，在思想上和组织上保证了政权的有序传承，也避免了因为儿子太多难以决断由谁继承王权而造成的混乱与存在的隐患。周公开始确立嫡长子继承制，规定只有嫡长子才有资格继承王位，如果嫡妻无子，则确立庶妻中级别最高的贵妾之子作为王位的继承者。西周统治者将人划分为四个等级：天子、诸侯、卿大夫、士。天子的嫡长子继承天子之位，为大宗，其余庶子被分封为诸侯，为小宗；诸侯的嫡长子继承诸侯之位，为大宗，其余庶子被封为大夫，为小宗；卿大夫之嫡长子继承卿大夫之位，为大宗，其余庶子成为士，为小宗。嫡长子继承制以制度规范把王位归属权确定下来，这就杜绝了兄弟之间为争王位而相互残杀。但是，由于嫡长子继承王位是天经地义的，所以嫡长子是否有才有德就被忽略不计了，这必然会给宗族、社会带来无穷的后患。历史上为了争夺王位，兄弟相残的例子并不少见。例如，唐太宗李世民不是嫡长子，按照嫡长子继承制不能继承王位，于是他发动了“玄武门之变”，杀死了王权的继承者太子李建成，逼迫父亲让位给自己，通过弑兄篡夺了唐王朝的王位。由此可见，嫡长子继承制虽有优越的一面，但更有太多的弊端。不可否认，嫡长子继承制仍然是历代王朝帝王之家继承的基本法则，在中国历史上，几千年的皇位继承基本上是按嫡长子制度进行的，这是宗法制度的第一种形态。

2. 封邦建国制

封邦建国制又称分封制，是指在保证王室强大的条件下，将宗族姻亲等分派到各地，广建子国，用以巩固其统治的一种统治制度。周王把土地和人民封授给诸侯，建立诸侯国。各诸侯国必须服从周王的命令，重要官职的任免要呈报周王批准。有的国君还兼任周王的卿士，以示臣服关系。各封国必须对周王室承担各种军事义务，如派兵戍守王畿或随王出征，定期觐见和交纳各种贡赋，包括当地特产、人口等，还要派劳役为王室服务，等等。通过分封，周人的势力范围不断扩大。西周各封国与王室的关系比商代的附属国与王室的关系要密切，臣属关系更加明确。周王确立了天下共主的地位，统治得到加强。

3. 宗庙祭祀制度

西周实行左昭右穆的宗庙祭祀制度。所谓昭、穆，是指宗庙中的排列次序。古人认为自始祖之后，父称为昭，子称为穆，即始祖之庙居于正中；始祖以下，第一世居左，朝南，称昭；第二世居右，朝北，称穆。以下凡三世、五世、七世等奇数后代皆为昭，而四世、六世、八世等偶数后代则皆为穆。以此类推，祖宗与子孙后代亲疏长幼关系的排列顺序得以井井有条，丝毫不乱。在这里，昭穆仅仅是左右的代称而已，宗庙不仅成为人们向祖宗表达敬意的地方，而且以一定的数量关系象征特定的等级关系。根据《礼记·王制》，天子祭七庙，诸侯祭五庙，卿大夫祭三庙，士祭一庙，平民不能建庙，只能在自己的居室中祭祀祖先。宗庙数是西周的宗法制度，有一点很明确，它只是天子一家人的事，与其他人没有关系。整个国家就是一家人，国家的诸侯、大夫全是他的亲戚，所以实际上这是“家天下”，天下就是他（天子）的家，整个国家的政治架构和家族的政治架构是结合在一起的，这种制度在春秋后期开始动摇，到战国便废止了。因为到了春秋战国时期，诸侯已经不是按地位来排，而是谁的实力强，谁就可兼并其他诸侯国。所以在春秋后期，整个西周宗法制度都动摇了，这就是所谓的“礼崩乐坏”。西周宗法制度的动摇还表现在世袭制的崩溃上。春秋时期诸侯争霸，弱肉强食，原先定下来的规矩全乱了，诸侯为确保不被他国吞并，就要找贤能之士来治国，而不再是代代相继，于是春秋战国时期就开始废除世袭制、重用人才，所以才出现了战国时期非常活跃的谋臣策士。世袭制及封邦建国制的崩溃，意味着西周宗法制度的崩溃。

（二）世家大族宗法制

西周宗法制解体的标志是世袭制的崩溃。整个西周社会是天子一家，用人唯亲是法律明文规定的，所以理所当然形成世袭制。春秋战国时期，诸侯争霸，一切都凭实力说话，血缘的尊贵地位遭到了极大的冲击。经过了一两百年的动荡、磨合，世家大族宗法制终于在西汉形成，东汉时这一宗法制蔚为大观，南朝时则发展到极致。那么，世家大族宗法制是怎么形成的呢？秦朝是第一个中央集权的帝国，但秦朝存在的时间很短，只有 15 年，所以没有时间去建立统治的架构，而汉代建立了一套很完备的统治架构，在这个意义上说，汉代才建立了首个真正的中央集权制国家。汉代还没有科举制，选拔人才主要有三种制度，即察举、征辟、荫子。所谓察举是自下而上由郡每年向朝廷推荐若干优秀人才；征辟是自上而下地征调，由皇帝直接发现人才，直接任用；荫子是给官员的特权，官员可以根据级别推荐若干子弟到朝廷任职，级别越高可推荐的人数越多。荫子制实行的时间一长，势必形成若干个势力很大的家族势力集团，世家大族由此形成。这种世家大族当然也有宗法制的要求，他们也要按照一定的伦理纲常来确定彼此在这个大家族中的地位。与西周宗法制相比，世家大族的宗法制主要有两点不同：一是西周宗法制是天子一家人的宗法制，世家大族宗法制是贵族的宗法制；二是世家大族的领袖人物往往不像西周宗法制度所规定的必须是血统最尊贵的人，而政治地位高、权力大的人也能成为领袖。随着南朝的覆灭，世家大族宗法制也走向崩溃。

（三）家族式宗法制

真正对每一个中国人都有影响的是家族式宗法制。家族式宗法制产生于唐代，这是宗法制的最终确立，也是影响中国最大、最深刻的一种形式。唐代全面实行科举取士制度，一大批寒门子弟陆续登上了政治舞台。从这个意义上说，唐朝的科举制度确实为寒门子弟走向社会上层敞开了大门。但是，对于科举考试，历来抨击的多肯定的少。金元浦说：“无论如何，科举考试给那些出身低微人家的子弟提供了实现参与政治管理的平等的机会，大大激发了他们刻苦学习的动力和追求人生理想的欲望，这不仅打破了南北朝以来九品中正制最后实际上由门阀世族垄断权力的局面，而且在很大程度上激活了潜抑在社会中下层的创造智慧和活动。从这个意义上看，今天有些学者一味强调中国古代科举制的弊端和负面影响是有失偏颇的。”这样的论断显然是更为公允的。随着寒门出身的知识分子通过科举走上政治舞台的人数越来越多，影响越来越大，他们也有了宗法权利的要求，与每一个中国人息息相关的家族式宗法制至宋代最终形成。家族式宗法制主要包括以下几个内容：

1. 修宗谱

修宗谱在家族中具有等同于法律的效力。每一个人都有宗谱位置，都有相应的记载，这是一个人精神归属的凭证。在古代中国，被开除出宗谱比判处死刑还严重，因为你即使犯了天大的错，最终依然可以回家，而被开除出宗谱，就意味着你没有了家，没有了根，死后便会成为“野鬼”，这个后果非常严重。宗谱是一个家族的宝典，每个家族都辟有特殊的地方对它加以妥善保存。

2. 建宗祠

宗祠是整个家族祭祀祖先的场所，是家族权威的标志和象征。祠堂也是家族公众活动、召开重要会议的场所。在周代，只有天子、诸侯和贵族才有祠堂，一般人是不能有祠堂的，但从宋代开始，一般人也可以建祠堂了。当时的大姓家族，会建规模大些的祠堂，小姓就只能建小一点的祠堂。中国人如此看重春节，是因为每年一次的祭祖太重要了。家族的重大事件，如奖赏或处罚某个族员，一般都在宗祠进行。一座宗祠就是一部历史，除了各具特色的建筑外，宗祠中一般还有关于本宗族的文字、图片等资料，所以，宗祠也是对后代进行教育的地方。古代的启蒙教育一般都在家族内部自行解决，通常情况就是整个家族共同请私塾老师来宗祠为本家族的适龄子弟授课。

3. 置族田

宗族主要的收入来自族田，这些钱一方面可以满足宗族活动的经费需要，另一方面还可以扶危济困，做一些公益事业，如修路修桥等。只要宗族条件允许，一般不会让宗族成员从事贱业，如做乞丐、为娼妓等。这就使宗族产生了双重影响：一方面宗族把每个人与家族绑在一起，家族成了人们的精神枷锁；但另一方面，家族在某种程度上又是人们心灵的港湾、精神的家园。所以，自古以来，有反王权反贪官的，却很少有公开反对宗族的。

4. 立族长

族长是整个家族的领袖，需要一定的辈分和声望，他是奉行宗族法律的法官，是族法的执行者。在某种意义上，他是县令以下的不受封的基层官员。族长不是按照血缘关系来选的，也不像世家大族那样，谁当官最大谁来当族长。族长一般由整个家族当中德高望重的人推荐产生，一般不由在任的官员担任，这就保持了家族非官方的色彩。但官员退休以后可以做族长。

5. 订族规

族规是本家族的规则文本，具有法律效力，在有些情形下可代行国家权力。在古代，如遇到弑父等伦常案件，或私通偷情等道德风化案件，家族甚至有处死权。历代封建国家都或明或暗地承认宗族法规的地位，这种承认有如下几种方式：一是已经为宗族家法惩处者，国家一般不再惩处；二是官府可以直接引用犯事者所属家规、族法作为对其处罚的依据；三是官府直接授权其家族惩处；四是官府直接批复宣布其家族所制定的家法有效。这种家族制度在宋代以后，一直得到朝廷的扶持实际上是古代中国整个政治架构的延伸和补充。因为古代中国官僚体系中，朝廷任命的地方官职中最低一级是县令，县以下的基层社会管理松散，家族制度就起到了弥补这种政治架构的不足和缺陷的作用。

三、宗法制度对中国传统社会结构的影响

宗法制度主要经历了上述西周宗法制、世家大族宗法制、家族式宗法制三个阶段的发展，在宗法制度影响下，中国传统社会的结构形成了以下一些特征：

（一）家天下的延续

宗法制度的本质就是家族制度的政治化。夏启继承王位打破了官天下的禅让制而形成了家天下的世袭制。真正意义上的家天下开始于周，西周确立了家天下的制度并一直延续到清代。周代姬姓一统天下，姬姓家族灭亡后，其他家族相继而起。秦王嬴政灭六国而建立大秦帝国，自称始皇帝，希望嬴姓世世代代永久统治下去。到了汉代，刘邦甚至曾与大臣们约定“非刘氏而王，天下共击之”。刘姓西汉传了12代，司马姓东晋传了11代，杨姓隋朝传了2代，李姓唐朝共传21代，赵姓北宋传了9代，蒙古孛儿只斤氏元朝传了9代，朱姓明朝传了16代，满族爱新觉罗姓清朝传了12代。即便是农民起义，通常也要找一位皇族或皇室后裔作为旗帜，否则就感觉争天下有点名不正言不顺。古代知识分子、历史学家等在思想的深处也都受宗法制观念的影响。比如《三国演义》，整部作品都在扬刘抑曹，把刘备看作正宗，其实就是把刘氏作为天经地义的江山继承者来演绎那一段的历史。可以看出，中国古代作家也深受家天下思想的制约和影响。这种深受宗法制度影响的家天下社会政治结构，实际上就是一姓家族统治一个朝代，只要这个朝代不灭亡，

这个家族就一直统治下去。因此可以说，一部中国发展史就是一部家族统治史。

（二）封国制度不断

封邦建国制度本是西周宗法制度的主要内容之一，主要是作为周天子巩固政权的一种政治契约。随着社会的发展，秦朝废除分封制实行郡县制，用郡县制代替分封制来管理国家。但是，汉代及以后历代王朝又返回旧制采用分封制，只不过没有太大的实质影响，主要还是配合其他政治制度，作为辅助。可以说，由周代确立的分封制自汉以降延续不断，从来就没有真正间断过。纵观中国发展的历史，皇亲国戚一直以来都享受着封邦建国的特殊权利。这种制度既保证了同一个血缘家族对皇权的绝对拥有，也保证了皇权对臣民和国家的绝对统治。所以，虽有汉景帝时的刘濞反叛（七国之乱），也有西晋时的八王之乱、明朝时的靖难之役等，但是历代王朝依然跳不出分封制。深入挖掘个中缘由，依然是农耕经济背景下错综复杂的宗法关系的存在。

（三）家族制度长盛不衰

古代中国虽然经历了无数战争、自然灾害、动荡不安和朝代更替，但是万变不离其宗，因血缘而形成的家族制度自始至终都没有发生根本性变化。自秦至清，朝代的更替表现为统治者姓氏的变化，意味着一个旧家族的灭亡和随之前来的新家族的诞生。家族制度表现出特别强大的生命力和延续力。打开中国历史，我们就会看到，中国历朝历代都会出现一些豪门贵族和大家族。他们充分利用自身的优势和所处时代的社会环境条件，审时度势，不断发展自己、壮大自己，最终使家族拥有无可比拟的庞大势力，从而使家族在政治、经济、文化等领域都居于重要地位甚至引领时代风向。在汉代，一些土豪、地主、商人、官僚大肆掠夺土地，抢占奴婢。汉光武帝刘秀登基后采取了一些措施和政策试图改变现状，比如曾先后七次下令释放奴婢，但是面对庞大的家族势力和豪强地主，都终因寡不敌众而败下阵来。这不但没有使家族势力消亡，反而更助长了家族势力的恶性膨胀。魏晋南北朝时期，虽然社会动荡、战乱不断，但是家族制度并没有衰退或减弱，相反还有进一步的发展。无论长江以南还是长江以北地区，都有豪门和寒门之分，都有大姓家族的出现。以后各朝代一直到清代甚至到了民国时期，家族势力都长盛不衰。民国时期蒋、宋、孔、陈四大家族就是典型的范例，这些都表明家族制度对中国社会发展的巨大影响力。

家族制度长盛不衰的显著标志就是族权在社会生活等各方面所表现出的强大而持久的影响力。西周宗法制度下，族权与政权合二为一；秦及以后表面上虽然族权与政权逐渐分离，但实际上宋、明以后族权在社会生活中的作用越来越突出。在封建社会中，族权与神权、皇权、夫权等“四权”牢牢地统治和禁锢着劳苦大众。族权是从父系氏族社会家长制演化而来的，一方面作为政权的补充，另一方面又起到了政权难以起到的特殊作用，因此为历代统治者所重视，并为理学家们所青睐，由此推波助澜，固化了家族制度长盛不衰的意志力和坚韧性。

（四）家国同构

家国同构是指家庭、家族和国家在组织结构方面的共同性。家与国的同构性从根本上说，源于氏族社会时期的血缘纽带解体不充分而遗留下来的血亲关系对社会关系的深刻影响，是立足于古代中国商品经济不发达而小农经济占主导地位的经济基础而形成的。在家国同构的社会结构中，家与国互为表里，家就是国，国就是家，国与民之间依靠家作为中介来联络。家是小国，国是大家。家与国都实行严格的父家长制。在家庭、家族内部，父家长权力至高无上，地位最尊，不可侵犯；在国内，君王地位最高，权力最大，君要臣死，臣不能不死。正是基于这样的社会政治结构，父家长被赋予了传宗接代、光耀门楣、光宗耀祖的重任。作为一家之主，应该责无旁贷地肩负起这一重任，率领族众家人辛勤努力，以达到人生所追求的最高境界。与父家长一脉相承的是君王自命为天子，龙子龙孙，高贵威严，嫡长子继承王位，神圣不可侵犯。父为家君，君为国父。家与国具有相同的伦理道德，遵循着同样的人伦秩序。家与国是同构的，彼此不能分割。可以看出，宗法关系渗透到了整个古代中国社会的肌理之中，其严密程度无以复加。

家国同构的格局导致忠孝相通。古代中国社会的君臣、父子、夫妇、兄弟、朋友之五伦关系是古代中国所形成的基本道德伦理关系。这些关系都以亲缘为基础，以孝亲为源，以忠君为流，把对家庭成员与对国家子民的道德要求视为同一，并无二致。因此，对父母的孝顺就是对皇帝的忠顺，对皇帝的忠顺就是对国家的效忠，忠与孝被相提并论。历史的遗传基因造就了无数英雄以效忠、爱国为荣耀。齐国管仲、秦朝李斯、西汉萧何和霍去病、蜀汉诸葛亮、唐朝郭子仪、宋代岳飞等，都是古代中国社会不同历史时期“家国同构”下出现的著名人物。他们虽然生活在不同的时代，但是他们之间在既孝忠皇帝又热爱祖国、既为国捐躯又为皇家献身这一点上保持了高度的一致性。显然，“忠”和“孝”两个字在他们身上被融为一体，并达到了极致。家国同构、忠孝相通，都是宗法制度长期遗存的结果，是数千年来中华子民对血缘宗法关系精髓的继承与传播。

第二节　专制制度与中国社会政治结构

一、古代中国与欧洲政体的差异

君主专制政治体制是世界许多民族和诸多国家都曾经出现过的一种政体现象。马克思把政体区分为欧洲型政体和东方或者亚洲型政体，前者以法国和英国等国家为代表，后者以中国和土耳其等国家为代表。在以英国、法国为代表的欧洲国家，和在以中国、土耳其为代表的东方或者亚洲国家，虽然表面上所实行的君主专制政体是一样的，但是实际上在产生依据、表现形态、集权程度、持续时间、历史作用，以及对本民族、国家文化发展演进的制约影响作用等方面，又有很大的不同。

古代中国和欧洲分属于地球上两个不同的自然地理区域。古代中华文明发祥于黄河流域，而欧洲文明则源自地中海沿岸国家。中国自古就在相对封闭的自然环境中形成了特有的农耕经济，并影响着古代中国历代王朝的政体；而在欧洲，古代埃及文明产生于尼罗河流域，苏美尔和古巴比伦文明产生于两河流域，它们汇集到古希腊，又从希腊传到罗马帝国，并在罗马帝国灭亡后再经由日耳曼人传播到整个欧洲。可以看出，古代中国政治与文化产生的源头相对单一，发展变化也相对稳定；而欧洲政治与文化产生的源头相对多元化，而且发展变化相对明显。

（一）从宗教势力与王权之关系不同看政体的差异性

在古代中国社会，统治者凭借着武力比较顺利地夺取权力并在社会发展中尽力强化自己的专制政权，政治权力很快被牢牢地控制在个人手里。由于权力高度集中，所以权力核心迅速形成而且难以被分解。宗教并未成为一支长期与王权对立的势力，反之还往往为统治者服务。但宗教神职人员以统治者的附庸身份面世，并没有独立的人格精神。宗教成为统治阶级用以征服臣民的一股强大力量，神职人员也被当作为统治阶级服务并为统治阶级摇旗呐的工具。宗教势力与王权之间不但没有分庭抗礼，约束王权的无限膨胀，限制王权对臣民肆无忌惮的剥削与压迫，相反二者之间关系暧昧，这就对王权的自由任性发展起到了推波助澜的作用。在王权发展的过程中，中国的王权自产生那天起就没有可以与之相抗衡的阻力，没有可以制衡其自由发展的牢固壁垒。所以，古代中国君主专制的政体越来越严重、越来越完备，并能够得以长期延续而经久不衰。

欧洲王权的发展则完全不同。自从王权产生的那一刻起，就有一股宗教势力与之抗衡。无论是古代埃及、罗马还是到了中世纪的欧洲，宗教势力一直保持着制约作用，从而对王权形成巨大的冲击。比如，古代埃及是一个多神信仰的国家，在众多神中尤以太阳神最为重要。但是，即便是都信仰太阳神，法老与祭司奉祀的却是不同的太阳神。信仰不同的太阳神，就意味着法老与祭司之间有着不同的宗教观念和信仰内容，有不同的宗教观念和信仰内容，就必然会存在矛盾和斗争。所以，以法老为代表的势力与以祭司为代表的势力之间就不断地进行激烈的斗争。到了新王国时期（大约与中国殷商时期同时），埃及工商业得到了较快发展，与地中海沿岸国家有了更多的交流与贸易来往。在这种背景下，古代埃及法老的权力虽然集中在个人身上，却有来自宗教势力的抗衡和较为发达的工商贸易的冲击。埃及王权受到了两股力量的共同牵制，受到了来自不同方面的外界势力的严峻挑战。所以，欧洲君主专制政体的发展被抑制了，两河流域和印度，情形大致相同。

（二）从经济结构的不同看政体的差异性

古代中国政体与欧洲政体形成、发展所依赖的经济结构存在着非常大的不同，由此而导致古代中国政体和欧洲政体存在着极大的差异性。古代中国经济结构是以农耕经济为主导，融手工业、工商贸易等经济成分为一体的多元经济结构。这种以血缘关系为先导而形成的农耕经济，渗透到了社会发展的每个角落。一方面，古代中国的君主专制制度极力维护农耕经济，压制工商业发展。历代王朝都采取了“重农抑商”的政策，在大力发展农业生产的同时，又不忘采取高压政策抑制商业的发展。另一方面，以农耕经济为主导的多元化经济结构反过来又成为君主专制制度发展的坚实经济基础，促使古代中国君主专制传统不断得到发扬光大，从而进一步强化了封建专制主义对中国社会发展的巨大影响。

和古代中国以农耕经济为主体的多元经济结构不同的是，欧洲多元经济结构则是以工商业和海上贸易为主导。这种经济结构本身就具有非常大的开放性和自由性。欧洲的君主专制制度优先刺激工商业的繁荣和海外贸易活动，鼓励资本主义生产力的发展。这不仅推动了资本主义生产方式的产生与健康成长，还开拓了人们的眼界，增强了民众的民主意识。因此，欧洲经济结构不但较少受制于封建王权专制，相反还对欧洲专制制度产生了巨大的冲击，从而使封建贵族势力与平民势力保持一种相对的平衡。

（三）从阶级基础的不同看政体的差异性

古代中国君主专制以奴隶主和地主为阶级基础，而欧洲君主专制则是以封建主、僧侣、新兴资产阶级为阶级基础。前者所依赖的阶级基础构成成分比较单一化，阶级内部政治利益和经济利益具有一致性。所以，统治阶级要牢牢控制对农耕自然经济发展的主导权。他们所依赖的经济基础是小农业和手工业相结合而形成的自然经济，这种自然经济对商品经济形成了巨大的抑制力量。同时，为了保护本阶级利益的最大化，统治阶级会从不同的方面压制新的资本主义生产方式，由此来延展君主专制制度在古代中国社会的存续时间，并使之达到了登峰造极的地步，使得中国的君主专制能延续数千年。

后者所依赖的阶级基础构成成分比较复杂，以僧侣为代表的宗教势力、以封建主为代表的旧势力、以资产阶级为代表的新势力，都从自身阶级利益出发，在政治、经济等方面相互牵制与利用，从而达到彼此之间的平衡。欧洲专制君主在维护封建贵族利益的同时，也拉拢新兴资产阶级；宗教势力既保持自己的独立性，又对君主专制保持着抗衡。三股力量相互制衡，相互发展。君主专制在客观上促进、推动和保护了资本主义生产方式的孕育和成长，从而为欧洲政体的转变创造了不可或缺的先决条件。

二、中国君主专制制度的特点

（一）以武力为先导，专制时间漫长

君主专制制度在战国时期就已经形成，秦汉时期得以真正确立，而后发展延续，清末才被废除。君主专制在中国历史上延续数千年，时间之漫长、历史之悠久，是欧洲国家无可比拟的。古代中国君主专制的形成以武力为先导，并牢牢地控制了宗教势力，使宗教势力只能依附于君主专制，而不能与之抗衡。军事争夺、武力征服是古代中国社会发展的永恒主题，这种武力相向的历史可以上溯至原始社会末期：黄帝与炎帝战于阪泉之野，三战之后而得其志；与蚩尤战于涿鹿之野，遂擒杀蚩尤。自此黄帝便夺取天下，并以武力为基础扩大自己统领的范围，强化自己的权力。黄帝之后的尧、舜、禹、启也多是采用武力来巩固自己的政权。到了殷商时期，政权的建立靠的依然是武力。哪怕是商王盘庚欲迁都遭到臣民的反对时，也会对反抗者发出“我乃灭之”（《尚书·盘庚》）这样的警告，威胁施以割鼻的酷刑。周武王以武力推翻商统治，分封姬姓诸侯国，周天子与诸侯之间既是宗法关系又是君臣关系，这本身就是一种专制主义。诸侯对周天子负有诸多的责任和义务，违背者要受到严厉的惩罚。

春秋之前的君主专制是建立在分封基础之上的，春秋之后的专制则是通过郡县制等君主官僚体系而实现的，并用一种新的专制制度取代了旧有的专制制度，这种专制制度一直延续到清末辛亥革命推翻帝制为止。秦始皇建立

统一的秦王朝，把权力统一到皇帝一个人手里。皇帝成为最高的权威者，三公九卿则是统治集团的主要力量，皇帝通过三公九卿来统治全国，形成了高度集中的中央集权专制。魏晋南北朝隋唐时期，专制主义集权制表现在采取三省六部制来统治国家上。宋辽金元时期，专制主义中央集权制又得到了进一步发展，朝廷牢牢地把持了军权、政权、财权、司法权等所有的权力。明清时期，中央集权制更是达到了登峰造极的地步，皇帝握有国家最高权力，凌驾于一切臣民之上。

综上所述，不难发现，古代中国君主专制的社会基础是牢不可破的封建宗法制度，其核心内容则是君主专制集权的皇帝制度。武力作为先导，成为君主专制产生并延续的重要保障。君主专制以庞大的官僚集团和军队，以及宣扬君主神化和君主至上的宗教势力为强大支柱。在武力威慑之下，宗教势力被彻底控制而成为君主专制的工具，宗教的教义只有符合统治者的利益才能够得以传播。由此，古代君主专制政体数千年延续不断，成为禁锢人民的制度枷锁。

（二）君主专制赖以存在的经济基础稳定

古代中国君主专制政体是建立在深厚、稳固的农耕经济基础之上的，土地和自给自足的小农经济结构是其“安身立命”之本。商周时期，土地早已国有化，君主把全国的土地都看成自己的私有财产，正所谓“善天之下，莫非王土”（《诗经·小雅·北山》）。春秋之后，土地所有权逐渐被分割归属于各个等级，并出现了土地公有和私有并存的局面。秦统一六国建立封建帝制之后，土地私有化逐渐成为土地所有制的主要形式。即使如此，国家对土地的占有量依然很大。农民可以占有土地或者租赁地主阶级的土地，对土地拥有使用权，但是因为是小农自然经济，生产力水平还十分低下，所以广大自耕农和佃农在面对自然灾害时往往表现得力不从心、无能为力，再加上地主阶级的剥削和压迫，农民阶级更是生活在水深火热之中。地主阶级和农民阶级之间虽然水火不容，处于相互对立之中，但是如果没有广大农民阶级的存在，也就没有地主阶级的统治。君主专制权力成为地主和农民彼此消长的调节器。君主专制权力既要保护地主阶级、剥削阶级的权利，也要让地主阶级把土地租赁给农民耕种，以维护其根本的经济基础。所以，当农民阶级被地主阶级剥削得体无完肤、失去土地转而变成奴隶或者流民的时候，统治者又往往会调整政策，实行一些土地改革的措施，以应对出现的激烈矛盾，平衡农民阶级与地主阶级之间的关系。在历史上，就曾出现过一系列土地制度和赋税制度的改革，比如商周的井田制、曹魏的屯田制、西晋的占田制、北魏的均田制、明朝的一条鞭法、清朝的摊丁入亩等。这些制度或者措施的实施，都会从不同方面制约土豪地主的严酷剥削，也会保护农民阶级对土地的渴望。当然，这样做的主要目的不是保护被剥削者，而是维护封建君主专制政权，巩固君主专制政权赖以存在的经济基础。

在调和农民阶级与地主阶级关系的同时，为了避免农耕自然经济基础的瓦解，历代统治者对商品经济、工商业都采取了一致的政策，那就是重农抑商，把工商业视为洪水猛兽，对商品经济进行毫不留情的打压；与此同时，还采取各种各样的政策和措施保护小农经济的发展。这就使得古代中国商品经济早熟但始终未能成熟，资本主义的生产方式最终未能在中国这片土地上形成，而农耕自然经济基础变得异常稳固、坚不可摧。君主专制依赖于农耕经济，农耕经济强化了君主专制；农耕经济在君主专制下日益稳定发展，而君主专制在农耕经济下愈演愈烈。

（三）君主专制中央集权走向极端

中国封建社会君主专制的集权制度，自从产生那天开始历经两千余年的发展，从总的趋势上来看是日益得到强化的。秦王嬴政一统六国做了皇帝后，“天下之事无大小皆决于上”（《史记·秦始皇本纪》）。这种由皇帝独揽立法、司法、行政、军事指挥大权的中央集权制，一直到封建社会末期的清朝从未间断过。

秦始皇时代，为了加强对国家的管理，特别强化了中央集权，设立了三公（即丞相、太尉、御史大夫）和九卿。丞相为百官之首，处于“一人之下，万人之上”的枢纽地位，辅助皇帝料理国事；太尉负责全国的军务大事；御史大夫负责监察；九卿分管各方面的事务。汉承秦制，刘秀建立东汉政权后则把尚书台作为总理国家政务的中枢机构，从而使之成为实际上的国家最高权力机构。魏晋以后，尚书台总揽了秦汉九卿的几乎所有大权。隋代设置尚书省、中书省和门下省管理国家。唐代确立六部二十四司官制，把吏部、户部、礼部、兵部、刑部、工部各部归属于尚书统领，自此原本地位低下的尚书终因巩固皇权的需要而上升为掌握国家政务大权的最高官职。宋代开始，相权日益衰落，皇权愈加集中。明代的内阁、清代的军机处都是专门设立的为皇帝办事的机构。皇帝对亲信委以重任，把大权交给自己的亲信侍从，以取代皇帝以外庞大的官僚机构。

可以这样说，中国封建社会权力高度集中，事无巨细都由皇帝做主；言出法行，一言兴邦，一言丧邦，国家的命运全在皇帝一念之间。所以，马克思曾说：“君主是国家个人意志的、没有根据的自我规定的环节，是任性的环节”（《马克思恩格斯全集》第1卷）。权力的高度集中，使得帝王凭着个人意志来处理诸项国家政务，全然置法律于不顾。权力绝对集中而缺乏必要的民主机制，造成重人治而轻法治的必然结果。

（四）人身自由被严密控制

中国是最早实行人口统计和户籍管理的国家。随着土地私有制的出现，户口和土地管理制度随之出现。统治者通过严密的户籍制度和颁布有关法令对平民百姓进行人身控制。春秋战国时代，有什伍制度，老百姓被编入什伍之中，十家为一什，五家为一伍，实行连坐制。秦献公时，建立了“户籍相伍”的制度。商鞅变法时，为了加强中央集权，普遍推行郡县制。全国设31个县，官吏由中央任免。与此同时，全国还进行户口编制，实行连坐法，规定五家为保，十家为连，一家有罪，互相纠察告发“奸人”，如不检举告发坏人，则十家连坐。汉、唐、宋等各代都十分注重户籍管理，通过户籍管理来了解、掌控臣民的一切，基本原则是计口授田、土不离人、人不离土。元明清时期，户籍制度又有新的发展，户口管理更为复杂。按照规定，必须根据职业、民族、宗教、阶级身份及所纳贡赋的不同而将老百姓分为不同的户别，以此来平均徭役负担，作为征发赋役的根据。

历代王朝利用户籍制度和法令，把农民牢牢地固定在土地上，农民只能依附于土地，日夜劳作，安土重迁，这便使得农民失去了流动的可能。国家依靠对土地的控制来管理百姓，这样便可以按郡县、乡里、什伍系统来征收税赋、摊派徭役和兵役。在这种严密的管理体系中，皇帝的指令、国家的意志能够非常畅通地下达到每一个家庭，传达给每一位百姓。可以说，在严酷的中央集权制下，土地一旦得到有效控制，人民也就被牢牢地捆绑在土地上了，对劳动者与劳动对象一并严加控制以有效掌握财富和权力，这样就轻而易举地控制了百姓的人身自由。于是，自古历代百姓就成了难以离开故土的缺乏冒险精神的顺民。

第三节　传统的社会政治结构对中国文化的影响

一、宗法制度与中国文化的伦理型范式

与西方相比，中国社会是典型的伦理型社会，中国文化是典型的伦理型文化，其表现主要有以下三点：

（一）注重血缘关系

由于对血缘关系特别看重，因此整个中国社会拥有一种非常浓重的孝亲

情感。所谓孝亲，不仅仅是每年要按照不同的时节进行祭祀，以表示对祖先的敬重，而且表现为对活着的那些长辈要绝对地顺从、孝顺。整个社会把孝敬当作为人处世的基本准则，所谓“百善孝为先”，一旦被加以不孝的罪名，人在社会上便无立锥之地了，而西方人则一切都是以法律作为行事的准绳。

（二）尊重传统

人的宗法地位由血缘尊卑决定，这使得我们对传统极为尊重。中国的思想家似乎很难提出一套自己的思想或学说，在中国人的传统中，一定要证明学说是有来历的，思想是前代经典已经有过的，新的著作不过是在阐发经典学说而已，这是中国学术与西方学术最大的不同。所以，在汉代独尊儒学之后，儒家思想一直统治着两千多年的封建社会。其实历代的学者不断地重新阐发孔孟之道，与原始的儒家即使没有分道扬镳，也已相去甚远，那为什么仍然要打着“儒家”的招牌呢？因为中国传统文化的力量太强大，谁都不敢离开原点戴上离经叛道的帽子，所以即使是新的学说也要冠以旧的名目，这是中国文化特有的现象。

（三）观念与伦理挂钩

中国古代的大多数科学家，不管是哪一个学科，最后都会跟伦理联系上。比如天文历法，本来与伦理学毫无关系，但法一路研究下去，最后便出现了“天人感应”，上天跟人是相通的。所以，如果人世间的社会政治治理得好，上天就会嘉奖，就会风调雨顺、五谷丰登；如果人世间治理得不好，上天就会惩罚，三年大旱或者大雨滂沱。这样，自然界的风雨雷电就跟人世间的道德善恶联系在一起。

伦理型范式是以传统宗法血缘为基础的，是宗法制社会注重人伦、讲究“君君臣臣、父父子子”的必然结果。这种范式具有积极的正面价值，那就是能够提升中华民族强劲的生命力和凝聚力，注重自我道德修养和自我内心的修炼；强化人伦亲情，重视人与人间的友好交往，尊祖敬宗，尊老爱幼，和睦相处；讲究温文尔雅，重视言谈举止；重集体轻个人，重义轻利，国家利益和君主利益至上；安土重迁，稳重内敛，少说多做，低调行事。正是因为如此，中国自古就有“礼仪之邦”的美誉。以上类举的这些伦理型范式的正面价值造就了中国文化的优秀品质，但是在历史发展的进程中，这些优点又恰恰构成了中国文化的弱势。强调人伦关系，注重血缘关系，把儒家学说的核心思想“三纲五常”作为中国伦理文化的基本架构，用“存礼灭欲”作为修身养性的基本规范，并由此体现中国封建社会的基本道德规范，这无疑成为维护封建等级制度的道德教条。

二、专制制度与中国文化的政治型范式

（一）两千年一贯制的“思想大一统”

中国文化与西方文化相比，突出的特点就是政治至上。加强思想控制是历代王朝的头等大事，将巩固政权作为最重要的事，这就是政治型范式。从战国时的法家开始，统治阶级就要求全国思想统一，不容许与朝廷不一样的思想存在。汉代董仲舒“罢黜百家，独尊儒术”，实际上便是要求全国人民的思想统一到儒家学说中来。所以，儒家思想影响了整个封建时代，儒家经典成为封建社会的教科书。

（二）专制制度高度发达与早熟

中国古代的政治学可以涵盖一切学术，诸子百家除了庄子几乎都在研究如何治理国家，都是以君王作为论说的对象。历代皇帝最关心的不是改善民生、发展经济、社会进步，而是长治久安。中国古代的学说除了讲伦理，就是讲政治。在这样一种重视伦理重视政治的文化熏陶中，中国的知识分子形成了自己的人格建构，即“内圣外王”。“内圣”就是内心的修养达到圣人的境界；“外王”就是要懂得政治、懂得如何治理国家。这种知识分子人格的建构，使得中国历代可以用科考的方式来录取官员，使得“学而优则仕”成为每个知识分子的人生追求。这种文化心理几乎已经渗透到了每一个中国人的心中，可以说当代社会的人们也受到了影响。

（三）顽固的官本位

在中国传统社会，一个人成功的标志不是其学术上的成就，而是其政治上的成就。社会上每个人的价值都由其所担任的官职来决定，要实现个人价值就要做高官。换言之，即使一个人的学术研究有再大的成就，如果没有相应官职的话，在社会认同上也是一无所有。所以中国没有纯粹的科学家、思想家、艺术家，假使有也很难在历史上留下痕迹。东汉张衡在科学上、文学上的成就都达到了当时的顶尖水平，但是他得以在史书上留名，却不是因为他的科学成就、文学成就，而是因为他当过一段时间的河间相。这个官职让他有资格被记入史书，史书就是以他河间相的身份为他写下了一段话，顺便提到他在文学及科学上的成就。如果他没有当过官，那他在科学、文学上的成就也许就留不下来了。

政治型范式是建立在君主专制制度下权力高度集中的基础之上的，统治者利用权力把老百姓严格地控制起来，使之依附于专制政权，上行下效，政令既出，八方臣服。这种政治型范式对社会发展的积极意义在于，专制政权的长期浸淫使中华民族形成了整体观念和国家至上思想，从而在民族心理上

形成了强大的文化认同感。既要忠君，又要报国，忠孝相通，家国同构，把对帝王的效忠当作对国家的忠诚；倡导学而优则仕，强调建功立业，立现世之功，要求为国家、为社会鞠躬尽瘁，做出自己的贡献。

三、宗法制与专制制度的结合，使得儒法合流，伦理政治化，政治伦理化

在古代中国走过的漫长历程中，宗法制与专制制度血脉相连，在较长的时期内彼此制舍不断。相互间的需要与促进，使得二者完美地结合在一起。宗法制与专制的结合，在政治上表现为儒法合流，把儒家思想与法律法规融为一体，德法兼治；在文化上则表现为伦理的政治化和政治的伦理化，用政治伦理秩序来代替法律秩序，而往往是伦理大于法律，从而造成国人法律意识、法制观念淡薄，社会法律制度不健全的情况，使中国传统文化表现出重人情而轻国法的特点。

【思考与练习】

1. 简要分析宗法制的具体内容。
2. 在宗法制度影响下中国传统社会结构的特征是什么？
3. 简要分析君主专制制度的特点。
4. 中国传统社会政治结构对中国文化有何影响？

第三讲　先秦时期——中国文化的起源与勃兴

中国文化走过了悠远曲折的发展历程。这是一个物质文化、精神文化日臻丰富多彩的历程，是中华民族不断创造自己独特的文化体系或文化模式的历程，也是人类走向更高文明的历程。

第一节　中国文化的发生——上古

中国文化源远流长、博大精深。华夏民族自古就创造出了灿烂的文明，并且延绵传承至今。历史研究中将古代史分为上古、中古和近古，这不仅是时间的划分，也揭示了承前启后的历史演变和文化脉络。中国先哲与当代学者往往以“上古”来概括发明并使用文字以前的历史阶段，而这一遥远的文化期正是中国文化发端的初始阶段。

一、中国人的起源

文化的实质性含义是“人化”或“人类化”。因此，文化起源与人起源实质上是联系在一起的。

1965 年 5 月，考古学者在云南元谋发现了距今约 170 万年的猿人化石，定名为元谋猿人，这是中国境内最早的人类活动的历史确证。20 世纪 70 年代以来，人类的直系远祖腊玛古猿的许多材料，以及人类从直立人（猿人）、早期智人（古人）到晚期智人（新人）各个发展阶段的丰富材料相继被发现，使得世界上迄今只有中华大地在人类起源的各个环节中没有缺环。

根据人种学分类，中国人属蒙古人种。从元谋人、蓝田人到马坝人、大荔人，再到山顶洞人，额骨高突、铲形门齿、印加骨、额中缝等一系列现代蒙古人种所具有的典型体征在明显的进化趋势中一脉相承。

从古猿转变到人类，这是两大物质形态之间的转变，是生命物质所实现的质的飞跃，而文化就产生于从猿到人的转变中。

二、原始物质文化

（一）旧石器时代

在文化产生的过程中，最早出现的是工具。猿人最初使用的工具是天然和简单加工的石块，考古学上将这一时期称为旧石器时代。从元谋人直到距今约7000年前的四川资阳人均处于这一时代。

旧石器时期的人类终年为生存与大自然进行搏斗，在艰难中度过了百万年的漫长岁月。这时在中国大地上就已经有了工具的制造和使用，这是由猿到人转变的关键，也是原始物质文化的开端。当时的古人类主要经营采集、狩猎经济，并且开始学会了对石块等现有自然物进行简单的加工，制成尖石、圆石、骨针等工具，使之帮助人类获取劳动果实，改善生存条件。语言的产生、火的使用都是这一时期伟大的文化创造，北京猿人已能熟练地使用和有效地保存火。这些早期的人类活动已经包含有意识性的内容，它们不仅标志着人与动物的最后诀别，也标志着人类文化的起始。

（二）新石器时代

大约在公元前7000年，中国古文明开始进入新石器时代。农业是这一时期最重要的发明，它使人类的生活由完全依赖自然的赐予过渡到改造自然的生产，建立了生产型经济，并使人类的生活方式由为采集和狩猎而动荡不安的迁徙转变为以种植植物为主的较为安稳的定居，是人类征服自然、改善自身生活的一个新的里程碑，成为人类文化创造上的巨大进步。农业种植的主要谷物品种因地理条件不同而各地有异，在以黄河流域为中心的北方地区是粟米，而以长江中下游为中心的南方地区则是稻谷，形成了具有不同特点的早期农业文明。在农业发展的基础上产生了家畜饲养业和畜牧业，从而开始了人类的全面进化。为了适应农业耕种和定居生活的需要，磨制石器和钻孔技术也逐步发展起来，劳动工具更为精细，标志着生产力水平得到提高；陶器开始发明并逐渐兴盛起来，形式多种多样，有炊具、饮食器和生产工具等，标志着原始手工业已经产生。

新石器时期的文化遗址遍布全国各地，已经发现的有7000多处，它们之间既具有一定的内在联系和统一性，又带有区域性发展的特点，可以分为不同的文化群落，表明原始文化在中国大地上出现了多元分布的状态，其中著名的文化遗址在黄河中下游的北方地区有仰韶文化（河南）、大汶口文化（山东）、龙山文化（山东）等，在长江中下游的南方地区有良渚文化（浙江）、马家浜文化（浙江）、屈家岭文化（湖北）等，在燕山为中心的燕辽地区有红山文化等。随着各个氏族部落之间的交往、斗争和融合，不同文化之间出现了汇聚与交融的现象。

三、原始观念文化

物质文化长足发展的同时，中国先民的观念文化亦日益丰富、深化。其主要形态是原始宗教与原始艺术，为后世的文化和艺术的发展奠定了基础。

（一）原始宗教

原始宗教作为一种特殊的意识形态，曾在原始社会普遍流行。中华先民原始宗教崇拜的对象非常广泛，大致可分为自然崇拜、生殖—祖先崇拜和图腾崇拜三大类。

自然崇拜是原始宗教的最早形态，崇拜的主要对象有日、月、山、石、火、水、天、地、星辰，以及自然现象的风、雨、雷、电等，是人们在面对大自然的千变万化无法解释的情况下，转而认为自然物和自然力具有生命意志及伟大力量的一种信念。

生殖—祖先崇拜是指随着支配和征服自然能力的加强，人类不再把自然和动植物看作神圣之物，而把崇拜的对象转向了人。母系社会盛行的是女性祖先崇拜，女娲是主要的崇拜对象。父系社会里则是男性祖先备受崇拜，盘古、伏羲和炎黄二帝便是父系时代的崇拜对象，表现了人类对自身繁衍的关注和对创造生命的祖先的崇敬，以及重视生命的庄严情感。

与自然崇拜和生殖—祖先崇拜相比，图腾崇拜是较为高级的宗教形式。原始人一般都相信自己的氏族与某种动物、植物或无生物之间有一种特殊的亲密联系，并以之作为氏族崇拜的对象，这就是“图腾”。熊、鱼、鸟、蛙、龟、蛇、猪、马等实有自然物，以及人们运用抽象的、概括的思维能力创造出来的对象，如龙、凤等，都曾是中华先民崇拜并奉为本族族徽的图腾物，被视为氏族的保护神。

对于后世文明意识来说，原始宗教无疑充满了种种神秘色彩。然而，在物质力量与精神力量处于低下水平的原始时代，它具有在人与自然之间起协调作用、在本能与文化之间起制约作用、在物质文化与精神文化之间起补充作用、在人的精神需要中起主观自足作用等文化功能上的必要性和必然性，正因为如此，原始宗教才能成为原始时代观念文化的主流。

（二）原始艺术

在原始观念文化中，原始艺术亦有生动发展。

距今4000年的河南新密池北岗、新郑裴李岗新石器时代文化遗址中，出现了陶塑猪头，这是最早的陶塑艺术品。半坡出土的陶塑人头像，隆鼻、凹眼、大耳，耳垂部位有穿孔，可见当时人们已有在耳朵上悬垂饰物的习俗。

陶绘是原始艺术的又一样式，考古发掘表明，那一时期的陶绘图样千姿百态，几何纹样、动植物图形，都是先民创制陶绘艺术的基本素材。

原始雕刻艺术遗迹亦有众多发现：河姆渡遗址出土的双鸟纹骨，刻有勾嘴、修尾的水禽，线条流畅，姿态生动；大汶口墓地出土的象牙筒花瓣交错，结构别致；江苏连云港锦屏山的将军崖岩画与新疆呼图壁县内的生殖崇拜岩画皆气魄宏大、画面生动，展现了先民粗犷的情感及一派活泼天真、生机盎然的人类童年气息。

各种壁画和彩陶器上都有描绘舞蹈的图案，表明原始人的舞蹈活动很频繁，功能也十分繁多，既是宗教仪式中的重要组成部分，又是各种庆典、狂欢活动的重要内容。

四、原始社会组织

人在世界中所处的关系有两种：一是人与自然的关系，二是社会内人与人的关系。

人与人之间的相互关系，在上古时代主要有男女通婚关系，以及由此关系制约的氏族关系。其组织形式则包括原始群、家族、氏族、部落、部落联盟等。和世界其他民族一样，与猿类分途后的中华先民在婚姻关系上经过血亲杂交、血缘群婚、族外婚等阶段，在社会组织形式上经过母系氏族、父系氏族阶段。

大致说来，母系氏族社会从旧石器时代晚期开始形成，贯穿整个新石器时代，中国上古神话传说中的女娲氏、庖牺氏、神农氏、有巢氏、燧人氏，是这一时期中华先民创造的神。父系氏族社会则已进入铜石并用时代，社会生产力进一步发展，私有制开始萌生。传说中的五帝，便生活在这一时期。五帝的组成有多种说法，比较通行的说法是指黄帝、颛顼、帝喾、唐尧、虞舜这五位上古帝王。

氏族制后期，部落联盟产生，其首领推举方式即著名的禅让。传说尧在位七十余载，衰老之际，知子丹朱不肖，看中了贤孝而有才的舜，经过多方考验，“令舜摄行天子之政”。舜到暮年，亦仿当年故事，禅让给治水有功的禹。上古社会关于权力嬗递的传说，并非虚幻的美妙编造，而确实有可能是当时制度文化的折光。

禹的时代开始了今天已初显轮廓但尚有争议的“夏文化”的进程。依据考古发掘和零碎的文献资料，夏文化大致具有如下特征：工具形态由石器、陶器过渡到青铜器；农业生产已有相当发展；私有制确立；中华文化史上的第一个国家政权建立起来。

五、上古文化分布

中华文化在中国大地上的发生，一开始即呈多元状态。不但黄河流域，而且长江流域、珠江流域，甚至东北和北方地区，都有旧石器及新石器时代文化遗址的广泛发现。中国文化的多元发生，不仅有考古学方面的充足证据。神话传说及民族学、民俗学研究表明，中华民族的远祖可分为华夏、东夷、苗蛮三大文化集团。

中华先民的一部分，很早就自称“诸夏”或“华夏”，或单称“华”“夏”。华夏集团发祥于黄土高原，后沿黄河东进，散布于中国的中部及北部的部分地区，即仰韶文化、龙山文化分布区。华夏集团内又分两支，一支称黄帝，一支称炎帝。神话传说中那位桀骜不驯的共工氏，也属于这个集团。

东夷集团的活动区域，大致在今山东、河南东南和安徽中部一带，即大汶口文化、龙山文化及青莲岗文化江北类型分布区。与黄帝恶战的蚩尤、射日的后羿，都属于这个集团。

苗蛮集团主要活动于湖北、湖南、江西一带，即大溪文化、屈家岭文化分布区。如若向东延伸，河姆渡文化、良渚文化等也可归于此集团。大名鼎鼎的伏羲、女娲都属于这个集团。

在中国跨入文明时代门槛的前夕，黄河流域出现了一系列部落联盟之间的兼并战争。首先是炎帝、黄帝诸部联军在涿鹿大败蚩尤，从而完成了炎黄诸部与蚩尤部落的融合。继之而来，炎黄二帝发生冲突，阪泉一战，黄帝打败了炎帝，炎帝溃败，向东南方转移，黄帝因此成为华夏集团的代表。经过对东夷集团，以及稍后对苗蛮集团的征战，华夏集团取得连续胜利，从而确立了在中华民族及其文化多元发生中的主流地位，对后世文化发展的格局产生了深远影响。

第二节　中国文化的勃兴——夏商西周

在夏商西周时期，从文字的发明到青铜器具的普及，从宗法、礼乐制度的创建到人本精神的确立，中国文化迈出了巨大的一步，为以后的更大发展奠定了基础。

一、汉字的发明与使用

文字是记录语言的符号系统，是人们用以表达思想感情、进行人际交往、记录信息的主要载体。它的发明和使用，跨越了人际沟通的时空障碍，引导人类从“野蛮时代”进入了“文明时代”，成为文明社会最重要的标志之一。

汉字的产生在历史上有过多种说法，有源于结绳说，有起于八卦说，更有仓颉造字说。其实文字的产生是社会生产力发展到一定程度的产物。上古时期，人们采用结绳、木刻、图画等方式来记事，帮助记忆。在漫长的经验积累过程中，一些符号反复使用，逐渐孕育出文字。大约在新石器时代晚期，汉字开始进入起源阶段，到大约5500年前，开始出现了一些简单文字，社会进入了有文字的时期，中国汉字也就逐渐产生了。

汉字早期的形态以殷商的甲骨文为代表。甲骨文是刻契在龟甲和兽骨上的文字，主要用以记录占卜，所涉内容有社会政治、经济和文化等各个方面。甲骨文是一种比较成熟的文字；字形结构已经出现了后世汉字的六种造字和用字方法；读音也基本上是一字一音；已具有方块字这种汉字独特的书写形式，其行文方法与后来汉字的行文方法相同，都是自上而下竖列书写。金文也是汉字早期的形态之一，金文即青铜铭文，是铸在青铜礼器上的文字，在商代后期就已产生，到西周时期兴盛发达起来，记载内容多为国家政令、贵族功德和铸造原因等。与甲骨文相比，由于金文的书写工具和材料的不同，其文字笔画一般比较粗壮，起止不露笔锋，大小各异。金文较甲骨文，文字字数大量增加；造字方法以形声字为主，使汉字向形声化方向发展。

甲骨文、金文的产生奠定了汉字进一步发展的基础，使汉字在形、音、义三个方面具有了独特的韵味，蕴含着深刻的美。其形美在结构合理，每一字形都能模拟一定的事物，体现着形式与内容的统一；音美在韵多声少，抑扬顿挫，能因不同情况以不同的音律和音调，表达适当的思想感情；意美在词汇丰富，近义词、同义词的充分展示，使其含义表达更为清晰准确。

二、从神本走向人本

（一）殷商的尊神文化

公元前16世纪，殷商灭亡了夏朝，建立了空前强大的国家政权，奴隶制社会进入强盛时期。这一时期由于脱离原始社会不久，受生产力和科学水平发展的限制在原始思维方式的支配下，殷商文化具有浓厚的宗教色彩。殷商人观念中的神，地位最高的是“帝”或“上帝”，它统率各种自然力，也主宰人间事物。为了听命于上帝，按照鬼神意旨办事，殷商人以卜筮来决定自己的行止。商人祭祀十分普遍，商王既是政治上的最高统治者，又是最高的祭司。因此，在殷墟出土的甲骨文，其主要内容都是用来记录占卜的。

（二）西周的德政思想

公元前11世纪，周人取殷商而代之。从周朝建立到周平王迁都洛邑，史称西周时期。西周是奴隶制社会发展的鼎盛时期，在继承殷商的典章制度、文字、工艺技术等成果的基础上，思想文化上有了进一步的发展。西周统治者一方面因袭商代种族血缘统治方法，并同政治关系紧密结合起来，形成了完备的宗法制度；另一方面承袭商人的天神观念，提出天命神权的思想，将上帝与周王的关系比作天与天子的关系，用“德”的概念进行限制，强调上帝也要“惟德是辅”。在周人看来，殷人宣称自己的统治是上天的意志，可是最终被灭亡，要想维持自己的统治，不能一味地依靠上帝，必须实行“德政”，才能得到“民心”，因而提出了“敬德保民”的重要思想。中国传统文化中的德治主义、民本主义，皆肇始于此。

（三）西周的尊礼文化

周代有“经礼三百、曲礼三千”，礼乐制成为周代制度文化、行为文化和观念文化的集中体现，它既是典章制度的总汇，又是政治生活、经济生活、社会生活、家庭生活各种行为规范的准则。确立把上下尊卑等级关系固定下来的礼制和与之相配合的情感艺术系统，这便是所谓“制礼作乐”。周人之“礼”，包括形式和内容两个方面。其形式为“仪”，即各种礼节和仪式。周制规定，各级贵族祭祀、用兵、朝聘、婚丧，都要遵循严格的合乎其等级身份的礼节仪式，以体现君臣、父子、兄弟、夫妻的上下尊卑之别。“礼”的内容，一是“亲亲”，贯彻血缘宗族原则；二是“尊尊”，执行政治关系的等级原则。周代礼制的内容与形式统一在其主旨上就是“别贵贱，序尊卑”，以保证“天无二日，土无二主，国无二君，家无二尊，以一制也”（《礼记·丧服四制》）。

周人所确立的“礼”，为后世儒家所继承、发展，以强劲的力量规范着中国人的生活行为、心理情操与是非善恶观念。中国传统的“礼文化”或“礼制文化”，即创制于西周。

三、发达的青铜文化

青铜是红铜加锡或铅的合金，因其锈呈青绿色而得名，它具有熔点低、硬度大、易铸造等优点，是最早为人类所利用的金属，人们在这一时期创造的文化亦被称为青铜文化。夏代，中国社会就进入了青铜时代，商周时期青铜文明成就辉煌，科技文化等方面都有巨大发展，达到青铜时代的高峰。

青铜文化的发达首先在于青铜冶炼技艺进入高度发展时期，标志着生产力水平的提高。根据考古发现，商周时期不仅出现了大规模的冶炼铸造作坊，而且采用了与后世铸铜合金成分相近的配置标准。青铜在这一时期作为制造生产工具、生活用具和武器的重要原料，一出现就在各个领域取代了石器和陶器，被铸造成各式各样的复杂器物。在各种青铜器中，最重要的是礼器，它们既是贵族的日常生活用具，又是祭祀、朝聘、宴飨等重要社会活动的礼仪用品，具有明贵贱、辨等列和通神灵的特殊作用。其中鼎为最重要，一度成为国家政权的象征物。

青铜器也具有很高的艺术价值。青铜器上的花纹凝重繁复，样式不同。饕餮纹庄重而富于图案化，凤鸟纹被视为吉祥而盛行，还有云雷纹、三角纹、瓦纹和蕉叶纹等。

第三节　中国文化的“轴心时代”——春秋战国

公元前770年，周平王东迁都到洛邑，史称东周，揭开了春秋战国时期的历史帷幕。这一时期是一个“礼崩乐坏”的时代，中国社会开始由奴隶制度向封建制度过渡，在思想文化领域也出现了大变革的局面，诸子百家学说竞起，成为历史上第一次学术文化大发展的时期。

一、春秋战国的文化背景

春秋战国时期，历史的发展引起了社会的巨大变革。在经济上，由于铁制农具的普及和牛耕的推广，生产力得到迅速的提高，私田的增加使生产关系也随之发生变化。在政治上，周天子权威失坠，诸侯力量大增，竞相争雄，原有的整个社会结构和统治秩序都被打乱了。在思想文化上，旧的文化意识观念再也不能禁锢人们的思想了。面对着“礼崩乐坏”的局面，如何由天下大乱实现天下大治、走向统一，成为迫切需要回答的社会问题。

（一）从“学在官府”到“学在私门”

殷商、西周都是官学时代，其“学”为宗教神学所充斥。西周在国都设立“国学”，各级贵族在封地设立“乡学”，文化教育与平民无缘，“学在官府”的文化政策与同时实行的“土地国有”（王有）和“宗法制度”相互为用，使掌握天下土地、身为天下“大宗”的周天子，同时成为观念世界的主持者。时至东周，随着土地国有向土地私有转化，天子的权威在诸侯争霸过程中大为衰减。春秋末年，随着周天子“共主”地位的进一步丧失和一些王室的衰落，国学和乡学难以为继，宫廷文化官员纷纷出走，下移列国，混迹民间，导致学术从官府转向私门。春秋末年，私立门学非常普遍，其中最典型的也是创办私学最有成绩的算是孔丘。相传他“以诗书礼乐教，弟子盖三千焉，身通六艺者七十有二人”（《史记·孔子世家》）。自此私学兴盛，学术下移，学问播散于民间，殷商西周的王官之学转变为东周多元纷繁的百家之学。

（二）士的崛起

春秋战国时期，与私学发展密切相连的，是作为知识阶层的“士”的勃兴。士在殷商西周是贵族的最低等级，由卿大夫封予食地。然而在春秋时，作为贵族下层、庶人之上的士，多为卿大夫家臣，有的保留封地，有的以俸禄为生，是当时的自由职业者。士多受过礼、乐、射、御、书、数六艺的教育。偏重于射、御的为武士，充任下级军官；偏重于礼、乐、书、数的为文士，担任文吏。春秋末期，士作为有专业知识的人才，成为公卿大夫竞相争取的对象。如齐国的孟尝君、赵国的平原君、魏国的信陵君、楚国的春申君，“四公子”门下食客多为有某种才能技艺的士人，士的向背，直接关系到列国的盛衰。

士不再像吏那样全然依附王室，而是获得了相对的独立人格，为百家之学兴起奠定了基础。此时的士胸怀博大，以天下为己任。正所谓“士不可不弘毅，任重而道远”，他们政治参与意识强烈，有着炽烈的参政愿望，能超越自身经济地位的狭隘限制，而有坚定执着的志向。比如孔丘就声言：“苟有用我者，期月而已可也，三年有成。”（《论语·子路》）又如孟轲，奔走于王侯之间，并宣布“如欲平治天下，当今之世舍我其谁”（《孟子·公孙丑下》）。他急于向社会和执政者推荐自我，以图展抱负。墨翟及其弟子则直接拿起武器，出智尽力，参加宋国的自卫战争。即使老聃、庄周，也深切关注社会政治乃至军事斗争。魏国的李悝变法、楚国的吴起变法、韩国的申不害改革、秦国的商鞅变法，其策划者乃至主持者大多是士人。

王室衰弱、诸侯争雄的多元政治为文化多元、学术自由发展创造了条件，许多新兴知识分子演变成为“游士学者”，逐渐形成专门从事精神性创造的文化阶层，他们思想敏锐，善于思索，对社会问题从理论上进行了多方面的探讨，并且走向下层，在民间大办私学，在统一的思想观念还没有形成的环境下，为思想家们提供了各抒己见的历史舞台，对文化学术的繁荣起了极大的推动作用。以私学为基础，士阶层形成，出现了诸子并起、百家争鸣的千古思想文化大景观，成为中华文化的奠基石。

二、百家学说及其特征

所谓“百家”，是指学术思想界的众多流派。商周时期，学术思想观点往往父子相传，俨然家学，故以“家”作为不同学术流派的代称。西汉刘歆将百家分为儒、墨、道、名、法、阴阳、农、纵横、杂、小说十家，以儒、墨、道、法影响最大，其思想学说成为中华民族共同思维方式和文化特征的基石。

儒家学说以孔孟为代表。儒学思想的重要范畴是“仁”“礼”“中庸”，其核心是仁学。所谓“仁者，爱人”。孔子的“爱人”是广义上的，从小家之爱到社会的博爱。因此，孔子以“礼”为行为规范，“仁”“礼”结合，形成了“仁”“礼”一致的体系，无论是政治理念还是道德修养，都体现着鲜明的政治和伦理色彩。孟子进一步发展完善了孔子“仁”的学说，倡导“仁政”，反对暴政。儒家讲求入世，重视现实的社会人生问题，成为中国古代影响最深远、内容最丰富的思想流派。

墨家学说的创立者是墨翟。墨家的主张有“兼爱”“非攻”“尚贤”“尚同”“节葬”“节用”“非乐”等，认为只要人人互助互爱，把别人的身、家、国看成如同自己的一样，天下就太平了。他们反对战争动乱，反对生存基本需要以外的消费，强调义利并举。在政治上墨家主张统一思想，统一政令。其思想理论带有明显的功利色彩，典型地反映了小生产者、小私有制的性格特点。他们还大力倡导“天志”观，主张尊崇天神，体现着浓厚的宗教色彩，对后世农民起义产生过影响。

道家学说的创立者是老子，庄子是集大成者。老子哲学的核心是“道”，“道生万物”“道法自然”，“道”既是万物的本原，又是万物运行的规律。老子倡导无为，提倡顺应自然，主张老百姓过一种无知无欲的“小国寡民”似的生活。老子哲学中最可贵的是其朴素辩证法思想，他肯定一切事物都在变化发展，指出对立面相互依存、相互转化，这对中国哲学产生了深远影响。总之，以老庄为代表的道家以超然的态度对待人世的纷争，在基本人生态度和政治理想方面，与儒家相悖且互补，极大地丰富了中国人的精神生活。

法家的先驱者是春秋初年的管仲、子产，到战国前期形成了以“法治”为特征的法家学派，代表人物为李悝、商鞅等。战国后期，韩非成为法家学派的代表。韩非在总结先秦法家理论的基础上，建立了以法为主的法、术、势相结合的政治思想体系，形成了完备的法家理论。他还根据当时陆续出现的君主集权的社会现实，提出了专制主义的中央集权理论，在治国方略上主张严刑峻法，在文化上主张“以法为教”“以吏为师”，实行文化专制主义。韩非的思想得到了秦王嬴政的赞赏，正是在韩非法治思想的指导下，秦朝得以强盛并最终实现了国家的统一。

创立诸子学派的孔、墨、老、庄等人，都是中国文化史上的第一批百科全书式的渊博学者，他们以巨大的热情、非凡的气魄和无畏的勇气，开创学派，撰写了一系列中国文化的“元典性”著作，并对宇宙、社会、人生等无比广阔的领域发表纵横八极的议论。正是经由各具特色的诸子百家的追索和创造，中国文化精神的各个侧面得到充分的展开和升华，中华民族的文化走向大致确定。有鉴于此，文化史家借用德国学者雅斯贝尔斯的概念，将春秋战国称为中国文化的“轴心时代”。

【思考与练习】

1. 试述原始物质文化对中国文化发展的意义。
2. 试述周文化在中国传统文化发展中的地位。
3. 试述春秋战国的文化背景。
4. 分别阐述儒家、墨家、道家、法家的学说及其特征。

第四讲 秦汉至宋——中国文化的延拓和成熟

秦朝是中国第一个专制集权王朝，随着大一统帝国的建立，秦朝实施了一系列统一思想文化的专制措施，至汉代“罢黜百家，独尊儒术”政策的推行，文化统一的局面形成，儒学定于一尊，成为文化思想的主流。然而，随着汉末的军阀割据，儒学独尊的文化格局土崩瓦解，魏晋南北朝再次出现文化多元的走向，儒释道相互交融和激荡，在冲突融合中将中国文化推向深入。在盛唐的兼容并包和开放宽容的文化政策作用下，中国历史上出现了显赫一时的文化盛况，显示出文化集大成的灿烂和辉煌。唐代的文化成果是中国文化的又一个新的高峰，令后世高山仰止、追慕不已。宋代的文化则迥异于唐代的文化，不但丰富了中国传统文化的宝库，而且将中国文化推向成熟的道路，在中国文化史上留下了光辉的一页。

第一节 大一统文化——秦汉

东周列国的分崩离析和礼崩乐坏，让国家和人民深受其害，社会又开始向往统一与秩序，并逐渐孕育文化整合的力量，祈望四海一家、万邦协和成为华夏民族的一种心理趋向。如“四海之内若一家”（《荀子·议兵》）；又如战国晚期的《禹贡》将华夏版图划分为九州，展示出一统国家的政区设计。秦的一统天下顺应了这一历史趋势，政治一统需要统一的思想文化来保障，而整合后的一统文化，因为具有强大的凝聚力和向心力，又反过来增进了政治的一统。秦汉四百余年间，政治和文化的统一被认为是大势所趋，是社会发展合理的、正常的现象，秦汉文化形成了维护统一的文化定势，儒家主导的文化精神影响了此后的中国历史。

一、文化的统一

秦汉统一后，为了服从大一统政治的需要，即利用已经掌握的国家政权力量开始致力于思想文化的统一，以结束春秋战国以来分裂割据导致的各诸侯国在文字、法律、货币和度量衡等方面存在差异的状况，实现“书同文，币同制，车同轨，行同伦”的社会理想。

首先进行的是文字的统一工作，秦相李斯等人在秦文字的基础上，通过对周朝文字大篆进行简化、整理，创制并在全国推行一种文字，后人称为小篆。这种字体字形简化，形体固定，异体字减少，成为中国文字定型的重要环节。到了汉代，隶书取代篆书成为主要的字体，更加便于书写，适应了社会发展的需要。文字的统一对于政治、思想、文化的一体化至关重要，为文化传播和发展做出了巨大的贡献。

其次，统一货币、度量衡和车轨。秦朝进行了币制改革，在全国实行统一的圆形方孔货币；还统一长度、容器、重量的标准；统一车辆的宽度、型制等，修筑了以首都咸阳为中心、贯穿全国的驰道。这些措施消除了各地的差异隔阂，加强了中央同各地的联系，畅通了商业贸易与文化交流。

最后，统一思想和法律制度。秦统一天下后，在李斯的建议下，把思想“别黑白而定一尊”，焚书坑儒，实行文化专制政策，以此来巩固中央集权君主专制的统治；同时，还在秦国原有刑法的基础上，吸纳六国有关法律条文，制定统一的法律制度。所有这些措施，不但强化了秦朝的中央集权统治，而且有力地促进了人们在经济生活、文化生活乃至文化心理上的共同性，为中华民族文化共同体的最终形成奠定了坚实的基础。

秦汉王朝还确立了高度集中的中央集权制，皇帝享有至高无上的权力，同时王位世袭，并运用国家政权的力量，使封建土地所有制得以最后确立，成为此后 2000 多年封建社会的根本经济制度，为封建国家的社会文化发展奠定了政治经济基础。在此基础上，秦汉统治者还建立了为中央集权统一国家服务的官僚政治体制、思想文化制度、军事制度和教育制度等，奠定了中国统一的多民族的封建专制国家各项制度的基础，成为中国制度文化全面启动、建立的时期。

二、儒学独尊与经学兴起

西汉初期，在吸取秦王朝二世而亡教训的基础上，统治者实行了道家黄老“无为而治”，对恢复经济和发展生产起过积极的作用。随着政治上的稳定和经济上的繁荣，秦朝统治阶级从维护统一的中央集权专制制度的需要出发，提出了曾经被后世儒生反复抨击过的思想统一问题。汉武帝时期，董仲舒顺应社会时代的发展要求，以先秦儒家思想为根本，吸收阴阳五行说和法家思想，提出了一整套维护大一统封建帝国的新的儒学思想体系，找到了与封建经济、专制政治相吻合的文化形态，在政治上，他主张实行“大一统”的统治，采取德政为主、德刑并用的治国方针；在伦理道德上，他提出了“君为臣纲、父为子纲、夫为妻纲”和“仁、义、礼、智、信”的三纲五常学说，以维护封建专制和宗法等级秩序的合理性；在思想文化上，他提出“罢黜百家，独尊儒术”。董仲舒的思想完成了自战国后期以来产生的对社会政治、人生模式做出规律性解释的精神追求，从而得到了汉武帝的欣赏和采纳，使儒学由此获得了“定于一尊”的显赫地位，儒学由民间学说一跃为官方意识，成为汉代文化思潮的主流，并从此成为中国两千年封建社会的统治思想。

儒学独尊的文化政策使儒家的经典著作备受推崇，《诗》《书》《礼》《易》《春秋》被尊奉为儒家的“五经”，对这些经典的研究就成了一门专门的学问——经学，经学由此成为从汉代开始直至清代的官方哲学，中国文化进入到了经学的时代。在汉代，经学在统治者的支持下得到了空前的发展，出现了“今文经学”和“古文经学”两大派别。“今文经学”是对流行民间的儒家著作进行发掘整理，并用流行的隶书抄写传述的一派，其学术特点是注重政治，讲求阴阳灾异、微言大义，学风活泼，却往往流于空疏；“古文经学”是对通过各种途径所发现的并用古籀文写成的儒家经书进行研究的一派，其学术特点为注重历史，讲求文字训诂、典章制度，学风朴实，但容易陷入烦琐。“今古文经学之争”对儒学的发展起过一定的作用，但在争论不和的过程中，经学逐渐成为令人难以忍受的破碎而又烦琐的学问，最终导致儒家经学的没落。随着东汉王朝的崩溃，在社会大动乱中儒学的神圣光圈黯然失色。

三、开拓、恢宏的文化精神

秦汉王朝的建立，使中国成为一个疆域辽阔的统一的多民族国家，具有宏大的规模和气象。新兴的地主统治阶级以生气勃勃、雄姿英发的气概，显示出开拓进取、恢宏包容的文化精神，使社会文化的各方面都得到了发展。文学、史学和艺术都取得了较大的进步。

在文学上，汉赋、乐府诗和散文成绩斐然，不但盛极一时，富有特色，而且留下了许多名篇佳作，成为一种文体的楷模。在史学上，《史记》《汉书》两部巨著的诞生，具有划时代的意义，开创了中国史学的新纪元。在建筑上，秦汉不断修筑、完善的万里长城，见证了人类改造自然的伟大壮举，成为中国文化的标志性符号。在雕塑上，秦兵马俑的雕塑艺术达到了一种完美的高度，无论是千百个形神兼备的官兵形象，还是那一匹匹栩栩如生的战马，都显现出内在的动力、情感、灵魂、风骨和精神。兵器铸造的标准化工艺、兵器表面防腐处理技术和研究填补了我国古代科技史的空白。千百个充满生气、神态各异的陶俑构成军阵，达到了一种意想不到的艺术效果。

传统科学技术也有了较大的发展。在天文学方面，有了举世公认的最早的太阳黑子记录，《五星占》是我国现存最早的天文著作，张衡发明制造了浑天仪、候风地动仪等仪器。在医学方面，出现了张仲景、华佗等著名医家，发明了世界上最早的全身麻醉剂“麻沸散”、世界上最早的健身操“五禽戏”，产生了《神农本草经》《伤寒杂病论》等医学著作，建立了传统医学体系。在数学方面，有了关于勾股定理的最早记载，出现了《周髀算经》《九章算术》等数学名著，推动了中国古代数学的发展。

中外文化交流活动得到了开展。这一时期，中国文化从东、南、西三个方向与外部世界展开了广泛的交流，其中最著名的文化活动是汉代开辟了丝绸之路。使者张骞、班固等多次出使西域，中国以丝绸为主的产品由此运抵西域和欧洲，西域乃至印度的文明成果也源源不断地涌进中国，中外经济文化的来往日益密切，为中国文化增添了灿烂的色彩。

第二节　多元文化——魏晋南北朝

汉末董卓之乱犹如一股强劲的旋风，使摇摇欲坠的汉帝国终于崩溃瓦解。与军阀割据、王室贵族自相戮杀相推引，北方游牧人横冲直下，同农耕人争夺生存空间。一场长达近四百年的战乱由此展开，政治舞台上角色更迭如走马灯般令人眼花缭乱。在全国范围内，先有魏、蜀、吴三国鼎立，继之而起的西晋命祚短促。随晋亡而来，在北方，先有十六国割据，后有北魏、东魏、西魏、北齐、北周等政权战乱与割据打破了帝国的一元化政治与集权式地主经济体制，定型于西汉中期的以经学为主干、以儒学独尊为内核的文化模式崩解，取而代之的是文化生动活泼的多元发展局面。

一、玄学崛兴

“有晋中兴，玄风独振”（《宋书·谢灵运传》）。玄学是魏晋时期崛起的一股新的文化思潮。

玄学的产生是两汉到魏晋思想上的一个重要变化。自从西汉后期儒学被定为一尊后，由儒家政治伦理学说与阴阳五行学说杂糅搭配而成的、包罗万象的宇宙论，成为大一统的汉帝国巩固其统治的理论基础，与此相辅而行的是对儒家经典进行种种烦琐解释的"经学"。随着东汉王朝的崩溃，这个包罗万象的宇宙系统论的神圣光圈黯然失色，经学也成了令人难以忍受的烦琐学问。统治阶级的腐败及社会大动乱更有力地宣布了儒学的"不周世用"和思想的虚伪。在这样一种时代大背景下，玄学应运而生。

玄学是由老庄哲学发展而来的，其宗旨是"贵无"，其最高主题是对个体人生意义价值的思考。玄学在主体面貌上与两汉儒学大不相同。两汉儒学着眼于构建实实在在的王道秩序与名教秩序，玄学却以探求理想人格为中心课题；两汉儒学热衷于"天人感应"的神学目的论，魏晋玄学却从汉代的宇宙论转向思辨深邃的本体论。玄学的兴起，对魏晋文化思潮产生了深刻影响。

首先，玄学的思维特点是超脱多样化的现世实物而直接诉诸本体。对本体的思考，对无限的思考，当然不能依靠纯经验性的观察，而必须运用抽象的哲理，一股力度超过以往任何时代的思辨新风注入了中国传统哲学的躯体，使之产生了新的生气勃勃的活力。魏晋学术亦因此而富于谈玄析理的色彩。

其次，玄学虽然以超越有限达到无限为根本，但玄学家所说的达到无限，不是像西方黑格尔哲学那样以达到对"绝对理念"的纯思辨的抽象把握为最终目的，而是在现实的人生之中，特别是在情感之中去达到对无限的体验，这就使玄学与美学内在地联结在一起，成为魏晋美学的精魂。魏晋时期兴起的"重神理而遗形骸""重自然而轻雕饰"的美学观念，以及新兴的山水诗与山水画等，便深深浸染着玄学风采。

再次，玄学作为一种本体论哲学，其现实意蕴乃是对魏晋人所汲汲追求的理想人格做理论上的建构。在"贵无"思想的深刻影响下，魏晋士人或徜徉山水，"琴诗自乐"，追求一种"萧条高寄"的生活；或"动违礼法""以任放为达"。陶渊明与"竹林七贤"便分别是以上两种行为方式的代表。在魏晋士人的推动下，老庄之学轻人事、任自然的价值观以前所未有的规模占据中国知识分子的心灵世界，进而铸造了中国士人玄、远、清、虚的生活情趣。

二、道教创制与佛教传入

玄学的兴盛，体现出动乱时代人们对个体存在意义和价值的关注，而这样一种社会心理也成为道教与佛教兴盛的土壤。

道教是中国本土的宗教。它酝酿于东汉，发展于魏晋，至南北朝时期，北魏嵩山道士寇谦之、刘宋庐山道士陆修静借政权之力清整民间道派，并首次使用“道教”一词统一各道派。与此同时，道教逐步形成一套完整的宗教体系，作为一个完整意义上的宗派至此也已基本定型。作为宗教的一大流派，道教具有宗教上的一般性特征，但作为中华民族创立的宗教，它又具有鲜明的民族性格，这就是在思想渊源上从道、儒、墨等哲学流派，以及传统星相家、医方家、谶纬家那里充分汲取思想资料；在神仙世界的构造上以古代中国尤其是流传于楚文化圈的种种神话人物为本源；在教旨上以长生成仙为目标，讲求归本返璞、归根复命的养气健身术，倡导以长寿祛病为宗旨的“房中术”，钻研追求不死的炼金服丹之术，民间劾治恶鬼、躲避死亡的种种迷信手段，也网罗无遗。

道教勃兴的同时，另一支宗教大军也气势日增地开进了魏晋南北朝文化系统，这就是来自南亚次大陆的佛教。由此，中国形成二学（儒学、玄学）、二教（道教、佛教）相互颉颃、相互融合的多元激荡的格局。

三、玄学与儒、道、佛的相互激荡

玄学产生之初，与儒学发生过较为剧烈的冲突。玄学之士往往“以老、庄为宗而黜六经”，儒学之士也谴责玄学家“好谈老庄，排弃世务，崇尚放达，轻蔑礼法”。但是玄、儒二学虽然相互排斥，却也有相互吸收的一面。王弼就是用以老解儒的方法注解《周易》和《论语》，把儒道两者调和起来；郭象则提出了名教即自然的理论，反对“越名教而任自然”，体现了儒道糅合的倾向。玄学家们希望将追求人性自然与尊崇礼教的双重人格，在玄学的幻想中得到内在的融合，并为调和儒道思想的冲突做出了不懈的努力。

玄学与道教在以道家哲学为主要思想渊源上结下了不解之缘，道家哲学是道家的重要思想渊源与宗教理论的主干。道家的创立者老子被奉为道教教主，庄子也被列为道教尊神。《老子》《庄子》二书被奉为道教经典，称《道德真经》与《南华真经》。与此同时，道教还积极调和儒学，将儒学中的伦理精义纳入教义、教规之中，与玄学对待儒学的方法态度基本上是一致的。

玄学与佛教在思想理论上很契合。佛教作为外来宗教，在两汉之际开始传入中国，到魏晋南北朝时才得到真正传播和发展，对中国文化的影响也开始日渐广泛和深远，并在传播过程中逐渐融合中国原有文化而出现中国化，其原因之一就是玄学的“贵无论”与佛教“一切皆空”的思想相通。佛教适应了玄学造成的注重思辨求理的理性主义文化环境，玄学之士也要借助佛教般若本无思想来提高自己的见解，所以佛教得以迅速发展。到了东晋，玄学几乎完全融入佛教之中。

儒、道、佛之间的关系颇为复杂，儒家对道教不排斥也不调和，道教对儒家有调和无排斥，儒家对佛教排斥多于调和，佛教对儒家调和多于排斥，佛教和道教互相排斥，不相调和（道教徒也有主张调和的）。

魏晋南北朝时期儒、玄、佛、道二学二教的相互冲突、相互整合，造成意识形态结构的激烈动荡。这一时期因北方少数民族入主中原而引发的胡汉文化的大规模冲突，更使魏晋南北朝的文化呈现出多样性、丰富性。在文化的多重碰撞与融合中，中国文化得到了多向度的发展和深化，强健而清新的文化精神大放异彩。

（二）文学、艺术、科技的成就

魏晋以来社会动荡，战乱频繁，文化科技事业的进步受到一定的影响，但是由于秦汉以来长期的文化积累，以及社会现实的发展需要，文化事业的各方面仍然得到了发展，取得了较大的成就。

文学、史学和艺术得到了进一步的发展。古典文学进入了一个发展高峰阶段，五言诗已经完全成熟，骈文繁荣，文学批评和文艺理论著作开始出现。史学继续蓬勃发展，史书体例有了进一步的创新，有《后汉书》《三国志》《宋书》《南齐书》和《魏书》五部新的断代史问世。艺术也有了长足的发展，书法的五种字体已经形成，出现了钟繇、王羲之、王献之等著名书法家，书法艺术达到了一个高峰；绘画方面有了新的进展，顾恺之、陆探微等成为我国最早的知名画家；雕塑艺术更是蓬勃发展，中国几个最大的石窟群，敦煌石窟、云冈石窟、龙门石窟、麦积山石窟等，均开凿于这一时期，代表了当时的雕刻水平和风貌。

科学技术也有了许多新的发展。数学取得了具有世界先进水平的成就，出现了刘徽、祖冲之等一批著名的数学家，祖冲之推算出的圆周率成为当时世界上最精确的数据。传统医学又有了新的成就，出现了撰写《脉经》《金匮药方》《肘后备急方》等一批医学名著和葛洪、陶弘景等名医。农学的成就也非常突出，北魏贾思勰的《齐民要术》总结了我国数百年间的农业生产实践，丰富和发展了古代的农业知识，是一部集魏晋南北朝时期农业科学之大成的巨著。

第三节　文化的隆盛——隋唐

公元 581 年，杨坚自立为帝，建立隋朝，年号开皇。隋开皇九年（589），隋灭陈，统一全国，结束了东汉末年以来长达近 400 年的分裂局面，建立上承秦汉的统一的中央集权国家。之后，杨隋和李唐王朝开疆扩土，军威四震，建立了东临日本海，西抵中亚阿姆河、锡尔河流域，北达西伯利亚南部，南至中南半岛的隋唐大帝国。在空前壮阔的历史舞台上，中国文化进入了气度恢宏、史诗般壮丽的隆盛时代。

一、文化背景

隋唐时期是我国传统文化进入全面辉煌和鼎盛的时期。这一时期有太多可圈可点的令中华民族世代为之骄傲的成就。英国著名学者威尔斯曾将这一时代的中国置入同一历史时期的世界文化的大背景下进行对比：

> 在整个第 7、8、9 世纪中，中国是世界上最安定最文明的国家……在这些世纪里，当欧洲和西亚蔽弱的居民不是住在陋室或有城垣的小城市里，就是住在凶残的盗贼堡垒中的时候，许许多多的中国人，却在治理有序的、优美的、和蔼的环境中生活。当西方人的心灵为神学所缠迷而处于蒙昧黑暗之中时，中国人的思想却是开放的、兼收并蓄而好探索的。①

（一）海纳百川式的开放政策

唐代经济文化的全面昌盛和繁荣首先应该归功于它采取的海纳百川式的开放政策。这一时期的中华民族表现出前所未有的兼收并蓄的文化精神和一切皆可为我所用的胸襟与气度，他们不仅热烈欢迎那些来自周边地区和远方国家的文化形式和文明成果，而且非常慷慨大度地将自己优秀的东西尽量向外输出。鲁迅先生曾这样热情洋溢地称赞这种开放的精神：“那时我们的祖先们，对于自己的文化抱有极坚强的把握，决不轻易动摇他们的自信力；同时对于别系的文化抱有恢廓的胸襟与极精严的抉择，决不轻易地崇拜或轻易

① 威尔斯：《世界简史》，安徽人民出版社，2003 年，第 235 页。

地抛弃。”①

唐代开放政策和精神主要体现在两大方面：一是大量汲取域外的文明成果，二是积极输出中华优秀文化。当时的都城长安是一个世界文化的集散地，也是一座名副其实的世界性大城市，中亚的音乐、舞蹈，西亚的宗教、建筑、医术，南亚的历法、音乐、佛学、美术和语言学等，都在这一时期涌入长安并很快被中国人吸收利用。同时，唐朝又凭借自身强大的经济优势和积极的文化影响力，不遗余力地把汉民族众多的优秀文化成果向外传输。当时受唐朝文化影响比较大的国家和地区主要是日本、朝鲜，以及西亚和南亚地区。应该说，唐朝强大的综合国力很大程度上受惠于这种双向互动的吸收和输出并重的开放国策。特别值得注意的是，无论是汲取还是传播，唐朝都始终坚持以自己的本土文化为主体和阵地，进行有选择的文化交流活动，是拿来主义和送去主义的双向并重，而不是盲目地接纳或机械地输出。

今天，站在文化全球化和经济全球化的角度去看唐朝的对外开放政策，我们似乎更能明白一种世界的眼光和开阔的心胸对于一个民族的强盛意味着什么。

（二）完善的科举制

唐朝国力强大和文化繁荣的第二个重要原因应该是它完善的科举制。科举制萌芽于南北朝，创制于隋朝而健全于唐朝，最后一直延续到清朝末年。它是中国古代持续时间最长、影响也最为久远的选士用人制度，不仅对中国古代的政治文明和制度文化产生了直接的作用，就是经济的发展和文学艺术的进步也跟它息息相关，甚至今天中国的高考制度也与它有着千丝万缕的内在联系。

在隋代科举考试基础上进一步完善的唐朝科举制度分两种：一种是由官府组织和主持的常举，一种是由皇帝亲自主持的制举。后者虽然不常举行，但允许平民子弟和一般官员参加，同样保持了科举考试“朝为田舍郎，暮登天子堂”的特点。无论如何，科举考试给那些出身低微人家的子弟提供了实现参与政治管理的平等的机会，大大激发了他们刻苦学习的动力和追求人生理想的欲望，这不仅打破了南北朝以来九品中正制最后实际上由门阀世族垄断权力的局面，而且在很大程度上激活了潜抑在社会中下层的创造智慧和活力。

特别值得一提的是，唐朝科举有着极大的开放性和透明度，它不仅看重

---

① 樊树志：《国史概要》，复旦大学出版社，1998 年，第 175 页。

科举考试的成绩，更注重考生平时在民间长期形成的德才方面的影响，这就汲取了汉代察举和征辟制的优点——将一个人的民间舆论场域也纳入考察的范围，具有今天政治选举意义上的进步性。这样一来，那些想跻身庙堂施展雄才大略的人不仅需要“读万卷书”，更需要“行万里路”；不仅要注意从书本上的圣人那里汲取知识和做人的道理，也要注意现实周围的社会公众的舆论力量。因此在唐朝那样一个开放的社会文化环境中，我们看到很多士人的确不是一心只读圣贤书的迂腐的书呆子，而是锐气逼人豪情冲天的乃至具有侠肝义胆的真正儒士。也只有在这样的时代和这样的文化氛围中，我们今天才能想象出“仰天大笑出门去，我辈岂是蓬蒿人”的盛世洒脱，也才能领悟到“天生我材必有用，千金散尽还复来”的大唐精神。

（三）三教并行

毫无疑问，一个朝代的兴旺发达很大程度上应该归功于当时的统治者的杰出和英明，尤其是在中国古代中央集权制的政治模式下。唐朝被认为是我国三教并行、共同发展的历史时期，除了唐朝宽松而开放的文化整体环境之外，唐太宗李世民开明的胸襟和超前的眼光也是重要原因。在唐太宗的支持下，儒学很快从魏晋以来式微的状态中恢复了元气。同时，道家思想的创始人老子因为与唐朝统治者一姓，因此道家自然在李唐很受重视。唐太宗虽然竭力抬高道教的地位，但是他也没有因此走向一元论的文化垄断，倒是对佛教同样报以肯定和支持的态度，他和玄奘的关系就是有力的证明。除此之外，唐太宗每逢重要庆典，都要诏令全国大儒和佛道领袖在朝廷和公共场合进行大规模的公开讨论，从而采用以上带下的方式在全国形成了儒佛道三教并举的局面。这种三教可以并行不悖的健康状态中，出现了佛教本土化、中国化的重大宗教变革。在佛教与道教和玄学的长期磨合中衍生了很多具有中国文化特色的宗教派别。

二、辉煌的文化成就

隋唐时期超凡的社会风貌和气象成为发展传统文化的深厚根基，发达的经济和科技是创造灿烂文化的必要条件，加之外域文化精华的不断注入，隋唐文化取得了熠熠生辉的丰硕成果。

（一）文学百花盛开，争奇斗艳

唐朝诗歌取得了最辉煌的成就，成为我国古典诗歌的极致。这是一个全民族诗情勃郁的时代，也是诗歌创作空前活跃的时代，更是一个天才诗人层出不穷的时代。其题材之新颖，内容之广泛，数量之繁多，艺术之精湛，都是任何朝代无法比拟的，仅清人编辑的《全唐诗》所录就有 2300 多位诗人、48900 多首诗作。中国古典诗歌至此“无体不备，无体不善”，无论内容、风格、形式、技巧，均达到炉火纯青的地步，成为后世效仿的典范。古文运动也具有十分重要的意义，它一扫六朝绮丽的文风，创造了一种自由、质朴、实用、注重内容的新散文体，为我国古代散文的发展开辟了一个新的时代，对以后几个世纪的文学产生了深刻的影响。传奇小说的兴起是又一重要成就。

（二）史学盛况空前，成就非凡

一是官修史书制度的确立。唐代开始设立了组织完备的史馆，使史书编撰工作取得了很大的成绩，二十四史中有八部是在这一时期完成的，从此，前代史书由后代设馆纂修遂成惯例。二是史学著作中有了新的创作，除了《晋书》《梁书》《陈书》《北史》《周书》等正史的编纂以外，《史通》是我国第一部史学评论著作，它不但对前代的历史著作进行了全面的评价和总结，而且提出了一系列关于编纂史书的原则、方式及修史的主张，奠定了我国古代史学理论的基础。《通典》亦是史学一大成果，它是一部正面叙述历代典章制度沿革变迁的著作，开创了我国政治、经济、礼乐、刑法等典章制度分类专史的先例，创立了一种新的史体——政书体，是中国史学史上的一大进步。

（三）艺术异彩纷呈，登峰造极

绘画大大向前发展，技巧手法有所突破，以“莼菜条”型线条改造了传统线描方法，丰富了线条的美感因素。画科种类全面发展，人物画辉煌富丽，豪迈博大；山水画青绿雅淡，韵味无穷；花鸟画初具规模，显露特色。雕塑成就非常突出，敦煌莫高窟的佛塑，艺术之精，举世闻名；唐昭陵的六骏，神态各异，生动逼真；四川乐山大佛，雄伟自然，庄重朴厚，这些都是当时具有代表性的作品，也是享誉世界的艺术精品。书法达到新的高峰，书体繁多，大家名家辈出，尤其是欧阳询、虞世南、颜真卿、柳公权四大家将楷书推至登峰造极的地步，留下了许多传世之作，并成为中国书法史上典范性的人物。

（四）开凿大运河

早在隋文帝时，为便利转运南方米粮布帛，朝廷就大规模开凿运河。运河南起余杭（今杭州），中经江都、洛阳，北到涿郡，全长五千里，使南北连接，至今仍居世界通航运河长度之冠。纵贯南北的大运河，当年是“商旅往返，船乘不绝”，在交通高度发达的今天，依然发挥着南北水路通航的重要作用。

第四节　文化的成熟——两宋

相对于开放、外倾、色调热烈的唐代文化，宋代文化是一种内倾、精致、细腻的文化类型。960 年，宋太祖赵匡胤夺取后周政权，建立宋朝，史称北宋。1127 年，金朝攻克汴京，同年赵构在南京应天府即位，是为南宋。1279 年忽必烈灭南宋，建立了元朝，重新实现了大一统。

中国封建社会发展到了两宋，总体来说，政治和经济形势都开始走下坡路，阶级矛盾和民族矛盾更为激化，内忧外患日甚一日。尽管有“庆历新政”和“王安石变法”，仍然改变不了宋王朝积贫积弱的局面。与政治、经济上的颓势相比，两宋文化在“右文”政策的良好政治环境下却异常繁荣。宋代文化的最大成就是理学的建构。理学以儒家思想为主体，融合了道、释思想而发展成最为精致、最为系统的理论体系，对两宋之后传统文化的影响至为深远。两宋文化的另一大特色是人文精神的萌芽。宋代封建经济关系发生了变动，出现了客户与主户的关系，农民人身的依附程度有所松动，门阀地主为品官地主所取代，文人士大夫通过科举获取功名的路径更为畅通，政治环境更为宽松，世袭政治的特权逐渐消解。在这种环境下，文人士大夫的生活更为优渥，文人的心态更为精致细腻，作品的主观感受性也更强。两宋时期，南方经济发展快速，特别是棉纺织业、瓷器、冶炼、造纸、印刷等手工业水平不断提高，促进了商品经济的发展。商品经济和城市的发展促进了都市文化的兴盛。

一、程朱理学

理学以“理”为最高范畴，将“理”视为万物的本源、宇宙的最高本体。从学术渊源和师承关系上看，理学的奠基者是周敦颐。周敦颐提出了“自无极而为太极”（《太极图・易说》）的命题，将无极视为派生太极的始源，从而为中国哲学思考何为始源的问题提供了经验，为宋代理学的建构奠定了基础。程颢、程颐是理学的创始人，他们在周敦颐的影响下将“理”视为万物的本源和最高哲学范畴，建立了以“理”为本体的哲学体系。朱熹是理学的集大成者，对理、气关系的论述更为缜密，对《大学》格物致知的注释为理学补充了认识论。对理学影响最大的是程颢、程颐和朱熹，故称程朱理学。

程颢、程颐的哲学思想以“理”为最高范畴，围绕“理”建构了一个集本体论、认识论、伦理观、历史观为一体的思想体系。程颢认为，理先于万物而生，是万事万物的唯一本体。程颢将抽象的理客观化、实体化，理存在于万物之中，理又是万物存在的最高精神和依据，从而确定了理的本体性地位。二程又认为，理是一元的，万物皆只是一个天理，从而从实体性上肯定了理的一元地位。从这个角度看，二程之“理”学是客观唯心主义的。在强调理的本体论地位的同时，二程将人的道德修养与“理”联系起来。二程还认为礼也是理，从而将儒家伦常纳入了理学，这也是理学最具有民族性的地方。在融合儒家伦理“仁”与理学方面，二程主张依天理所规定的道德准则行事即“仁”，个体通过正心诚意、格物致知可以识得“仁”。程颢将儒家之伦理要素与物联系起来，理先于物与“仁”，通过正心诚意可以格物致知，也可以穷理，从而完善道德修养。

二程的学说是儒家思想的哲学化，是儒释道思想的融合，为朱熹建构更为严密的理学体系奠定了基础，在中国哲学史上具有重要地位。当然，二程学说过于强调天理与人欲的对立，将天理、人欲视为水火不容，主张明天理、灭私欲，这在明清两代成为扼杀、窒息人性的思想教条，所谓“后儒以理杀人”（戴震《孟子字义疏证》）就是对二程理学过分强调“理”之作用的批判。

朱熹是理学的集大成者。宋熹和二程一样，将理视为万物本源。他说：“太极只是一个理字”（《朱子语类》卷一）。太极是万物之本源，太极即理，因此天地万物出于太极，也就是出于理。由此，朱熹确定了理的本体地位。与二程一样，在确定理的本体地位后，朱熹更为关注伦常。作为本体的理，同时也是仁义礼智之总名，伦常也是理。朱熹说：“天理只是仁义礼智之总名。”（《朱子语类》卷十三）本体论与儒家伦理因“理”而勾连起来。朱熹所论说的伦常是君臣父子的“三纲五常”，从而为儒家伦理提供了本体论的证明，使之合法化。儒家伦理与“理”之关系明确后，朱熹继承并发展了二程的理论，将“理学”的中心放在论证天理与人欲的关系上。朱熹对天命之性与气质之性、天理人欲做了划分。朱熹认为，天命之性即天理，其内涵是仁、义、礼、智、信等儒家道德准则，它是纯粹至善的。人出生后，天理受到形气的影响而成为气质之性。气质之性有善恶，人亦有智愚贤不肖之分，人是天理与人欲的综合体。在天理、人欲两者的关系上，朱熹认为天理与人欲是根本对立的。朱熹说：“天理人欲，不容并立。”（《朱子语类》卷十三）他认为天理存人欲则亡，人欲胜则天理灭，因此人必须通过“灭人欲”的方式达到至善的道德境界。

朱熹将天理与人欲对立起来，进而以天理抑制人欲，主张通过“寡欲”

的方式约束个人的情感欲求，其着眼点还是道德修养的完善。从本质上讲，朱熹的理学仍是修身哲学、伦理哲学。在道德的知与行上，朱熹强调知行合一。朱熹常常讲“致知力行”，他把人全部的认识活动理解为只有理会、践行两件事，主张两者不可偏废。“行”主要是道德的践行，其基础为格物致知得来的道德之“知”。

朱熹的理学更为精致，体系更为完备，把中国哲学推向了一个新的思辨高度。但朱熹之后，理学受到南宋一些思想家的激烈批评。陈亮、叶适等思想家批评理学“皆谈性命而辟功利”，主张实事实功，这是从“崇实虚”的角度反对理学的空谈心性。明清两代，朱熹理学走向极端，被僵化成维护封建统治的官方正统思想，扼杀了读书人的思想自由。“五四”时期，理学再次受到批判，明清理学成为“吃人礼教”的象征。理学在中国思想界的沉浮起落，说明朱熹之后，理学已经成为中国哲学思想不可分离的重要组成部分。

二、宋代的士大夫文化

宋代统治者吸取唐末五代以来藩镇割据的历史教训，采取崇儒礼士、重用文臣的国策，大力扶持文人入仕。宋人蔡襄说：“今世用人，大率以文辞进。大臣，文士也；近侍之臣，文士也；钱谷之司，文士也；边防大帅，文士也；天下转运使，文士也；知州郡，文士也。”（《国论要目》）文人入仕多经由科举，宋代大批文彦学士通过科举之路跻身于统治阶级行列，实现了“学而优则仕”（《论语·子张》）的理想追求。通过科举入仕的文人“专意经术”，同时熟读《诗》《书》，文化程度相对较高，经术与诗赋结合的科举考试方式塑造了宋代文人经世与精致并重的文化性格。

（一）经世情怀

宋代文人有浓厚的经世精神。从范仲淹“先天下之忧而忧，后天下之乐而乐”（《岳阳楼记》），到张载“为天地立心，为生民立命，为往圣继绝学，为万世开太平”（《张子语录》），整个宋代文人都有一种昂扬积极的经世精神，这种精神与宋代“右文”政策有关。宋代人君尊儒重教，赵匡胤为了防范藩镇割据，采取重用文臣的政策，历经太祖、太宗、真宗三朝后，形成了文官知州、“宰相需用读书人”（宋太祖语）、“择儒臣有方略者统兵”（《宋史·孙何传》）的风尚。科举是文人入仕的主要途径。宋代采取了一系列措施限制豪门世家，实行公平竞争，从而有利于寒士入仕。中小地主及平民出身的读书人有机会跻身统治阶级，使整个社会阶层形成了良性的沉浮流动机制，加强了文人士大夫与王朝利益的联系，大大提高了文人参政的自觉性和责任感。通过科举而成了国家官吏主体的宋代士大夫阶层，为了维护地主阶级的整体利益，积极投身于社会，自觉地将个人利益置于国家和阶层利益之后。这亦正是宋代专制主义中央集权进一步加强的根源。宋代科举的主要内容是儒经考试，通过科举入仕的士大夫阶层对儒家的价值观有自觉的追求，他们"以经术为务"，"谈道德性命之学，不绝于口"，形成了浓厚的经世致用风气。

欧阳修在校补《韩愈文集》时说："则予之所为者，岂所以急名誉而干势利之用哉？亦志乎久而已矣！故予之仕，于进不为喜，退不为惧者，盖其志先定而所学者宜然也。"欧阳修立志发展儒家思想，对个人的政治沉浮并不介意，入仕有"志"彰显了宋代士大夫的文化品格。无论是"处江湖之远"还是"居庙堂之高"，宋代士大夫都以兼济天下为己任，自觉践履儒家的道德原则，注重个人操守。可以说，追求个人的成圣立贤，寻求学术与现实的有效融合，是他们之中一大批有为之士的共同价值取向。

（二）精致、内驱的性格

两宋的文人士大夫既有经世的情怀，也有精致、内趋的性格。宋代文人士大夫文化水平都很高，他们有优渥的待遇，可以流连光景、沉湎诗酒，通过文学书写男欢女爱和轻歌曼舞的"升平景象"。词是两宋文学最为发达的文体，这种从唐代兴起的文学形式，经由宋代文人之手，焕发出了新的生命力。可以说，宋词是宋代士大夫精致、细腻情怀的缩影。

宋词有"婉约"与"豪放"两种风格，其基调还是以"艳词""慢词"为主的"婉约"风格。北宋前期的词人和词风受到花间派词风与南唐词风的影响，词坛流行的依然是秾艳香软，专写女人、相思，描写宫廷宴乐的作品，这与宋初统治者极力提倡粉饰太平的政策分不开。宋代前期承继五代词风的词坛领袖首推晏殊。晏殊的词富贵娴雅，雍容大方，粉饰太平的时代烙印很强；用词华丽，笔触精细，体现了宋词的主要基调。时人评价他的词是："公以金陵盛时，内外无事，朋僚亲旧，或当燕集，多运藻词为乐府新词，俾歌者倚丝竹而歌之，所以娱宾而遣兴也。"

慢词的开拓者当推柳永。柳永将词世俗化，善于写男欢女爱、才子佳人，"尤工于羁旅行役"（陈振孙《直斋书录解题》），扩大了词的表现领域，改变了词的体制，使词进一步通俗化和口语化。柳永也善于粉饰太平，讴歌太平盛世，善于写才子佳人词，特别是情郎佳人的生死离别、两地相思。他本是失意文人，博取功名不就，奉命填词，混迹青楼，将青楼女子视为知音，填词唱和，互相慰藉。这类词深得青楼女子的喜爱，成为青楼女子咏唱最多的词作。如其代表作《雨霖铃》写一对青年男女生死离别的场景，用词冷寂又雍容华美，基调伤感，是宋代婉约词的佳作。柳词在宋代深受欢迎，“凡有井水饮处，即能歌柳词”（叶梦得《避暑录话》）。

北宋亡于金后，南宋偏安一隅，昔日繁华的升平景象成为文人难以忘却的回忆，“靖康之变”更增添了词人亡国的伤感，词的婉约在南宋少了升平气象，多了哀怨愁绪。南宋词的代表当推李清照。李清照前期生活于北宋，出身官宦之家，与丈夫赵明诚志同道合，举案齐眉，生活富贵美满。她用词富有贵族气，愁是闲愁，接续了北宋词风。南渡后李清照经受了生活突变，失去了故国、故乡、亲人，独自漂泊的她抒发出了真切的伤感，最富有代表性的是著名的《声声慢》。李清照晚年的词进一步深化了词的婉约基调，成为词坛的另一高峰。

除了宋词，宋代文人画、古文、诗，甚至士人品茶、金石品鉴等都展现出优雅细密、温柔恬静之美。宋代士大夫文化以简朴清秀为雅，这种时代风格迥异于唐代文化，丰富了中国传统文化的宝库，在中国文化史上留下了光辉的一页。

三、都市文化风采

宋代文化的繁荣还体现在都市文化的繁荣上。瓦子勾栏中成长起来的都市文化迥异于宋词、宋画、宋文等文人士大夫的精致、细腻，它野俗而生动，别具一格。宋代都市文化丰富多彩，文学方面有话本小说，娱乐方面有歌、舞、百戏、杂要等，饮食方面有菜、酒、小吃等，这些文化反映了市井细民的精神追求。

宋代都市文化的繁荣与宋代商品经济发展、都市经济发达有关。宋代农民对土地的人身依附关系有所减弱，农民可以进行商品买卖。同时，手工业空前发展，许多城镇成为当时著名的商品生产中心。手工业的发展带动了商业的发达，商业发达又促进了城市的繁荣。城市人口剧增，形成了城市平民阶层。宋代有开封、洛阳、杭州等大型城市，人口百万以上，也出现了许多商业小集市。为了满足生活于城镇中的市井细民的精神需要，城市有专供民间艺人从事文化表演的场所，即瓦子勾栏。勾栏是宋代杂剧的演出场所。瓦子又叫瓦舍，是游艺场所的总称，它包括在游艺场所内为市民服务的各种行业。瓦子勾栏是市井细民文化活动的集聚地，平时演出有杂要、傀儡戏、诸宫调、说话等。北宋开封、南宋杭州瓦子勾栏最多，最大的可容数千人。瓦子勾栏的出现，方便了民间艺人的演出，丰富了市民的文化生活。各种规模不等的民间艺术团体，集中于瓦子勾栏，促进了都市文化的繁荣。

宋代都市文化的代表是说唱曲艺。说即说书、说话，说话的底本即话本，说书人根据话本用讲说的形式进行表演。在宋代瓦子勾栏中，说话伎艺占有较大比重。《武林旧事》记载，当时南宋杭州的说话艺人达百余人。宋代说话异常发达，品类丰富。其中，小说尤有影响。小说取材于一朝一代故事，反映城市中小商人、手工业者和下层平民的生活、思想感情，深受市民的喜爱。宋代话本促进了中国白话长篇小说的发展，在中国小说发展史上是极为重要的一件大事，它的出现标志着中国小说的发展进入了一个新的阶段。鲁迅在《中国小说的历史的变迁》中说：“至于创作一方面，则宋之士大夫实在并没有什么贡献。但其时社会上却另有一种平民底小说，代之而兴了。这类作品，不但体裁不同，文章上也起了变革，用的是白话，所以实在是小说史上的一大变迁。”

杂剧与南戏在瓦子勾栏的表演也很活跃。杂剧是在唐代参军戏的基础上发展起来的，其故事多以滑稽讽刺为主要风格，政治性特别强烈，隐谏诤于戏中。南戏是两宋之际在南方出现的地方戏，它是以南方民间散乐为基础，吸收诸般伎艺的歌唱舞蹈等表演形式、手段，逐渐将故事融入表演中，最后形成的地方剧种。杂剧与南戏适合瓦子勾栏这样的演出场所，在城市娱乐活动中非常活跃。据说，当歌舞小戏演出时，台下观众云集，大声应和，情景非常热闹。

都市文化的兴起是宋代文化的一大特色。都市文化满足了市民阶层的精神需要，更多地表达了市井小民的情感特点，突破了传统文化的程式，富有人文精神，为明清市民文化的发展做了铺垫。

四、教育和科技成就

两宋文化还有一个重要内容，这就是教育的发达。宋代官学系统有两大特色，一是在学校教育制度上等级差别不断缩小，如官学向宗学转化后无问亲疏，国子学向太学转化后无问门第，这样一种变化无疑有利于低级官僚子弟乃至寒门子弟脱颖而出。二是重视发展地方学校，至北宋末期，地方州县学校发展到高峰，人称“学校之设遍天下”（《宋史·选举志》）。教育的发展与深刻的变革使宋代整个社会的文化素养超过汉唐，明人徐有贞指出：“宋有天下三百载，视汉唐疆域之广不及，而人才之盛过之。”宋文化繁盛的基础正在于此。

在中国文化趋向成熟、精密化的背景下，古代科技在宋代亦发展至极盛。

指南针、印刷术、火药武器三项重大发明创造是宋代科技最为突出的成果。北宋贾宪、南宋秦九韶在数学领域做出了具有世界领先水平的贡献。百科全书式的人物沈括“于天文、方志、律历、音乐、医药、卜算无所不通，皆有所论著”（《宋史·沈括传》，且创见迭出。天文学、地理学、地质学、医药学、冶金术、造船术、纺织术、制瓷术等方面在宋代也都有令人目眩的成就。在此前后的任何一个朝代，无论是科学理论研究，还是技术的推广应用，比起两宋来都大为逊色。

陈寅恪为《宋史职官志考证记》一书作序说：“华夏民族之文化，历数千载之演进，造极于赵宋之世。”这便指出了宋文化在中国文化史上的重要地位。

【思考与练习】

1. 简述秦汉文化统一的政策。
2. 玄学对魏晋文化思潮产生了怎样的深刻影响?
3. 简要分析魏晋南北朝的文化多元发展现象。
4. 唐代为何出现儒释道三教并行的现象?
5. 为什么说宋代文化是中国文化的成熟阶段?

第五讲 明清以降——中国文化的发展与转变

中国传统文化犹如滔滔的洪流，势不可挡地流入明清段，在此500多年间展现了恢宏壮丽的面貌、惊心动魄的巨变。承前又启后，继往复开来，由传统趋近代。辛亥革命之后至今百年，中国的近当代文化在思想、政治、经济等各种矛盾斗争中历经风雨，艰难生长，繁荣兴旺。中西文化的交流自古至今，源源不断，由浅入深，由窄而宽，愈加充分蓬勃地展开，春之百花、夏之繁星一般美艳夺目、光耀迷人。

第一节 文化的继往与开来——明清

明清作为整个中国封建社会的末期，因新的生产关系的萌芽与发展，以及西学东渐而使传统文化呈现出明显的转向。虽然也曾出现过明初短暂的稳定与繁荣和清朝前期所谓的“康乾盛世”，但中国传统文化到此确已失去了新鲜活泼的生命力。儒学为主的传统本来就持重老成，此时则显得老态龙钟，急需要注入新的血液了。在初步具有启蒙思想的学者的攻击中，在西方学说的渐渐渗透下，在一大批皓首穷经、埋头考据的学者背后，我们可以清楚地洞悉到，转向已成必然之势。然而这转向，对一个积累了两千年、儒学根深蒂固于民族无意识深处的文化，其进程便显得曲折而复杂，斗争也便显得尖锐而激烈。留恋曾有的汉唐辉煌也许是士子的一种普遍心态，但历史的前行毕竟不可抗拒。明清两朝在中国文化历史的发展上，有着继往开来的地位和作用。中国文化的巨轮开始了由传统向现代的转航。

明朝初期，朱元璋在加强中央集权的同时采取了打击豪强、限制兼并、减轻工商税收等一系列有利于生产力发展的经济政策，使明初的经济得以恢复并逐渐走向繁荣。然而好景不长，臃肿庞大的官僚机构很快堕入体制腐败的深渊之中。说教般的忠孝节义成了个人追逐财富欲望的遮羞布。由于乡间恶霸横行，农村里大批的农民和从事副业生产的手工业者涌入城市，促进了城市工商业的繁荣。行会开始发展，契约大量出现在经济生活中，新的生产关系发展一度出现良好势头。这一良好势头必然反过来对文化产生深刻影响，市民社会的兴起是明清文化转向的深刻基础。

清代作为最后一个封建帝国，表面的安定与繁荣不过是两千年封建社会的余绪。早期八旗子弟的勤勉造就的太平盛世，其实机制的内部已经腐败。曹雪芹的《红楼梦》描写的不是“洞房花烛、金榜题名”的爱情故事，而是写封建贵族青年贾宝玉、林黛玉、薛宝钗之间的恋爱和婚姻悲剧。它不是孤立地去描写这个爱情悲剧，而是以这个恋爱、婚姻悲剧为中心，写出了当时具有代表性的贾、王、史、薛四大家族的兴衰。以贾府为中心，揭露了封建社会后期的种种黑暗和罪恶，以及其不可克服的内在矛盾，对腐朽的封建统治阶级和行将崩溃的封建制度作了有力的批判，使读者预感到它必然要走向覆灭的命运。看后总会觉察到一种深沉的悲哀，不只是贵族更迭衰亡的悲哀，更是士子心灵、文化式微的悲哀。清中叶以后，坚船利炮敲开了闭关锁国的清政府的大门，在亡国灭种的民族危亡关头，传统文化被西方思想冲撞得摇摇欲坠。明以来叛逆力量的内在要求与外力合流，中国文化的转向加快了步伐，出现了分化、瓦解的严重危机和重构的新的机遇。

一、启蒙主义思想的兴起与发展

明王朝为了政治统治的需要，御用文人把程朱理学有意加以篡改，将本是通过个人体验探究宇宙人生目的、具有高度哲学思辨的理学，世俗化为一套“天理”与“仁”的道德说教。头脑清醒的知识分子不满于此，开始了学术思想上的改革。

针对程朱理学的流弊，王阳明首先提出“致良知”。他从孟子的“万物皆备于我”的唯心论出发，强调“我”的能动性，进而又强调“知行合一”。王阳明之后，左派王学以王艮为代表则公开批评理学，攻击孔孟的伦理纲常，启蒙思想开始出现。明清之际，中国社会出现剧烈动荡，受传统文化熏染的士大夫面对清朝统治，内心的痛苦变得愤激沉郁，再加之新的生产关系发展的必然要求，对于君主制度的批判便自然而然了。其代表人物主要有黄宗羲、顾炎武和王夫之三人。黄宗羲指出，至高无上的君主实际上不过是“独夫”而已，是“为天下之大害者”。顾炎武则区分“国家”与“天下”两个概念，认为“国家”指的是一家一姓的王朝，“天下”则是万民的天下。王夫之更为彻底，他强烈主张“公天下”，反对“以天下私一人”。这种对君主制度的批判打破了君主的神圣性，实际上是对民主、对人自身的一种肯定。启蒙思想家们还提出了他们在经济上、学术思想上的进步观点，主张“工商皆本”，一反两千年封建社会“重农轻商”的传统，主张学问重“习性”“实践”，痛斥“空谈性理”的玄虚学风。一大批思想家启动了中国传统文化转向的枢纽。

清朝前期，社会稳定下来之后，由于统治者对知识分子采取了优抚政策，启蒙思想一度出现了停滞，学者们开始了对中国文化进行大规模系统总结的工作。复古与考据之风盛行，是知识分子对传统文化眷念之情的鲜明体现。接续明清之际启蒙思想的，是在清中叶国门被打开之后。东渐的西学堂而皇之地进入中国，和“经世致用”相互结合，构成了代表新兴生产力的新的文化派别。这时，中国传统文化的转向才有了它大致的方向：中西结合。从地主阶级内部的改革派，到主张开民智、兴学校、采纳西方技术的洋务派，再到企图实施君主立宪的资产阶级改良派，以及引进西方民主共和政体的资产阶级革命派，中国社会的西化浪潮一浪高过一浪。文化启蒙的工作却搁置下来，传统文化在这浪潮中剧烈地动荡、冲撞，以期重组一个充满活力的整体。

二、文学艺术出现反叛精神

明代中叶社会安定与工商业的发展，使城市中的市民社会得以丰富，描述市民生活的话本小说开始大量涌现。这种以市民生活、世态人情为主的作品打破了以往文学的格局，也从文学艺术的角度显示着文化的转向。以启蒙思想灌注的文艺作品充满着强烈的叛逆精神。明代大戏剧家汤显祖的《牡丹亭》描写了官家千金杜丽娘对梦中书生柳梦梅倾心相爱，竟伤情而死，化为魂魄寻找现实中的爱人，人鬼相恋，最后起死回生，终于与柳梦梅永结同心的故事。它对封建束缚人性的礼教尽情抨击，歌颂了追求个人婚姻自由和个性解放的精神，唱出了礼教残害下千百万青年人的心声，与启蒙精神息息相通。冯梦龙创作的《喻世明言》《警世通言》和《醒世恒言》这“三言”，以及凌濛初创作的《初刻拍案惊奇》和《二刻拍案惊奇》这“二拍”成了中国古典短篇白话小说的巅峰之作。它们从各个方面展示明中叶以后的社会风情，虽然两百多篇小说多半宣传忠孝仁义的纲常，但小说面向市民，把商人小贩作为描写对象，确实也微妙地折射出社会与时代新的关注点。与传奇、话本同时，明清时代中国传统的章回小说成熟并走向高峰，显出比诗更强的功能与感染力。《水浒传》通过描写梁山好汉反抗欺压、水泊梁山壮大和受宋朝招安，以及受招安后为宋朝征战、最终消亡的宏大故事，艺术地反映了中国历史上宋江起义从发生、发展直至失败的全过程，形象深刻地揭示了起义的社会根源和起义失败的内在历史原因。它虽取材于平话，但创作的意味十分明显，叛逆思想也更突出，作者施耐庵在宣扬“忠义”的旗帜下歌颂草寇，表现出对于人民反抗统治者的深切同情，满腔热情地歌颂了起义英雄的反抗斗争和他们的社会理想。作者的是非善恶判断自不待言。明代另一部取材于唐朝僧人玄奘取经故事的《西游记》，主要描写了孙悟空出世及大闹天宫后，遇见了唐僧、猪八戒、沙僧和白龙马，西行取经，一路降妖伏魔，经历了九九八十一难，终于到达西天见到如来佛祖，最终五圣成真的故事。看来荒唐怪诞，实际上正是资本主义萌芽时期反封建思想的反映，也是劳动人民深受压迫起而斗争的反映。吴承恩塑造的孙悟空形象中蕴含着不屈的为自由而斗争的精神。

科举制度起于隋代，历经唐宋，到明清时已显露出极大弊端，成为封建文化中对知识分子毒害最为惨烈的一个成分。被鲁迅称赞其“秉持公心，指摘时弊”的吴敬梓的《儒林外史》便是对科举制度极力讽刺与鞭挞的杰作，同时兼及对假道学的批判。作者对于八股对人的摧残、假道学对人的压抑体会极深，却也并未看到封建文化的出路何在，所歌颂的清高之士也并不代表发展的方向。在中国传统文化的转向期内，这种批判起到了推翻屏障的作用。稍后出现的蒲松龄创作的文言短篇小说集《聊斋志异》，借谈鬼说狐为名，对科举、礼教又给予沉重一击。科举制度及虚假道学对人的毒害昭然若揭了。

明清时代最优秀的长篇小说是由曹雪芹集毕生心血创作的《红楼梦》。他以卓绝的艺术天才，深刻沉重的生活经历抒写了中国文化走向式微的无可奈何的悲哀。权势更迭、贵族衰败只是表面的，深层的悲哀则是士子心灵的衰败，以及这种诗般的士子心灵衰败的无可逃避。

至于书法，明前期沿袭赵孟頫的路子，上溯二王，善用偏锋，华丽流畅有余而力度不足。文徵明、祝枝山皆未能免俗，直到明末董其昌杂用颜笔，力求变化，出入晋唐，自成一格，颇具气象。清初诸家又以董其昌为师，只有刘墉温柔敦厚、用笔圆润，墨色凝重，学钟繇以朴拙取胜，后因台阁体兴起，书法日趋下游；只到邓石如、康有为等出现，注重碑刻，取法篆隶，书法才又进入一个新的阶段。从明清书法文人趣味浓厚而创新性不足中可以看出，中国传统文化急需融入新的因素。

明清绘画比书法稍有长进，徐渭其画能吸取前人精华而脱胎换骨，不求形似求神似，山水、人物、花鸟、竹石无所不工，用书法笔法绘写意花卉，以花卉最为出色，开创了一代画风。陈洪绶一生以画见长，尤工人物画。所画人物躯干伟岸，衣纹线条细劲清圆，晚年则形象夸张，或变态怪异，性格突出。花鸟等描绘精细，设色清丽，富有装饰味。亦能画水墨写意花卉，酣畅淋漓。其画手法简练，色彩沉着含蓄，格调高古，享誉明末画坛，中国画走入多元时代。

三、复古潮流及文化总结

与启蒙精神和反叛精神相对立，明清文化还有一股强大的复古潮流。矛头所指虽然是时文流弊，但其本质确实是对传统文化的崇拜与留恋。无论是明代李梦阳、何景明为代表的“前七子”的“诗必盛唐文必秦汉”，还是清代钱谦益、吴伟业的“尊唐宗宋”，这种复古与叛逆的矛盾正是文化转向时代的典型现象。

与复古相对应的是对传统文化的总结。这一文化的总结本身也就意味着转向的开始，大体是从两个方面进行的。

一方面是考据学的兴起。知识分子对先秦以来的全部文献，尤其是儒家经典开始进行全面而系统的梳理。考据学创始者是顾炎武和阎若璩，形成潮流是乾隆、嘉庆年间的“乾嘉学派”。该学派有两大支脉：以惠栋为代表的吴学和以戴震为代表的皖学。前者从古文字及音韵入手，重视音训，以求经义讲求博学；后者从小学、音韵入手，判断经义主张精断。乾嘉学派英才辈出，治学方法各有千秋，取得了文献典籍清理的丰硕成果。

另一方面是明清两代的朝廷调动巨大的人力物力编纂类书和辞书。明永乐年间，成祖朱棣命解缙等人征集天下书籍，按经、史、子、集、天文、医方、卜筮等门类编成《永乐大典》22877 卷，凡例目录 60 卷，装订成 11095 册。这是大型类书编纂的开始。到了清代，康熙年间陈梦雷奉敕编修《古今图书集成》共 10000 卷，目录 40 卷，计 6109 部。乾隆年间，一部更大规模的空前巨制《四库全书》由永瑢、纪昀等人历经 10 余年而编成，收书 3462 种，计 79337 卷。《四库全书》的编纂是我国文化史上的盛事，也是对此前古籍的一个圆满总结。

除类书编纂外，字书和辞书的编纂也十分活跃，其中最为著名的两部是作为封建社会字书顶峰的字典《康熙字典》和以字韵为纲目的文学辞典《佩文韵府》。

明清两代不仅整理文化典籍，也对科技文献加以整理总结，出现了李时珍的被誉为“东方药学巨典”的《本草纲目》、宋应星所著“中国17世纪的工艺百科全书”——《天工开物》、徐光启的贯穿治国治民的“农政”思想的《农政全书》、方以智的涵盖了物理学、医学、哲学、地理学等方面的科学知识的《物理小识》、程大位的古代东方数学名著的《算法统宗》、梅瑴成的融中西数学于一体且内容丰富的“初等数学百科全书”——《数理精蕴》、吴有性的中国第一部系统研究急性传染病的医学书籍《瘟疫论》、徐霞客的以日记体为主的中国地理名著《徐霞客游记》等。

第二节　传统文化向近代的转变

一、转变之背景

爆发于1840年的中英鸦片战争，是资本主义国家英国为了向亚洲扩张而发动的一次殖民主义战争，引发中华民族“亡国”“亡天下”的民族危机，中国开始沦为半殖民地半封建社会，小农业和家庭手工业相结合的封建经济逐步遭到破坏，封建专制制度也随之发生动摇。新的经济成分即资本主义经济成分逐渐发展和新的阶级即资产阶级不断成长，传统文化就向资产阶级新文化的方向转化了。中西文化碰撞，显现出中国传统文化的种种弱点和弊端，这就迫使传统文化不能不向西方文化学习，中国文化开始摆脱以往的隔绝状态而走向世界。

西方帝国主义国家的入侵，带来了对中国文化价值的全面挑战。中国社会成为半封建半殖民地社会，中国传统的经济、政治、文化传统与结构遭到了破坏。新的资本主义经济成分开始发展，要求社会文化与之相互适应。西方军事侵略的野蛮与科学技术的先进具有消极和积极的双重性，迫使中国开始认识西方，学习西方。这些促使中国的传统文化向近代的转化。

二、转变之内容

林则徐是近代中国“开眼看世界”的第一人。1839年春天，林则徐在广州查禁鸦片走私时，开始认真研究英国及其他西方国家的情况，主持编译了《四洲志》，该书介绍了世界五大洲三十多个国家的地理、历史、政情、风俗，是近代中国第一部系统地介绍世界地理的著作，打开了中国人的眼界，是中国人睁眼看世界的起点。魏源编成《海国图志》、姚莹写成《康辅纪行》、徐继畬编成《瀛寰志略》、何秋涛著成《朔方备乘》、梁廷枏写成《海国四说》，表现出近代中国人最初的世界意识。魏源提出“师夷长技以制夷”，表达了比较系统学习西方军事技术和民用科学技术的具体主张。他是19世纪40年代先进的中国人的代表，他从中西文化的最初撞击中，发现了传统文化的不足与“夷人”的“长技”，觉得传统文化的不足正需要用“夷技”来弥补和纠正。这种深刻的文化观念的变化，推动了中西文化的交流融会，开始了中国文化近代化的历程。

中国文化走向近代表现在物质层面、制度层面和观念层面等三个层面，其历程备尝艰难。19世纪60年代，清政府发起洋务运动。这一改革运动的指导思想是以自强为要旨，倡导“中体西用”，“中学为体，西学为用”。所谓西学（西技）即西方近代的自然科学和工艺技术，它标志着社会生产力的发展，反映新兴资产阶级世界观，是世界近代化的根本动力。所谓中体指中国传统的政治体制。“中体西用”这个纲领在政治上以西方资本主义的先进技术来巩固衰老的封建制度，在文化上企图以西方近代科技思想来弥补儒学的不足。这就不自觉地把中国文化引向了近代化。为此，兴办了一批近代军事工业和民用工业，大量引入西方科学技术知识，形成中国历史上第一次近代化运动。最早采用西式武器、西法教练的军队（湘军、淮军），最早的近代海军（北洋、南洋水师），最早的近代兵工厂（安庆军械所、天津机器局、山东机器局），最早的舰船制造厂（福州船政局、江南制造局），最早的近代军校（求是堂艺局、天津武备学堂），最早的用于军事的近代通信设施（津沪电报线、天津电报总局）相继出现了。上海轮船招商局、台湾基隆煤矿、直隶开平煤矿、上海机器织布局、金陵机器制造局、开平煤矿铁路、天津至关外铁路等初步构成中国大机器工业体系的基石。与此同时，兴办了京师大学堂、北京同文馆、上海同文馆、广州同文馆、船政学堂、自强学堂等一批新式学堂，这些学堂运用西方学制、分科教学体系，学习数学、物理、化学、博物等自然科学知识，派遣了第一批留美、留欧学生，翻译了第一批科学书籍。在此期间，出现了第一批近代企业家，诞生了在本国企业中做工的第一批产业工人，出现了制造业、交通业、金融业、邮政业、出版业等一系列近代职业，形成中国最早的一批近代型文化人。同时，中国第一次近代城市化浪潮，逐步形成了长江下游、珠江三角洲和华北地区三大市镇密集区，特别是以上海为中心的长江下游城市带的崛起。西方科学技术的引进和传播，冲击和动摇了儒家文化的传统价值取向和思维习惯，有助于近代科学的世界观和方法论在中国的传播和发展。

除了以上物质层面的变革，制度层面的文化变革也充分展开：戊戌变法是1898年资产阶级改良主义运动。其宗旨是提倡民权，批判封建专制主义，在制度层面上学习西方文化，主张在中国实行君主立宪制度，以“托古改制”的办法来变革现实。戊戌变法是近代人文主义和启蒙精神的觉醒，是西方思想文化与中国传统思想文化第一次大融合，是中国近代第一次思想解放的潮流。办报纸，立学会，创办新式学堂，资产阶级的新学术——哲学、历史学、经济学、文学理论等已经萌生，“诗界革命”“文体革命”“小说界革命”“戏剧革命”等相继而起，中国的资产阶级新文化初步创立起来。1895年，康有为发动1300名举人上书光绪皇帝，反对签订《马关条约》，要求变法。这就是历史上有名的“公车上书”。1898年四月，光绪皇帝接受变法主张，发布维新昭谕。9月21日，慈禧发动政变，禁光绪皇帝，杀谭嗣同，康有为、梁启超逃亡日本，“百日维新”变法失败。康有为、梁启超所创造的这种“不中不西、即中即西”的文化，是戊戌时期新文化的主流。

1900年八国联军之役以后，革命思潮逐渐取代维新改良思潮而成为时代的主潮。以国内新式学堂师生和留日学生为主体的新式知识分子群体开始形成，学习西方政治制度，输入西方民主思想，掀起了一个译介西方社会政治学术著作的热潮。邹容的《革命军》，陈天华的《狮子吼》《猛回头》，孙中山的许多论著，以及革命派发表在报刊上的大量时论，都在用鲜明的时代语言表达资产阶级的新思想。内容与形式上，资产阶级新文化都有了更加独立的形态，为辛亥革命做足了思想上的准备。1911年10月10日，呼喊着“驱除鞑虏，恢复中华，建立民国，平均地权”口号的辛亥革命爆发。它成功推翻了清朝的统治，结束了中国长达五千多年的帝制，开启了民主共和的新纪元。

与物质和制度层面相比较，观念层面的文化变革最切入时代的肺腑、大众的灵魂。

新文化运动的先驱者们认为，国民性的改造归根结底是革除旧的价值观念和道德观念，建立新的与共和制度相适应的价值观念和道德观念。“五四”新文化运动在先驱们的呐喊中轰轰烈烈地上演于历史舞台。新文化运动的价值观念和道德观念的根本之点就在于“重人的价值”，把人性的觉醒、个性的解放、人格的独立，唤醒“国民之自觉”，作为根本任务。“打倒孔家店”、妇女解放的潮流、白话文运动、感情“自然流泻”的诗歌创作，都是个性解放的强烈呼唤。“五四”新文化运动时期所面临的主要任务是巩固共和制度，新文化运动的先驱者们认为这就需要提高国民觉悟，而提高国民觉悟的主要方法是培养国民的科学与民主意识。从个性解放的要求出发，树立起科学和民主意识，于是就产生了新的价值观念，这种新的价值观念和道德观念与传统的以纲常名教为基础的价值观念和道德观念格格不入。陈独秀说："国人而欲脱蒙昧时代……当以科学与人权并重。"树立科学的人生观和人生态度，就是把自然科学的实验方法普遍化，上升为一种方法论，成为一种人生态度。中国传统文化是一种伦理型文化，而新文化运动正是要在伦理层面上改变旧文化，它把伦理的觉悟看成"吾人觉悟最后之觉悟"，因此表现出十分激烈的反传统情绪。传统文化遭到了前所未有的批判，而新文化也在伦理、心理层面展开了近代化的进程。这样，中国文化从鸦片战争开始，到"五四"新文化运动，就大体实现了从传统向近代的转变。

三、转变之动因

探究中国文化从传统走向近代的动因，一是西方文化的冲击。以儒学为核心的中国传统文化是一个内部缺乏活力的惰性体系，它长期停滞不前，只有在西方文化的冲击下，才被迫做出反应，被迫向近代转变。从"师夷长技"开始的物质层面文化的近代化，到制度层面文化的近代化，再到心理层面文化的近代化，每一步都留有西方文化的深刻影响。西方近代工业文明在促成中国和其他落后国家从前资本主义社会走向近代社会的过程中起到了历史性的作用。

动因之二是传统文化的内在活力。经世思想是儒家文化的基本精神之一。"修身齐家治国平天下"成为他们的座右铭。"修身"的目的就是"治国平天下"。鸦片战争前夕，为挽救国运的衰落，龚自珍、魏源、林则徐等致力于研究农政、刑名、河工、漕运、盐法、战守、货币等实学。稍晚，曾国藩、李鸿章等人也都以经世为目的，学习西方科技，都是在经世思想的支配下，提出主张，做出实绩。另外，在中国传统文化中存在着丰富的变易思想。儒家经典之一《易经》就是一部专门讲"变易"哲学的著作。近代中国人在鼓吹改革、变法时常常引用古代变易思想作为根据。传统变易思想成了"变法"的理论根据。维新派还把传统变易思想和从西方传来的进化论结合起来，建立起具有中国特色的进化学说。康有为的"三世"说就是这种结合的产物。从他的《大同书》中，也可以看到中西变易进化思想的奇妙结合。还有就是民本思想，在中国传统文化中丰富的民本思想、"民贵君轻"学说、自强不息的进取精神、深沉的忧患意识等一直为后世儒者所继承和发展，成为近代启蒙思想产生和发展的重要动因。中国文化的涵摄性和包容性，使近代从西方传入的科技思想、民主思想、马克思主义等，都在博大精深的中国文化中找到接洽点，被吸收到不断发展更新的中国文化体系中去，这是西方先进文化能够在中国传播、生根发展的重要原因之一。中国传统文化中许多积极的活力因素，在中国近代文化变革中起着联结新旧文化的作用。因此，中国近代资产阶级新文化、无产阶级领导的新民主主义文化，都不可能完全等同于西方文化，而是吸收了许多传统的文化精华、具有中国民族特色的新文化。

产生文化变革的根本原因是生产方式与经济基础变革的需要。近代中国，资本主义经济成分已不再是原始的萌芽状态，以大机器生产为特征的近代资本主义已经产生并逐步发展，资产阶级随之产生并逐渐成长，它要求创造和发展为它服务的新文化，这就使传统文化产生了危机，并不得不向近代转型。原因之二是救亡图存的需要，中国近代社会发展的核心问题是挽救民族危机。解决危机的过程，也就是中国社会向前发展的过程。中国近代文化的发展方向，它的内容、它的特点，也都是由这个危机和解决这个危机的要求所决定的；它对西方文化的选择，对传统文化的继承和改造，都是为解决这个危机服务的。这种需要决定了对中西文化内容的选择和改造，决定了近代文化思潮的迅速变迁和发展方向。选择的内容包括进化论和自由学说。进化论以生存竞争说来解释人类社会，传入中国起了极大的积极作用，它增强了处于民族危机中的中国人的民族意识，并为社会改革提供了理论根据。自由学说在西方是讲基于个人财产基础上的个人享有的自由权力，而在中国则主要是讲国家的独立自主、民族的自由解放。总之，中国近代的民族危机和社会发展的需要决定了对中西文化内容的选择和改造，决定了近代文化思潮的迅速变迁和发展方向，因此它是中国文化近代化的根本动力。

第三节　当代中国的文化发展与中西文化交流

一、当代中国的文化发展

当代中国文化的结构成分，大体上可以分为三种：依然强大的主流意识形态文化、日渐受到削弱的精英文化及异军突起的大众文化。三种文化的对立与互补、冲突与交融构成中国文化领域里繁荣与混乱同在、希望与失望并存的生态。

主流意识形态文化是与国家的性质相联系的处于一定社会政治和经济制度之上的文化，它为特定社会的特定政治、经济服务。它的核心内容是：以马列主义、毛泽东思想及习近平新时代中国特色社会主义思想为指导的社会主义性质的文化，其目标服从于为人民和为社会主义服务，其基本价值取向是集体主义精神和奉献精神。这一主流文化，即通常所说的“主旋律”。它的强大不仅体现在宪法所规定的地位上，也体现在上至中央、下至各级宣传部门的大力宣传上，更体现在它对于团结人民、教育人民所起到的重大作用上。这一文化居于中国当代文化的领导地位。

精英文化或高雅文化是指一定社会的知识分子所创造并在知识分子阶层中盛行的文化，既有历史上所继承的精英文化，也有当代知识分子所精心创造的精英文化。它也可能来自平民，但却经过了升华与提炼，与平民保持着一定的距离。它有自己特定的理性品格与价值追求。一个民族文化水平的高下，取决于高雅文化与精英文化水平的高下。启蒙精神、独立批判精神、忧患意识、胞民物与、天下为公的情怀等，所有这一切构成高雅文化与精英文化特殊的“魅力”。当下的中国精英文化集中体现在对世俗文化的批判与人文精神阵地的守护上。精英文化与高雅文化保持着与主流文化和大众文化的张力，这种张力一定程度上匡正着大众文化的方向，同时保持着与主流文化之间的距离，但在强大的主流意识形态文化面前，以及在日胜一日的大众文化攻势之下，精英文化与高雅文化的阵地似见退缩。

大众文化是指被一个社会或一定地区内大多数人所欣赏、接受的文化。相对于主流意识形态文化的“国家”特性而言，它是“平民”文化，相对于知识阶层的精英文化而言，它是“通俗”文化，但我们又不能单用“平民”或“通俗”去指称这种文化，因为大众文化包含有平民或通俗所不能涵盖的内容。大众文化是在市场经济的建设成为经济生活中心的背景下，在大众传媒高速发展的高科技条件下兴起的一种新的文化形态，它有通俗性、娱乐性、群众性等一脉相承的内涵，但又有制作方式上与过去的“平民”和“通俗”文化巨大的差异。

大众文化的异军突起是当代中国文化变革的主要特点，它包括文化产业的迅速崛起和文化市场的逐渐形成。文化产业指满足人们娱乐生活的文化场所的建设，如健身房、美容厅、歌舞厅、网吧及文化产品的生产制作企业等。

当代中国文化的格局产生重大变革的原因是多方面的，最深层当然是现代化进程，即农业文明向工业文明转化、计划经济向市场经济过渡所造成的伦理观念、价值判断体系、思想意识变迁在文化领域中的反映，其变革的表层原因有港台文化的影响。

原因之二是主流文化自身的调整。中国居于统治地位的主流意识形态文化，有过一枝独秀的“辉煌”。进入改革开放新时期，其背景产生了变化，虽说仍然倡导“主旋律”，但“多样化”似乎更适合中国的现实国情。于是主流本身便采取了若干调整，显得更为宽宏大度，为大众文化让出一席之地。这一退让与宽容弱化了意识形态的功能，意味着不同的文化话语在“市场平等”的背景下开始与意识形态文化进行对话。同时这一意识形态文化的宽容与退让，也造成了主流文化对大众文化的利用，即大众文化也部分地具备了意识形态文化的特点。目前，主流意识形态文化依然处于文化格局的领导地位，但已不是昔日的“一统天下”，而是显得和蔼可亲。

原因之三是市场法则的作用。文化企业作为文化市场中的主体，同样地遵循市场的一般规律，它们同样地追求利益的最大化和优胜劣汰原则。优胜劣汰使他们不断地花样翻新，利用大众传播营造一个又一个引人关注的热点。追求利润的最大化也正是看中了“文化”这片可开采的“富矿”。竞争使文化市场上的文化企业不得不研究最大的销路、最让群众接受的形式和娱乐方式。

还有一个原因是大众娱乐的需求。文化消费是实现文化产品价值的途径，也是文化企业获得利润回报的途径。离开大众对文化产品的消费，大众文化便不可能如此迅速地占领当代中国文化的地盘。几十年的改革开放使中国百姓大部分脱离了贫困，使相当一部分进入了小康。经济增长的积累也为消费提供了物质基础。大众在繁重的工作之余，不愿意再被严肃的精英文化所累，选择轻松的、不费精神的“文化”放松自己紧绷的神经是很自然的选择，这种对于娱乐性文化的需求也是大众文化兴起的原因之一。当然这种消费的需求有可能导入误区，需要文化管理的及时调控。

与精英文化相对使用的“通俗文化”，与主流文化相对时使用的“平民文化”，都不能完全概括大众文化的内涵。它是一种工业文明、市场背景下的由传媒推销的潮流文化，以商品形式出现的消费文化。它具有民间性和通俗性的特点，却并不为下层阶级、劳苦大众所独有，它渗透在社会的各个阶层之中。

大众文化是传媒发展后的产物。从文化所需要的介质来看，人类的文化经历了三个阶段。远古时期尚无文字记载时的口头传诵，形成了游吟诗人与民间传说的远古文化，各个民族都有这一时期的记录。在印刷品作为载体的古代社会，很自然地形成了以文艺作品为主的古典文化。而今进入电子时代的特殊传媒，使文化进入到历史上的第三种形态：大众文化。传媒的发展是大众文化形成不可缺少的条件，也必将更进一步地影响大众文化。从市场与传媒角度看大众文化，通常具有三大特点：

特点之一是明显的消费化倾向。消费浪潮兴起是商品社会传媒所要达到的目标，大众文化当然也不例外。改革开放的成就满足了人们基本的生活条件后，渐渐富裕的人们便会追求舒适的享受，购物讲究环境，就餐追求品位，服装贴紧时尚，这既是人们出于满足欲望的要求，也是传媒鼓动策划的结果。与文化娱乐场所的消费相比，大众文化产品的消费具有更大的群体，电视与网络的普及为传媒炒作热点，同时也为消费者的消费行为提供了极大便利。传媒对电视中网络上文化产品的炒作，说到底看中的是产品附带的广告收入。

特点之二是制作工艺流程化。为适应传媒时代、互联网时代销售商品的一般规律，大众文化产品的制作在传媒引导下变成了工艺流程，更注重、讲究的是“运作”。从策划人员的调研挖掘热点，到产品的制作销售，都是由有关人员精心设计的。文化在今天也有了“营销策略”。传媒与文化成了一种相互的利用，文化产品制作的工艺流程化，一方面使产品跟着发掘的热点走，始终处于时尚的潮流和大众关注的中心；另一方面也造成了文化产品的粗制滥造、品质低下。文化产品由历史上文化工作者呕心沥血、春蚕吐丝般的创造变成了工业化背景下抢时间、抢速度的“短平快”追逐。当然，这种“短平快”并不是一无是处。一个好的创意，加上精心的制作，在给文化企业带来丰厚利润的同时，也影响了大众的心理。再者，文化产品制作的工艺流程化也是高科技发展的要求与必然，如影视作品不可能是单个人的精神创造物。

特点之三是娱乐性本质。娱乐性本质是大众文化和精英文化、主流意识形态文化相比时的明显特点。但这里的“乐”并不是传统文化作品的“寓教于乐”中的“乐”，那里的“乐”负载有“教”的内容；这里的“乐”是相当独立的，也是大众文化的本质之一。大众文化的娱乐功能不能完全地等同于感官欲望的满足，也不能将其断然与精神享受划清界限，它大概属于“物质享受”与“精神享受”的中间地带。在整个国民文化水平普遍较低的当下，正是这种中间地带的特点造就了它的巨大声势。大众文化并不是一点也不带有认识作用、审美教育作用，但它最主要的直接追求的目的则是娱乐。认识与教育作用只是娱乐之外的附加物，因消费者而异，或有或无，悉听尊便。大众文化场所的直接“生活”消费，娱乐性几乎是唯一的。在大众文化产品的消费里娱乐性也是它的第一功能。

当然，也正是大众文化处于中间地带的特点，使它本身的构成因高下优劣而易于分化。其有代表性的优秀作品可以进入“高雅文化”的殿堂，而其中低劣媚世的作品则只能归类于低等的感官欣赏。

面对当下中国文化的格局，全面地赞同或片面地否定，都不是一种积极正确的对待文化的态度。大众文化异军突起、势头强劲，有深厚的中国国情基础，由市场进行调节，作为工艺流程化的文化产业的产品，对娱乐功能的过分突出的强调都可能使大众文化走上单独追求经济效益而忽视社会效益的道路，而这是与社会主义时代的文化发展策略相背离的。当代中国文化的变革是中国社会变革的一个部分。百年来，中国人民梦寐以求的建立现代化强国的愿望，到了新时代才真正露出它的曙光。让市场调节生产、分配、消费的各个环节既是西方经济发展的成功经验，也是我们经济发展的教训总结。但市场为中心必然带来文化思想、伦理观念、价值体系的巨大变革。以等价交换为不二法门的商品交换与传统文化中的“重义轻利”有矛盾，也与主流意识形态倡导的集体主义和奉献精神有冲突；追求企业利润的最大化与社会主义国家和全民共同富裕之间也有对立，文化产业与文化市场的逐渐形成与完善，精神产品的商品化已成不可阻挡之势。大众文化，从某种意义上说正是当代中国复杂背景下的工业产业文化。

在大众文化异军突起的当代文化格局里，我们必须认识到：文化本身，尤其是文化产品本身，具有极强的精神性特征，它是人类精神创造的结晶，是人的本质力量自由自觉的对象化体现，应该也必须充满着理性之光，充满着积极向上的格调。它是精神主体“春蚕吐丝般地”奉献，它的传播不能不考虑社会的影响。讲究与追求文化产品的社会效益，不只是主流意识形态文化和精英文化的任务，同时应当是大众文化的任务。而这一点恰是被大众文化忽视的。我们不能同意那种弱化文化管理，让文化市场全部去自由调节文化生产的主张，那样只会使大众文化彻底地滑到媚俗甚至低级庸俗的境地中。

当代大众文化的迅速勃兴向中国文化提出了严峻的挑战，市场导向造成了精英文化的日渐衰弱。事实上，任何一个时代，精英文化都处在一个狭小的圈子里，所谓“阳春白雪、曲高和寡”正是这个意思，但这精英文化却不能缺少。衡量一个民族一个时期文化水平的标准恰是这精英文化所达到的高度。不但精英文化如此，主流意识形态文化也是如此。尽管形式上看，主流意识形态文化依然占据着显要地位，但大众文化却在不知不觉中影响着主流文化的意识形态功能，因此，强化主旋律是十分必要的。

当然，大众文化的兴起在给中国文化提出挑战的同时，也创造了发展的机遇。三种不同成分的文化不仅存在有矛盾与对立、冲突与斗争，同时也存在着互补与统一、渗透与融合。斗争中发展是文化发展的辩证法。既追求独立创造精神，又能为大众所普遍接受；既有良好的社会效益，又能带来巨大经济利益的文化精品，一定也必须在三种文化成分的对立与互补中产生。

建设社会主义文化强国，是新时代中华民族的重要奋斗目标，是实现民族复兴百年夙愿的重要方面。推进文化强国建设，需要高扬自己的文化理想，承续优秀传统，担负好当下文化创新创造的责任，在文化建设诸领域富有耐心与韧性地精耕细作，也需要关注中国文化的国际传播，展现中国文化的风采与魅力。在建设进程中，文化自信的涵养，是重要的学术议题，更是重大的实践课题。它所指向的，是对于自己文化理想的信仰持守、对于自己文化价值的充分认同、对于推进文化创新发展的坚忍执着。

要涤除仍客观存在的文化上的不自信。中华民族有着早醒的文化自觉、骄傲的文化自视，在人类文明的历史进程中，长期饮誉潮头。然而，近代以来逐渐落伍了。接踵而至的外力侵犯蹂躏，使得中华民族的自信心不断遭遇重创。“忍见铜驼卧荆棘，神州遍地劫灰飞。”民族命运的困厄消顿，使得自信心的丧落、缺乏，逐渐成为面积不小的、笼盖于中华民族文化心理的阴霾。在顽强抗争、拼搏、逐梦中站起来、强起来的中华民族，改变着自己的现实命运，也改变着自己的精神面貌、文化心理。然而，需看到的是，漫长历史浸染积淀而成的文化心理，其调适提升，绝非旦夕之功。

国力国运与一个国家的自信心有着密切关联。自信心是国力国运提升的精神牵引，向上的、强大的国力国运是自信心的硬支撑。随着中国综合国力和国际影响力的迅速提升，当下国人的民族自信心自豪感也呈现出不断恢复、随之增强的走势。这是与民族振兴进程必然伴行的文化自信的自发恢复。强调文化自信的涵养，就是要引导这种文化自信的自发恢复，走向自觉成长。一方面，引导克服自发恢复的文化自信中非理性的成分，如一时的虚骄、自负的膨胀、片面的思古幽情等，使不断增长的文化自信始终成为前行的正向推助和牵引；另一方面，更广泛地引导人们认识当代中国向前向上的大局和大势，认识增进文化自信之于文明重振、民族复兴的意义，促进国人民族自信、发展自信、文化自信的普遍性增进。

要涵养应对当今时代激烈展开的文化竞争的精神底气。习近平总书记指出，谋划和推进党和国家各项工作，必须深入分析和准确判断当前世情国情党情。我们强调重视形势分析，对形势做出科学判断，是为制定方针、描绘蓝图提供依据，也是为了使全党同志特别是各级领导干部增强忧患意识，做到居安思危、知危图安。涵养文化自信，便是当今世界发展与国力竞争的大势提出的时代性课题。进入新世纪以来，在冷战结束、经济全球化疾速推进、信息技术迅猛发展等因素的综合推进下，国家发展中的文化问题、国力竞争中的文化力量、国际关系中的文化因素等都愈益凸显。世界主要国家纷纷推出相应战略，从文化中借力、在文化上发力，以在越发激烈的文化和综合国力竞争中赢得优势。虽然我们国家的文化实力在不断增强，但客观而言，中国的竞争力还不够强，话语权还不大，文化的魅力还亟待增进。提振文化自信，在新的时代场景中展现有着悠久文明底蕴的中华民族的文化新创造新风采，赢得优势、展现魅力，时不我待。

文化是衡量经济社会发展水平的重要指标，是体现国民素质、展现国家形象的重要窗口。习近平总书记指出，一个国家、一个民族的强盛，总是以文化兴盛为支撑的。讲好中国故事、传播好中国声音，需要以文化为载体；让中国走向世界、让世界了解中国，需要以文化为桥梁；全面建成小康社会，实现社会主义现代化和中华民族的伟大复兴，需要以文化为助力。在新形势下开展文化建设，要坚持以马克思主义为指导，立足中华优秀传统文化，植根于人民群众，顺应时代发展要求，从而更好地推动社会主义文化大发展大繁荣。

二、中西文化交流

我们的现代化不仅面临中国文化的变革，也面临世界文化的变革，如何重整中国文化，使之与世界文化接轨成为国人关注的焦点之一。分析全球化与世界文化和民族文化的关系，把握全球化进程中文化冲突与融合的规律，对加强社会主义精神文明，建设有中国特色的社会主义文化具有重大的意义。

全球化进程，是一种正在超越国界和国家主权的、在全世界范围内所展现的沟通与联系、交流与互动的趋势，它向人们展示的是一个多元而又相互依存的世界。科学技术的革命一直是全球化最重要的条件，生产的国际化和经济的一体化是全球化的根本动力。全球化首先是一个经济概念，它是市场经济的必然产物。经济全球化具有三个特征：一是贸易自由化，二是资本全球化，三是生产经营国际化。其次，全球化是一个文化概念，因为全球化不仅是物质生产的全球化，也是精神文化生产的全球化。文化全球化的显著特征是世界整体意识的形成，以“地球中心”取代“民族中心”。文化的全球化以经济的全球化为前提和依托，是经济全球化的外在表现，是在经济全球化的发展中，由各民族文化的相互碰撞和整合中产生的。

从历史进程来看，全球化大致可以分为三个时期：

第一时期，从 15 世纪地理大发现到 19 世纪末自由资本主义的终结。正如马克思所说，地理大发现首次开辟了世界历史，因为它使每个文明国家及这些国家中的每个人的需要的满足都依赖于整个世界，因为它消灭了以前自然形成的各国的孤立状态，人类从此开始从全球性的角度来认知世界，这标志着全球化的开始。地理大发现开辟了全球性的交通网络，强烈刺激了早期资本主义国家的商品和资本输出，伴随资本主义在全球的活动，西方文化开始与一些古老的文明发生碰撞，先进的西方文化在对古老文明表示惊异的同时吸收了其中的一些优秀成果，古老的文明对西方文化往往是在愤怒和恐惧中加以排斥。早期资本主义武力征服的粗野和资本积累的野蛮决定了文化碰撞的残酷，美洲和非洲的一些古老文明就因为被征服而遭受毁灭。

第二时期，从 19 世纪末到二战结束。在 19 世纪和 20 世纪之交，随着第二次科技革命的发展，少数发达资本主义国家实现了工业化并主宰了世界，建立了资本主义的经济体系和殖民体系。为了获得被征服民族的认同，培养自己的代理人和殖民地经济发展所需要的人才，发达资本主义国家加强了文化输出，殖民地民族在遭受政治经济压迫和掠夺的同时认识到西方文化的优势所在，将目光转向西方寻求救国之道，西方文化与其他民族文化有了较深的结合，但这一文化交流是以欧洲为中心向外的单向辐射，在这种文化背景下出现了所谓的“欧洲中心论”，将西方文化等同于近代化，将近代化等同于西化。

第三时期，二战后至今。二战后，为了加强国际合作，先后成立了一些世界性经济组织，如世界银行、国际货币基金组织和关贸总协定等，这对调和国家之间的经济冲突，加强国家之间的合作起了不可低估的作用。第三次科技革命的发展，有力地推动了资本流通和生产经营的国际化，商品以前所未有的数量和速度在流通，货币以光速在运转，跨国公司的发展使全球性的市场由流通领域发展到生产领域从而使各国经济变得你中有我，我中有你，彼此依赖。各民族、各国家之间的文化交流日益频繁，发达国家与发达国家之间、发达国家与发展中国家之间，以及发展中国家之间形成一幅错综复杂的文化交流网络。联合国教科文组织、世界卫生组织等也大力促进国际的文化交流与合作，在教育、环保和人道主义等方面取得了重大成果。文化全球化的发展使人类在一定程度上产生了对共同的价值观念的认同，加强了各民族国家的合作。苏联的瓦解、冷战的结束基本上打破了意识形态对文化交流的障碍；通信事业和计算机技术的发展，互联网络的建立，使世界范围内的文化交流真正超越了国界。

尽管全球化已倍受人们瞩目，但其进程只是刚刚开始，21 世纪必将在广度和深度上迅速推进，将人类文化推向一个崭新的阶段。

民族文化是人类文化由于民族、地域的划分而形成的不同文化组合。它以地域的相对独立为外在特点，以其独特的历史、宗教、语言、习俗和制度为内在特点，这些因素决定了民族文化各具特色。民族文化或以地域命名，大地域的如西方文化、东方文化、非洲文化、阿拉伯文化等，小地域的如中亚文化、北欧文化、岭南文化等；或以性质命名，如伊斯兰文化、基督教文化、儒家文化等。在历史进程中，没有一种文化一成不变，但也没有一种文化在某一时期完全改观。历史发展的惯性决定了民族文化的差异，但是民族文化的独立只是相对的，不同民族文化在文化结构、文化活动和文化发展上存在着共同性和互补性，这是文化交流和融合的前提。因而，各民族文化之间存在着差异性与共同性的对立统一。

交通和信息手段的革命，缩短了人们之间的差距，使我们生活在一个“地球村”中，信息传递的速度和数量的空前增加，加速了文化的交流。文化的融合是一个总的趋势，这是历史的进步，但不同的文化在交流的过程中既相互吸引，又相互排斥。相互吸引说明文化具有可塑性和可变性，这决定了不同文化的统一性；相互排斥说明文化具有惯性和独立性，这反映了文化的多元化，文化在交流中形成了统一与多元的特征。统一性即文化的全球性、共同性、普遍性，多元化即各民族的文化具有其民族性、多样性和独特性。

不同的民族文化代表着不同的时代，由于生产力发展水平的不同，各民族的文化存在着差异性、不平等性和不平衡性。凡是拥有先进生产力和生产方式的民族国家，其文化形态代表着这个时代的潮流，属于先进文化和中心文化；反之，则属于落后文化和边缘文化。但是，没有一种文化是永远领先的，民族文化先进与落后地位的不断转换导致先进文化和文化中心的不断转移。这一转移不是文化自身孤立变化的结果，而是生产力水平发展不平衡和各文化相互交流、相互融合、相互促进的结果。全球化的发展，文化传播和文化转移的加速，打破了地域之间的封闭和隔阂，加速了各民族文化之间的交流，使它们的发展获得了同等的条件和机会，各民族文化之间的时代差距正在逐渐趋向于平等和平衡。但是文化的民族性仍是难以抹杀的，这就使文化的发展出现多个中心，即多元化的局面。

在对文化进行考察时，必须从辩证的角度去看问题，必须从动态而非静态、从深层而非浅层来分析才能把握文化发展的历史趋势。各民族文化在进行交流的同时必然会发生冲突和碰撞，如将这些冲突和碰撞放到历史长河中，就会发现文化的冲突是现象，而交流、融合、促进才是本质，文化冲突是开始，文化的重整才是结局。在冲突中，交流和发展是民族文化成长的必经之路，从冲突走向融合是世界文化发展的必然趋势。历史上，文化的冲突从未间断，冲突的方式也多种多样，正是这些冲突推动了文化的进步。

在文化的交流中，一方面，我们必须反对文化霸权主义；另一方面，我们要反对狭隘的民族主义。文化的全球化是经济全球化的外在表现，经济全球化的过程中，发达的资本主义国家奉行帝国主义和殖民主义政策，建立了剥削和压迫落后民族和国家的资本主义经济体系，在经济和政治领域存在着压迫和反压迫、独立与反独立的斗争，这反映在文化上就是文化之间的矛盾与冲突，即中心文化与边缘文化、先进文化与落后文化之间的冲突。文化成为压迫和反压迫斗争的工具。对发达的资本主义国家来说，国际政治局面的变化、过去的军事冒险和强权政治都已失去作用，而文化侵略比金元和大棒更具有合法性、隐蔽性和渗透性。文化霸权主义在二战结束后，尤其是在冷战后得到推行。例如美国要求建立的世界新秩序，是将他的价值观念和意识形态强加给全世界；法国要在世界范围内建立法语文化网络；日本也加强了其在世界范围内的文化活动。但是西方的文化扩张由于遭到非西方国家文化的遏制而没有达到目的，与此同时，西方文化自身也面临着危机，社会道德的堕落、享乐主义的泛滥、利己主义的猖獗造成了西方价值的认同危机。在这一文化背景之下，西方学者积极地为维护世界霸权寻找理论依据。典型的代表是美国的亨廷顿，他在《文明的冲突与世界秩序的重建》一书中指出，文明是一种以特定的文化为基础的实体，未来的世界不会存在着一个普遍一致的文明，而是一个不同文明共存的世界，民族的冲突将取代一切其他形式的斗争成为 21 世纪的主要矛盾，文明的冲突将主宰全球政治，文明之间的分界线将成为未来的战线。

发展中国家在经历了西方文化的冲击之后进行了自觉反省，积极地复兴本民族文化以抵御西方的文化入侵，在维护民族利益方面取得了重大成果。不过，在以本民族文化抵御西方文化的斗争中容易走向极端，全盘地否定外来的先进文化，盲目而非批判地肯定本民族文化的优越性，过分强调对传统文化的继承，甚至复归，这就是狭隘的民族主义。封闭和盲目自信是狭隘民族主义的显著特征。狭隘民族主义对外来文化的态度是强调冲击，排斥交流，主张对抗，反对融合。这在一定程度和一定时期内可以加强人们对本民族价值观念的认同和民族文化独立性的维护，却是以牺牲现代化、延缓发展为代价的。它阻碍了民族文化的自觉和主动的反省，阻碍了民族文化向世界文化的转化，阻碍了一个民族的现代化进程。狭隘民族主义的故步自封无异于饮鸩止渴，并不能解决民族文化所面临的根本问题，迟早会被打破，并将付出更惨重的代价，届时积累的民族内外矛盾冲突会更加剧烈，社会结构会发生巨大的震荡，社会发展会出现停滞甚至倒退。

全球化带来民族文化的危机，也带来民族文化发展新的机遇，对发展中国家来说，既要反对大国的文化霸权主义，也要反对狭隘的民族主义，以民族的根本利益为基础，以现代化发展为参照，重新审视本民族的文化，在对民族文化的反思和批判中发掘其优秀的内核和传统，以民族文化的优秀成分为基础重构民族的价值体系，在民族文化与世界文化之间架设沟通的桥梁。在民族文化走向世界文化的过程中，阵痛是不可避免的，但是阵痛能催生新的文化，阵痛的大小取决于民族自觉程度的高低，越是自觉，阵痛就越小，民族文化向世界文化的转换就越快；反之亦然。让民族文化与世界优秀文化融合，不仅可以促进本民族文化的进步，也可以为世界文化的发展做出贡献。

在全球化时代，文化冲突无所不在。逃避冲突是不可能的，无视冲突也是不现实的，但对于冲突的反应是有选择的，可以相互排斥你死我活，也可以求同存异自由竞争。正确的态度应该是以交流和对话而非排斥和对抗的态度去看待冲突，迎接冲突，以交流取代冲突，消解冲突，促进融合，只有这样才能建立一种多元共存、不断进步的世界文化。

中国现代化的目标是建设高度的社会主义精神文明和物质文明，在现代化历程中，不仅面临着经济竞争，而且面临着文化竞争。中国古代有“富而不仁，行之不远”之说，意即物质文明必须与精神文明同步，否则经济的进一步发展将受到限制。文化因素日益渗透到经济活动中，成为生产力因素的重要组成部分，社会生产力只有在经济与文化的协调中才能最大限度地发展，经济体制改革和经济的发展都在呼唤文化结构的变革。

中国文化要走向世界，只有改革开放。闭关锁国无异于自杀，只有吸收世界的先进文化成果，中国文化才能得到重整和发展。在全球化的浪潮中，中西文化处于不断的碰撞和交流之中，既有相融的一面，也有冲突的一面，双方将走向一个平等对话、相互借鉴、共同发展的新时期。

全球化首先否定西方文化中心主义。中国文化显著的特征是整体主义价值观念和天人合一的发展观念，这本是农业时代的产物，但在个人主义泛滥、信仰危机、生态危机的今天，充分展示了其魅力。假如按照西方的模式，在向现代化过渡的转型时期，传统的社会结构必然遭到破坏，造成社会政治、经济、文化的全面失范。但在中国现代化的历程中，整体主义的价值观念充分地调动社会各种因素的积极性，提高了社会的凝聚力，维系了社会在转型时期的稳定，使改革开放在短时期内取得如此重大的成就，这确实是西方文化无法做到的。中国改革开放的成就证明：西方的现代化模式不是现代化的唯一模式，西方文化不是现代化文化和全球化文化的唯一参照体系，“西方文化中心论”是站不住脚的。

全球化也否定了中国文化中心主义。历史上我们一直以泱泱大国自居，视其他民族为番夷，拒绝承认其他民族文化的同等地位和价值，即使在列强的坚船利炮打破大门后，我们还认为“中学为体，西学为用”，割裂了文化与经济和科技发展的关系，陷入对本民族文化盲目自信的自恋之中。对中国文化的反思，有助于我们从盲目的自信中清醒过来为中国文化的发展开启新思路。在中国新文化的建设中，我们应该克服两个“很不够”：一是对中国传统文化和外国文化的精华吸收继承借鉴很不够；二是对其糟粕批判和否定很不够。这两个“很不够”既阻碍了传统文化向现代文化的科学转换，又不利于中外文化在融汇中的优化组合。因此我们应该具有海纳百川的胸襟，站在历史巨人的肩膀上，站得更高，看得更远，以开拓进取的创造精神，去积极创造新的现代文化。

21 世纪中国文化的发展是要求建立走向世界走向未来的新文化，也就是建立中国特色的社会主义文化。有中国特色的社会主义文化必须以马列主义、毛泽东思想及习近平新时代中国特色社会主义思想为指导，不能搞指导思想的多元化；必须坚持为人民服务、为社会主义服务的方向和“百花齐放，百家争鸣”的方针，繁荣和发展社会主义文化，不允许毒害人民、污染社会和反对社会主义的东西泛滥；必须坚持和发扬民族优秀传统文化，而又充分体现社会主义的时代精神，立足本国而又充分吸收世界优秀文化成果，不许搞民族虚无主义和全盘西化。我们应该牢牢掌握有中国特色的社会主义文化的这些要求，极大地提高全民族的思想道德和科学文化素质，促进社会主义的物质文明和精神文明的发展。

【思考与练习】

1. 为什么说明清文化具有继往开来的性质？

2. 传统文化向近代转变表现在哪里？原因何在？

3. 你觉得当代文化要坚持怎样的发展方向？说明理由。

4. 全球化带来民族文化的危机，所以全球化与民族文化是你死我活的关系。这种观点是否正确？为什么？

第六讲

中国文化的基本精神

文化精神是一个国家、一个民族的灵魂。它植根于培育这个民族的生活的土壤，在历史发展的风风雨雨中茁壮成长，生生不息。由一具具充满热血的生命锻造它，由一个个智慧绝伦的头脑提炼它。每一个不同的时代，会为它注入崭新的内涵，成就它与时俱进发展壮大的面貌，同时它的最本质的内涵又决定它的发展方向。中国文化的基本精神正是五千多年中华民族立身之根本、生命之魂魄、振兴之力量。

第一节　中国文化基本精神的意涵

文化精神是相对于文化的具体表现而言的。文化的具体表现，包括器物、制度、习惯、思想意识等层面，无不和内在的文化精神相联系。文化的基本精神就是所有这些文化现象中的最精微的内在动力和思想基础，是指导和推动民族文化不断前进的基本思想和基本观念。

中国传统文化中，有一些思想观念或固有传统，长期受到人们的尊崇，成为生活行动的最高指导原则，在历史上起了推动社会发展的作用，成为历史发展的内在思想源泉，这就是中国文化的基本精神。它是民族延续发展的精神动力，或者说是中华民族生存发展的精神支柱。作为中国文化基本精神的思想观念或文化传统，它必须具有两个不可或缺的特点；一是具有广泛的影响，感染熏陶了大多数人民，为他们所认同所接受，成为他们的基本人生信念和自觉的价值追求；二是具有维系民族生存和发展、促进社会进步的积极作用。必须具有这两方面的特点，才可以称为文化的基本精神。

从理论思维的高度审视，所谓中国文化的基本精神，实质上就是中华民族的民族精神。民族精神，广义地讲，就是指导中华民族延续发展、不断前进的精粹思想，是民族文化的主导思想。就其性质而言，它是一种伟大的卓越的精神；就其表现形式而言，它渗透在民族文化的优秀传统之中。

中国文化的基本精神，属于观念形态的范畴，凝聚于文化传统之中。所谓传统，不外是历史上形成的、具有稳定的组织结构和思想要素的、前后相继的、至今仍然影响着人们的特定的思维方式、价值观念、审美情趣、道德风尚等深层文化的社会心理和行为习惯。而所谓文化传统，就是受特定文化类型中价值系统的影响，经过长期历史积淀而逐渐形成的、为全民族大多数人所认同的思想和行为方式上的难以移易的心理和行为习惯。“传统”和“文化传统”等概念，属于事实判断的范畴，本无所谓褒贬。但当这些概念与民族文化的“基本精神”“民族精神”相联系的时候，在价值指向上，它就与“优秀”“进步”密不可分，因为只有优秀的文化传统才能成为推动民族文化不断发展前进的内在动力。因此，我们所讲的中国文化基本精神，是指代表中国文化发展的正确方向、体现中华民族蓬勃向上精神的那些主要的思想观念。作为中国文化基本精神的具体表现、作为中华民族精神的生动反映的那些文化传统，也必然表现为民族文化的优秀传统。

作为中国文化发展的内在动力和思想基础的文化基本精神，本身也是文化发展的产物，并且随着文化的发展演变而发展变化，不断扩大和加深自己的思想内涵。因此，中国文化的基本精神也就是在中国文化中起主导作用、处于核心地位的那些基本思想和观念，是我们大家熟悉的，而不是莫测高深的玄思妙想。中国文化丰富多彩、博大精深，体现中国文化基本精神的思想也不是单纯的，而是一个包含着诸多要素的思想体系。

中国文化基本精神具有重伦理道德及重实际稳定的鲜明特征。

一、重伦理道德

中国文化是一种伦理型文化，按照中国古代的传统说法，可以把中国文化叫作“崇德型文化”。中国文化最重要的社会根基，是以血缘关系为纽带的宗法制度，它在很大程度上决定了中国的社会政治结构及其意识形态。家庭生活是中国人第一重的社会生活；亲戚邻里朋友是中国人第二重的社会生活。这两重社会生活，是中国人的活动范围，规定了其社会的道德条件和政治上的法律制度。可以说，家族乃是中国人社会生活的主要舞台，也是历代统治者建立统治秩序的重要基础。孟子说过，天下之本在国，国之本在家。高度概括了中国传统社会的实质。由家庭而家族，再集合为宗族，组成社会，进而构成国家。这种家国同构，父是家君，君是国父，家国一体渗透到中国古代社会生活的最深层。这种家国同构的宗法制度是形成中国文化重伦理、倡道德的根本原因。

在“天下如一家，中国如一人”的家国同构的宗法观念下，个人被重重包围在群体之中，因此特别重视家庭成员之间的人伦关系，如父慈、子孝、兄友、弟恭之类。这种人伦关系的实质是对家庭各个成员应尽的责任和义务加以规定，父母对子女有抚育的责任，子女对父母有奉养的义务，这就是儒家所倡导的“人道亲亲”。由“亲亲”的观念出发，引申出对君臣、夫妻、长幼、朋友等关系的整套处理原则。

将这种忠孝原则推广开来，用以处理个人与社会、个人与他人的关系，其基本的道德原则就是“能近取譬”。即以自身作譬喻，来考虑如何对待别人，古人叫作“设身处地”“推己及人”。用孔子、孟子的话说就是“老吾老以及人之老，幼吾幼以及人之幼”“己欲立而立人，己欲达而达人”“己所不欲，勿施于人”。

这种重伦理、倡道德的特征，到宋代表现为“厚德载物”。北宋思想家、教育家张载就明确提出“民，吾同胞；物，吾与也”，认为所有的人都是同一父母（即天地）所生的亲兄弟，一切万物都是人类的朋友。一个有道德的人，应以极其宽厚仁慈的爱心来对待自己的同类，以至一切有生命的东西。一方面，要设身处地、爱人如己；另一方面，还要有爱护一切生命的博大胸怀。由此，形成“仁民爱物”的文化特色。

中国传统文化特别重视“内圣外王”之道，即在政治上要求实行“王道”和“仁政”，要以德治国。孔子认为要把道德原则贯彻到政治生活中去，用道德手段治国安民，才能真正管好国家。他说“道之以政，齐之以刑，民免而无耻；道之以德，齐之以礼，有耻且格”，认为单纯用行政的法律的办法管理人民，只能使他们畏祸而守法，不能使他们具有道德观念。用道德的办法来教育，感化人民，用礼来约束他们，不仅能使之守法，还能使之具有道德自觉，心悦诚服地守法遵礼，知耻从善。不仅如此，执政者个人的道德品质，能够直接影响政令的执行情况。“其身正，不令而行；其身不正，虽令不从。”并认为“为政以德，譬如北辰，居其所而众星共之”。与“仁政德治”相联系，在个人修养上，中国传统文化特别重视个人的道德修养、完善人格，以“圣人”为最高的理想境界。“为学”的目的就是要使自己成为一个道德上的“完人”。因为“治国”与“修身”二者是紧密地结合在一起的。为了“治国”就必须“修身”。只有努力进行道德修养，使自己成为一个道德高尚的人，才能把国家治好。所以《大学》提出“修身、齐家、治国、平天下”就是这个道理。

在中国的传统教育中，重伦理、倡道德始终处于核心地位，德教为先，育人重德。从先秦的孔孟荀一直到宋明以后的程朱理学、陆王心学都始终把伦理道德教育作为中心，以“明人伦”为宗旨。

在中国文化中，伦理思想贯穿其始终，融汇在中国传统的哲学、政治、历史、文学、教育思想中，并且紧密地结合在一起。中国文化重伦理、倡道德的特色具有二重性。一方面，这种以道德为本位的传统文化特别重视个人对家庭的职责和对社会的义务。它有利于家庭的稳定、社会的和谐，有利于建立人与人之间和谐融洽的人际关系。另一方面，这种以道德为本位的传统文化的道德伦理原则，又是建立在以家庭为基础的自然经济和宗法制度为基础的社会政治结构上的。因此，它特别强调家长的权威，强调子女对父母、妻子对丈夫、家庭成员对于家长的绝对服从关系。把这种家长制扩大到社会政治生活中就是君主专制，君主具有绝对权威。同时由于以家庭和社会为本位，个人的权利容易被忽视，容易压抑个人的自我意识，不利于个人自主性、独立性和创造性的发挥。

二、重实际稳定

中国文化是一种大陆型的农业文化，几千年来，以农为主、重农抑商一直是历代统治者积极推行的政策。农业文明简单重复的生产方式决定了中国文化具有注重实际、追求稳定的特点。

黄河与长江孕育的华夏大地，土壤肥沃，四季分明，为早期先民们的生存繁衍提供了较为丰厚的自然地理条件。尽管古代的生产工具落后，生产力水平低下，但人口与土地的比例适中，若无大的自然灾害或遇到兵荒马乱，“日出而作，日入而息，凿井而饮”，先民们也大体可以年复一年、世世代代地悠哉游哉。因为农业生产所需要的条件除了土地肥沃、四季有序、风调雨顺外，只要勤于耕作即可。这是一种简单而又重复、朴素而又实际的生产方式，长期在这种生产方式下的中华民族便毫无疑问形成了重实际而黜玄想、重稳定而轻变动的文化品格。老子“鸡犬之声相闻，老死不相往来”的小国寡民理想，孟子“五亩之宅，树之以桑……百亩之田，勿夺其时”的仁政规划，陶渊明“榆柳荫后檐，桃李罗堂前”的优美田园风光，都是农业文明中先民生活理想的写照。以农业为根基的中国，农业生产的节奏与整个国家政治、经济、文化生活的节奏息息相通。

农业生产是一种在四季的循环往复中进行的简单重复的再生产。一方面“一分耕耘，一分收获”使中华民族变成了一个纯朴务实的民族。利无幸至，力不虚掷，空话无补于事，实心做事必有所获。因此，即使在不从事农耕的士大夫中，“大人不华、君子务实”也一直被历代圣贤所大力提倡。另一方面，农业生产的再生产过程与四季的有序轮回，使中华民族对于“恒常”和“变易”的体会颇具辩证性质。变是一时，而变有“道”可循，“恒”才是远，这种“恒”与“变”关系的辩证法使中华民族“安土乐天”，不喜变动。有人把中国文化的这一特点概括为“实用—经验理性”，并以此为起点对中华民族所具有的法古守成、容易满足、求是务实等进行分析，总结出了许多较为准确的中华文化特点。

中国传统思想史中的“知行”之辨，是农业文明条件下中国传统文化注重实际、轻视理论这一特点的深刻反映。

在“知”与“行”的关系上，自孔子开始，虽然提倡知行兼顾，“言顾行、行顾言”，但实际上一直存在一种轻言重行的倾向。孔子曾说过“听其言而观其行”，“君子言之必可行也”，“知之者不如好之者，好之者不如乐之者”等。《中庸》也说：“是故君子耻有其言而无其行。”到了宋明理学家那里，“知”与“行”的关系有了一些新变化，开始注重“知”对“行”的指导作用。无论是朱熹的“理在事先”，故人须先“穷理”，还是陆九渊的“心即理”，故人须“悟本心”，都抛开了实践而回到了个人内心的修养。理学注重思辨的特色成就了中国文化的黄金时代，但理学走入内心的无可奈何的衰落也表明中国文化中“重行轻知”的传统是多么坚固。明代以后，王守仁针对理学的偏离“现实”倾向提出过“知行合一”，但这里的“知”与“行”与此前的概念含义不同，有混淆“知”“行”的趋向，企图把“知”提到与“行”并列的高度，心学并未完成。

鉴于中国传统文化中存在着“重行轻知”的特点，革命的先行者孙中山先生又提出“知难行易”命题，对“知”做了高于“行”的新论断。其目的在于强调革命者“先知先觉”的领导作用，在当时的历史条件下，对于统一革命党内部的认识、加强革命团体的凝聚力，起到了重大的作用。进入新民主主义革命以后，对马克思主义理论指导地位的强调，在某种意义上与孙中山的“重知”具有相同意义。

中国的传统文化思想中与农业文明直接相关的范畴除了知行之辨外，还有对于“恒”与“变”关系的认识。在四季的有序交替，农业生产简单而又重复的周而复始中，中华文化逐渐积淀出了重“恒”轻“变”、追求“久远”的特征。“恒”即“常”，即一般，即规律，即“不变”，“变”不过是“恒”的一种表现形式、一个特殊阶段，绝大部分的中国人都乐于安定，要求顾全大局，能委曲求全。这种“恒”与“变”的观念表现在中国人的政治、经济生活的方方面面，如国家政治理论中的“五德终始”“天不变，道亦不变”，哲学思想里的“阴阳轮回，五行相生相克”。“分久必合，合久必分”，寓“变”于“恒”之中，使“变”与“恒”结合，更使中国文化的“重稳定”深入到了民族心理的深层，苏轼在《前赤壁赋》里论及人生“无常”与“永恒”时说：“盖将自其变者而观之，则天地曾不能以一瞬。自其不变者而观之，则物与我皆无尽也。”这是对“恒”与“变”的生动描述。

产生于农业文明的中国传统文化注重实际，执着于人间世道的实用探求，为中国传统文化的繁荣与发展奠定了一个坚实基础，“广大高明而不离乎日用”，对中国古代科技发展做出了重大贡献。“四大发明”即是“实用技术”高度发达的证明。但是对于理论思辨的轻视也有不可否认的狭隘一面，在造就了有效的人生哲学和先期发达的实用技术的同时，也阻碍了思辨理性的发展和理论科学的进步。而追求稳定、不求变化也养成了中国人在稳重同时不思进取、知足常乐的惰性，限制了竞争与冒险，扼杀了民族生存发展中蓬蓬勃勃的活力。

第二节　中国文化基本精神的主体内容

中国文化不仅丰姿多彩，而且有着迷人的气质和丰富的内涵。这迷人的气质和丰富的内涵就是中国文化的基本精神。它可以作如下归纳：

一、刚健有为、自强不息的精神

中国传统文化里一直贯穿着刚柔、动静、有为与无为等一系列相互对立又相辅相成，有着深邃辩证精神的范畴。这些范畴的斗争与统一，一方面成就了中国文化的多姿多彩、博大精深，另一方面也使人们在对传统文化进行考察时因视角的不同而产生严重分歧。“五四”前后，在有关中国传统文化的大论战中，相当部分知识分子从中西比较出发，以西方“人和自然”尖锐冲突的“积极进取”精神作为参照，得出中国传统文化“主静阴柔”，并进而推出“被动无为”的结论。就当时民族危亡的历史背景而言，为汲取西方文化的精华，熔铸新的民族性格，这种归纳有一定的积极意义；但毫无疑问，这种归纳也失之公允。中国传统文化不全也不可能全是推崇柔静的文化，因为一种完全柔静无为的文化创造不出辉煌灿烂的中华文化成果来。中国文化的主流精神是刚健有为、自强不息。

刚健有为、自强不息的文化精神可以追溯到中国文化最早的代表《尚书》和《诗经》，这两部儒家典籍里充满着勤勉稳健、勇猛深沉的前进气息。如《尧典》里对先王“克明俊德，以亲九族”“历象日月星辰，敬授人时”功业的颂扬，《无逸》中对成王尽忠尽职的谆谆告诫；《诗经》中《公刘》《生民》中描写周部落诞生之初的创业艰难等。

孔子是极力提倡有为并身体力行的思想家。他一生奔波，幻想以周礼匡扶乱世，“明知其不可为而为之”，结果是“发愤忘食，乐以忘忧，不知老之将至”。对“饱食终日，无所用心”的人生态度投以极度的蔑视。以为君子应当是“食无求饱，居无求安，敏于事而慎于言，就有道而正焉”。儒家学派的后继者们，对“有为”和“自强”的学说进一步发挥，孟子从人格修养，扩充人性中善的成分这一角度提出“吾善养吾浩然之气”；荀子则从天人关系角度提出“制天命而胜之”的著名论断。对于刚健有为、自强不息做出明确表述的是《易经》。《象传》中说：“天行健，君子以自强不息”，以天体运行无休无止、永远向上的规律，要求人们积极有为，勇于进取。此后，刚健有为、自强不息的精神便一直作为中国传统文化的主导精神激励着中华民族。

与刚健有为、自强不息的积极进取相对，中国传统文化中也早就存在着主静尚柔、涵虚无为的另一倾向。先秦时期的道家学派就是如此。老子提出“致虚极，守静笃”“不敢为天下先”的主张，庄子更是“等生死，齐是非”，要求人们介于“有用无用之间”，忘掉自身，“清静无为”。道家的主张在中国传统文化中也产生了极为广泛深远的影响，并不时与儒家的积极有为交错纠缠，以至于在两千年的中国古代社会里，主刚与主柔、主动与主静、进取与无为的矛盾困扰着一代又一代知识分子。

到了两宋时期，中国儒学的最高形态理学形成。传统文化中“主静”的因素大大加强了。理学是在儒学基础上，吸收了前此几百年在中土流播的佛学成果和早已有之的道家思想综合而成的。不管是“主静以立人极”“穷尽天理”还是“心即是理”，终归是知识分子反归诸心的“个人修养术”，与国计民生与现实行动的关系毕竟疏远了。也正因为如此，宋明理学一直受到后人的攻击。王夫之提出过“健动”和“珍生”，颜元力主现实的功利，但刚健有为、自强不息的古老精神却一直到鸦片战争后，中华民族处于危亡关头时才又重新被“发掘”出来。

中国传统文化中所具有的刚健有为、自强不息的精神一直是中华民族奋发向上、蓬勃发展的动力。它体现在人民生活的方方面面。

就民族的进步和发展而言。在民族兴旺发达、昂扬向上的昌盛时期，士子的情怀总洋溢着一股建功立业的壮志豪情。汉唐将士的积极戍边，在诗文中俯拾皆是。“匈奴未灭，何以家为”（汉霍去病语）的英雄气概，“海县清一，寰宇大定”（唐李白语）的宏伟抱负，“请君暂上凌烟阁，若个书生万户侯”（唐李贺语）的豪迈气势。在民族危亡、外族入侵的关口，刚健有为、自强不息也总是激励着人民顽强不屈地进行反侵略、反压迫的英勇斗争。岳飞、文天祥、史可法等，在中国历史上曾有过无数可歌可泣的民族英雄壮举。

就个人人格的独立和人生价值的实现而言，刚健有为、自强不息，或表现为志士仁人在强暴面前英勇不屈，坚持正义，誓死不与邪恶势力同流合污，或表现为在人生遭遇的挫折面前奋发图强，决不灰心，坚定不移地追求自己的理想。如号称史笔，不向皇帝低头的董狐；遭受不白之冤，仍忍辱负重，成就千古大业的司马迁等。

刚健有为、自强不息还有一个最重要的体现，那就是积极否定、革故鼎新的改革精神。《礼记·大学》中称赞“苟日新，日日新，又日新”，《易传》也肯定“天地革而四时成，汤武革命，顺乎天而应乎人。革之时，大矣哉”。中国历史上每当“积弊日久”时总会有或改革、或革命的运动，为清除积弊而变规变法。北宋时的王安石变法，清末的康梁维新，都是这种革新精神的体现。

二、人本主义精神

作为中国传统文化基本精神之一的人本主义，不同于西方近代的追求个人的自由与民主价值。但中国传统文化的发展同样始终围绕着人，人是世间一切事物的根本，天地之间人为先。具体而言它包括“民为贵”“君为轻”的基本政治理想，关注百姓现世的人伦生活，追求一种道德伦理的人本关怀等三个层次。

其一是以民为本。中国传统人本主义坚持“民为贵”的民本主义精神，《尚书》中就有“重我民”“唯民之承”“施实德于民”的记述。《左传》《国语》等典籍中，也多处显示了以民为本的观念。《左传·桓公六年》称：“夫民，神之主也。是以圣王先成民而后致力于神。”《左传·庄公三十二年》载：“国将兴，听于民；将亡，听于神。”《国语·鲁语》中也有“民和而后神降之福”的说法。儒家学说更是集中凸显了民为邦本的思想。孔子历来主张重民、富民、教民。在“民、食、丧、祭”这些世间的大事中，将“民”列为首位。孟子则提出了影响中国几千年的“民为贵，社稷次之，君为轻”的著名观点，成为历代开明统治者维护统治的座右铭。他认为得民心者得天下，失民心者失天下：“得乎丘民而为天下”（《孟子·尽心下》），“桀纣之失天下也，失其民也；失其民者，失其心也。得天下有道：得其民，斯得天下矣”（《孟子·离娄上》）。所以，“域民不以封疆之界，固国不以山溪之险，威天下不以兵革之利，得道者多助，失道者寡助”（《孟子·公孙丑下》）。孟子从为政之道出发，强调政治统治一定要得民心，合民意，否则便可能“身危国削”，在他看来，民确为立邦之本。荀子也主张民为邦本，他的君舟民水的著名比喻，传之久远，是历代为政者必修的一课，“用国者，得百姓之力者富，得百姓之死者强，得百姓之誉者荣。三得者具而天下归之，三得者亡而天下去之”（《荀子·王霸》）。

不仅儒家主张民为邦本，道、墨、法诸家也都具有以民为贵的重民思想。在漫长的封建社会中，这一重民贵民的精神不断得到了丰富和强化。汉代贾谊曾指出：“闻之于政也，民无不为本也。”（《新书·大政上》）唐代开国君主李世民更是深谙民贵君轻之道，认定“君依于国，国依于民”（《资治通鉴》卷一九二）。

北宋张载宣传“民胞物与”，朱熹则认为“天下之务莫大于恤民”（《宋史·朱熹传》）。这一系列重民思想，集中反映了中国传统文化中民为邦本思想的发展和演进，也呈现了中国式的人本主义传统的根本所在。

其二是重人伦远鬼神。中国传统文化在人与神之间，坚持以人为本位，重视现世的人伦生活，而将宗教和鬼神信仰置于其后。可以说，在中国传统文化中，神本主义始终未居主导地位。西方古典文化有着十分强烈突出的宗教精神，上帝是最高的信仰，抵达彼岸世界，是人们精神的最高寄托。人们行为的准则，生活的目标，最高的善，都来自宗教的神谕，来自万能的主的启悟。而以儒家为主体的中国古代思想家，则总是将他们的目光投注于现世的人的生活、人的生命，而反对以鬼神为本。《论语》中早就有“子不语怪、力、乱、神”的记载。孔子说过：“务民之义，敬鬼神而远之，可谓知矣。”（《论语·雍也》）弟子问怎样事鬼神，孔子回答说：“未能事人，焉能事鬼？”又问人死后的情况，孔子说：“未知生，焉知死？”孔子虽在总体上承认天命，但天命是指个人所无法左右的天道之常，而对鬼神则一直心存疑虑，所以他病重时，弟子请求为他祷告，他也用“丘之祷久矣”，表示不必。在这里“事人”“知生”就是关怀现实的人，关注此世的人的生命和生活。“事鬼”“知死”是将目光投注于人所不知的鬼神世界，孔子认为这既不可能，又无必要，显示了对于宗教的敬而远之的态度。孔子以后，孟、荀以至宋儒都继承了孔子的观点，汉代仲长统则更明确地提出“人事为本，天道为末”的观点，发展了儒家的人本思想，呈现出重现世、重人伦、重人事而敬宗教、远鬼神的整体趋向。

当然中国传统文化也不是完全无视宗教。《论语》中就有“祭如在，祭神如神在”的说法，《荀子·天论》说：“日月食而救之，天旱而雩，筮然后决大事，非以为得求也，以文之也，故君子以为文，而百姓以为神。”这就是所谓的“神道设教”。宗教在这里，完全是政治统治的工具。在我国各民族的民间民俗文化中，祭祀鬼神的活动隆重而热烈，比如民间庙会、傩祭傩戏。但即使这种以祭神为旗号的民俗庆典中，也可以看到人们重现世、重生活、重人伦的基本生命态度。观傩戏逛庙会是集物质和精神交流为一体的现世的节庆，反映了中国民间的狂欢精神和乐观实际的生活态度。

其三是肯定个体的心性向善。与西方近代资产阶级人文主义追求个体民主自由、个人权利的人生价值不同，中国传统文化的人本主义是一种具有浓重道德色彩的人本关怀，具有鲜明的道德伦理特征。这种人本主义把人放在一定的伦理人际关系中来定位。每一个人，从他诞生，便进入了一个五伦的社会关系之网中：政治上的君臣关系，家庭中的父子、夫妇、兄弟关系，社会上的朋友关系。这种人与人之间的关系各有其行为典范与道德模式，这就是君仁臣忠，父慈子孝，夫教妇从，兄友弟恭，朋亲友信。整个文化所关注和努力的，也就是“经夫妇，成孝敬，厚人伦，美教化，移风俗”，而每个人则在这样一种人伦关系中寻找自己合适的位置，履行自己的责任。它更重视个人对于群体的义务和责任，而不十分重视个体精神的自由与独立，也不大重视每一个体自身的权利。

中国传统文化对个人价值的肯定，不在于个人物质欲望的满足，也不着眼于个人精神的愉悦，而是从个人与对象（家庭、宗族、国家）的关系上来肯定个体心性的完善。换言之，传统文化所肯定的人是作为“道德主体”的人。这里的“人本”其实是“道德主体的人本”。一方面，个人必须担负对社会所应尽的责任；另一方面，个体承担责任又要追求一种主体道德心性的完善，这种完善即是社会的要求，同时是个体的自觉。由于心性完善所指向的“理”被提到了“本体”的高度，它在未有万物之前已先存在，这“理”所衍生出来的原则，如“忠”“孝”“仁”“义”便也是自然的、天经地义的。个人的价值判断便只能定位于通向“理”的心性完善途中，一切作为

“实践主体”所从事的“齐家、治国、平天下”事业，都必须是具备了“完善心性”的“道德主体”才能承担。只有“内圣”才能“外王”，只有“意诚”“心正”才能“身修”，而后才能“家齐”“国治”“天下平”。

注重人的修养，肯定个体的心性完善，这是中国传统文化人本主义精神迥异于西方的表现，德国哲学家费尔巴哈所说的“人”不是具体的、活生生的人，而是充满着爱的乌托邦精神的抽象的人。中国传统文化所重视的“人”，虽然是现世中存在的人，但是处于各种人际关系中的“伦理”的人，体现道德原则的人。这种对人的价值的追求和肯定具有积极的意义。道德完善作为一种人格特质，作为主体的一种优良的素养，使深受传统文化熏陶的士子们具有一种和谐与执着相统一的品格。体现于内心的真诚与尊严增强了他们的自信与宁静，使他们不受时风的左右与动摇。为“道”、为“义”、为“德”的要求完善着且固守着自己的心性天地，生活因有道德心性的良好自制而井然有序。社会也因这些具有良好心性的楷模而变得纯朴和谐，彬彬有礼。当然善并不能涵盖一切，把善作为人的唯一本性推崇自然会销蚀掉人的“求真”的科学精神，也会对人追求“美”有所扼制。

三、天人合一精神

天人合一是中国传统文化发展中提出的一个重要思想。这一思想认为，自然的发展与人类的发展是互相影响互相作用的，人们应根据自然的变化来调整并规范自己的言行。纵览中国的历史可知，天人合一思想不仅影响制约着政治，同时影响了当时的社会生活，因而它是古代文化思想的一个重要组成部分，也是中国传统文化精神的主要内容之一。

从儒学思想看，天人合一具有世界观的意义。在儒家看来，天是万物的起源，汉代班固《白虎通·天地》里说：“天者何？天之为言镇也。居高理下，为人镇也。地者，易也，言养万物，怀任交，易变化也。始起之。天始起，先有太初，后太始，形兆既成名曰太素。混沌相连，视之不见，听之不闻。然后剖判，清浊既分，精出曜市，度物施生。精者，为三光；号者，为五行。行生情，情生汁中，汁中生神明，神明生道德，道德生文章。”天生出万物，更重要的是也生成了人类社会。但同时，他们又认为，天地万物也像人类社会一样在运转着。《白虎通·五行》：“五行者何谓也？谓金木水火土也。言五行者，欲言为天行气之义也。地之承天，犹妻之事夫，臣之事君也。谓其位卑，卑者亲事，故自周于一行，尊于天地。”《白虎通·天地》：“天道所以左旋，地道所以右周者何？以为天地动而不别，行而不离。所以左旋右周者，犹君臣阴阳相对之义。……君舒臣疾，卑者宜劳，无所以反常行何？以为阳不动无以行其教，阴不静无以成其化。虽终日乾乾，亦不离其处也。故《易》曰：‘终日乾乾，反覆道也。’”

由此可见，天人合一，一方面强调天是万物的起源，另一方面又强调人事的作用，即认为万物来源于天，又比照着人类。正是在此基础上，天人合一认为，自然的发展变化体现着制约着人类社会的发展变化。日月正常运行时，说明人世间的一切都正常，君明、臣贤、百姓勤耕和睦；而当人事出了问题，君昏、臣奸、百姓反时，那么日月就会用反常予以警告。西汉学者京房说：“古帝王以功举贤，则万化成瑞应著，末世以毁誉取人，故功业废而致灾异。”也就是说，人之善将得到天之更大的善，人之恶将得到天之更大的恶。可见，天人合一具有宗教神学的性质。

天人合一思想具有方法论的意义。从儒学的实践看，天人合一思想成了人们的行为的准则，而且成为他们解释历代制度的理论依据。如“乡射礼：天子所以以亲射何？助阳气，达万物也。春气微弱，恐物窒塞，不能自达者。夫射自内发外，贯坚入刚，象物入刚，故以射达之也”（《太平御览》卷七四六《工艺部三》）。又：“天子立辟雍何？所以行礼乐，宣德化也。辟者，璧也，象璧园，又以法天；于雍水侧，象教化流行也。辟之为言积也，积天下之道德也。雍之为言雍也，壅天下之残贼，故谓辟雍也。”（《法言义疏·二十孝至》卷第十四）又：“天子所以有灵台者何？所以考天人之心，察阴阳之会，揆星度之证验，为万物获福，无方之元。《诗》云：‘经始灵台，天子立明堂’者，所以通神灵感天地，正四时，出教化，宗有德，童有道，显有能，褒有行者也。明堂上园下方，八四闼，布政之宫，在国之阳。上园法天，下方法地，八葱象八风，四闼法四时，九室法九州，十二坐法十二月，三十六户法三十六两，七十二版法七十二风。”

天人合一思想还具有劝谏的作用。凡是出现异常的自然现象，统治者都会检讨皇帝的言行政策是否有失误。东汉建武七年（29），发生了月晦、日食。太中大夫郑兴上书刘秀：“《春秋》以天反时为灾，地反为妖，人反德为乱，乱则妖灾生。往年以来，谪咎连见，意者执事颇有缺焉……今孟夏，纯乾用事，阴气未作，其灾尤重。夫国无善政，则谪见明，变咎之来，不可不慎……劝公卿大夫多举渔阳太守郭汜为大司空者。而不以时定；道路流言，咸曰：朝廷欲用功臣，功臣用则人位谬矣，愿陛下上师唐虞，下览齐、晋，以成曲己从众之德，以济群臣让善之功……”阳嘉三年（134），河南、三辅大旱，五谷灾伤，“天子亲自露坐德阳殿东厢请雨，以举万学尤深，特下策问，以变复之效”。这时尚书周举上书指出皇帝为政的三点错误：一是“废文帝，光武之德，而循亡秦奢侈之欲”。二是“内积怨女，外有旷夫”。三是“皇嗣不兴，东宫未立”。可见，借助自然的变异和天灾警告皇帝成为当时行之有效的一个办法。

除了用以劝谏皇帝，天人合一也成为考核官员的一种办法。西汉“永光，建昭间，西羌反，日蚀又久青无光，阴雾不精”，京房于是建议“考功课吏法”。《后汉书·鲁恭传》载：鲁恭任中牟令，由于推行仁化，郡国大治。当时，“郡国螟伤稼，犬牙缘界，不入中牟。河南尹袁安闻之，疑其不实，使仁恕掾肥亲往察之。恭随行阡陌，俱坐桑下，有雉过，止其傍。傍有童儿。亲曰：‘儿何不捕之?’儿言：‘雉方将雏。’亲瞿然而起，与恭诀曰：‘所以来者，欲察君之政迹耳。今虫不犯境，此一异也；化及鸟兽，此二异也；竖子有仁心，此三异也。久留，徒扰贤者耳。还府，具以状白安。是岁嘉禾生，恭便坐廷中。安因上书言状，帝异之。会诏百官举贤良方正，恭举中牟名士王方，帝即征方诣公车，礼之与公卿所举同，方致位侍中。恭在事三年，州举尤异，会遭母丧去官，吏人思之，后拜侍御史”。在中国历史上，像这样的事情是非常多的。

分析天人合一思想的根源，一是在于当时农耕社会，农业的播种，收获全仰仗于自然。如果人们顺应自然，及时播种，适时耕作，那么人们就可以解决吃饭问题；否则，就难以生存。因此，依靠自然、适时劳作的生产方式和观念，就导致了天人合一思想的产生。二是当时科学技术还没有发展到人们可以完全解释说明自然现象和社会现象的程度，自然的变化，尤其是灾害使人们产生了原始的宗教意识。三是随着社会的发展，尤其是秦统一后社会的巨变，政治权力越来越集中，越来越专制。因此，借助天人合一的思想，借助这种原始的宗教意识对皇帝和官吏予以监督和考核，就成了当时社会的学者和思想家唯一可行的选择。正是这些因素，促使了思想家、学者将天人合一的思想进一步理论化、系统化，形成了观念意识，进而指导人们的实践，终于孕育一种精神文化现象、一种文化精神。

平心而论，天人合一的文化精神还是有一定的积极性的。因为，第一，它依据自然的变化推及人世，虽然自然与人是两种物质、两种运动，但毕竟有着极为密切的关系，所以或多或少，天人合一精神带有唯物的因素。第二，它的目的是监督督促以皇帝为首的官僚要清正廉洁，坚持礼治，实行仁政，这在当时高度的集权统治和民主意识淡薄的时代里，无疑是一个比较有效的方式。第三，天人合一思想的实施促使人们去研究自然，推动了古代自然科学的发展，仅仅汉朝一代，对天文现象的记载就极为详细，至于张衡对天文、地质的研究，张仲景对病理的研究还是举世公认的。当然，无可否认，天人合一精神也有一定的消极意义。第一，天人合一过于强调环境因素对人的影响，特别注重对环境影响人世问题的研究，因而形成了古代天人关系之学，使带有宗教迷信特色的数术学、易学非常发达。可以说，这些东西中有许多是中国传统文化的糟粕。第二，天人合一强调自然对人的影响，将风马牛不相及的自然变化归因于人世，一方面使人产生了软弱的心理；另一方面也使人产生了自责的心理。而软弱和自责无疑限制了人的创造性和主动性，影响了中国历史的进一步发展。第三，天人合一精神过于强调人对于自然的迎合，而忽视甚至不敢对自然开发利用，阻碍了中国古代科学技术的进一步发展。

四、礼治精神

中国传统文化，不仅贯彻实施着人本主义精神，而且渗透着一种礼治精神。所谓礼，原本指人与人或国与国之间交往的一种仪式。所谓礼治则是将这予以加工改造，升华为一种社会理想，然后予以实施和推行，这就是礼治精神。

作为一种社会理想的礼治精神，其实质是强调社会的有序，坚持社会的秩序。这种社会的有序或秩序，在儒家看来，就应是上下有序，父子有伦。用孔子的话讲就是君君、臣臣、父父、子子。汉代儒家在孔子思想的基础上，又增加了妻妻的内容。可见，礼治的有序社会或社会秩序是一个具有严格等级制度的社会。礼治精神所主张和坚持的社会秩序是一种亲和的社会关系。在这种社会里，“君仁臣忠，父慈子孝，兄爱弟敬，夫和妻柔，姑慈妇听”，充溢着爱，洋溢着和，没有仇恨，没有争讼。“君仁则不厉，臣忠则不贰；父慈则教，子孝则劝；兄爱则友，弟敬则顺；夫和则义，妻柔则正；姑慈则从，妇听则婉。”《汉书·卓茂传》载：西汉哀平之时，卓茂任密令，治理得非常好，“道不拾遗，蝗不入境，视民如子，举善而教，口无善言，吏民亲爱，不忍欺之”。可以看出，一方面，追求亲和秩序是儒家努力实现的政治理想。另一方面，在儒家看来，礼治精神是人类社会最高的目标，是人区别动物的本质特征。

礼治涉及社会的各个阶层和每一个人，因而是一个内容复杂的社会操作系统。仅就《礼记》所反映的内容看，就有冠礼、婚礼、丧礼等内容，此外，还有为人君之礼、为人臣之礼、为人子之礼、男女之礼、少长之礼、主客之礼等。

礼治系统这么复杂，要真正地得到贯彻必须要当事者分清主次，选择主要的实施。从历史实践看，礼中最重要的是孝。“夫孝，天之经也，地之义也，人之行也。君子务本，本立而道生。”在儒家看来，只有行孝，人们才会行礼。所以，历史上人们特别注重孝。以孝廉选拔官吏，以孝教化民众。其次，非常重视男女之别，进而发展为注重妇道。《后汉书·樊英传》载：樊英“尝有疾，妻遣婢拜问，英下床将答拜，（婢）怪问之。英曰：妻，齐也，共奉祭祀，礼无不答”。最后，要拥有自觉精神。无论是国君还是大臣，甚至是平民，都依赖于人们慎言谨行。《后汉书·刘宽传》载：“延熹八年，征拜尚书令，迁南阳太守。典历三郡，温仁多恕。虽在仓卒，未尝疾言遽色。尝以为‘齐之以礼，民免而无耻’。吏人有过，但用蒲鞭罚之，示辱而已，终不加苦。事有功善，推之自下。灾异或见，引躬克责。每行县止息亭传，辄引学官祭酒及处士、诸生执经对讲。见父老，慰以农里之言，少年勉以孝悌之训。人感德兴行，日有所化。”

如此烦琐的礼仪，如此重要的制度，不仅依靠个人的实践，而且要靠教育去推行贯彻。如前所述，卓茂曾对告状的人说：“今我以礼教汝，汝必无怨恶”，就是推行的礼教精神。《后汉书·刘昆传》载：刘昆在“王莽世，教授弟子恒五百余人。每春秋飨射，常备列典仪，以素木瓠叶为俎豆，桑弧蒿矢，以射‘菟首’。每有行礼，县宰辄率吏属而观之”。至于历代太学、辟雍所举行的礼仪就更频繁更隆重了，而正是通过这些隆重的礼仪活动，来宣传和贯彻礼治精神。

从历史实践中看，在礼治精神贯彻的同时，并没有放弃法治，同时还特别崇行乐治。《后汉书·祭遵传》记载了一个很典型的例子。祭遵非常讲究礼。“遵为人廉约小心，克己奉公，赏赐辄尽与士卒，约束严整，所在吏民不知有军，取士皆用儒术。”但他又执法从严，决不姑息。在跟从光武征战中做军书令时，驻地有一个小孩犯法，祭遵按律杀了他。刘秀封他为“刺奸将军”，并对手下的人说：你们应当防备祭遵，我的房东的小孩儿犯法都被他杀了，一定不会对你们讲情的。可祭遵却非常讲乐：“对酒无乐，必雅歌投壶。”当时的范升称赞他说：“虽在军族，不忘俎豆，可谓好礼悦乐，守死善道者也。”平心而论，礼与法、乐的结合使得礼治的实施更具有了可行性。礼作为基本的目标和规范指导人们去应该做什么，而法在后，告诫人们不该做什么，音乐则在前，诱导人们又可以做什么。一个社会的管理系统依靠礼、法、乐便可以操作和运行了。

礼治的实施和礼治精神的发扬，对当时和此后的社会产生了巨大的作用。

第一，它促进了当时社会的稳定和繁荣。礼治亲和社会秩序的本质就是前述的以人民为本位的人本主义的贯彻，所以礼治虽是一种等级制度，毕竟对当时的人民来说是有益处的，受到了人民的支持和拥护；礼治精神的贯彻则又体现了以个人为本位的人本主义精神，特别是礼乐的勃兴，更有利于人的主体性的发挥和个人价值的实现，因此在历史上涌现了大批的仁人志士，建功立业，创造了丰富灿烂的文化。第二，礼治精神一定程度上表现了爱国主义精神。据《后汉书·郑众传》载，建武八年（32），郑众奉命节使匈奴和亲，“众至光庭，虏欲令众拜，众不为屈。单于大怒，围守闭之，不与水火，欲胁服众。众拔刀自誓，单于恐而止，乃更发使，随众还京师”。郑众这种不屈礼于匈奴的精神，在一定程度具有爱国的性质，是爱国主义的一种体现。第三，礼治精神构成了中华文化的一个重要方面，它不仅在当时，甚至在今天都有着巨大的影响。第四，礼治精神是一套完整的社会管理理论。在社会管理中，不是盲目的无原则的退让，也不是不顾人类主体、没有人性的堵塞和镇压。它不仅提示人们该干什么，而且用法禁止人们不该干什么，用乐诱导人们可干什么，可以说，它是一个实事求是的社会管理理论。礼治精神所讲的亲和政策，是建立在亲情伦理之上的，由人的血缘伦理而逐渐升华提高而成。人际伦理、社会秩序，来自人的自身，又返利于人的自身，最易为人接受和执行，也最易深入人的心灵。因此，它不仅切实可行，而且深入人心，影响深远。无论在过去或在今天，乃至今后，礼治精神作为传统文化的精华，不仅吸引着人们去研究探讨，而且会在社会管理实践中永远地被推行实施下去。

第三节　中国文化基本精神的功能

中国文化的基本精神，作为中华民族精神的表现，在中国古代社会的长期发展中，产生了深刻的影响，发挥着重要的功能。全面了解这些功能，有助于我们更深刻地认识中国传统文化的积极意义，促进今天的新文化建设。

一、民族凝聚功能

中国文化基本精神的一个重要功能，是民族凝聚的功能。文化基本精神有着巨大的思想统摄性，它可以超越地域、阶级、种族、时代的界限，用中华民族优秀文化传统哺育每一个中华儿女，使其凝为一体，同心同德地为民族整体利益和长期利益而不懈地奋斗。正因为如此，每当历史上出现外敌入侵时，中华民族都能够万众一心地抵御外侮；而每当内乱出现之时，人们往往又可以在“中华一体”的民族认同基础上，捐弃前嫌，团结一致，变分为合，化乱为治，这些都是和刚健自强、以和为贵的民族文化精神对人们的滋养分不开的。我们民族以和为贵的文化精神，还滋养出了崇尚和谐统一的博大胸怀。坚持和而不同的矛盾统一观，反对片面求同或者乱斗一气；坚持统一，反对分裂。把家庭邻里的和谐、国家的统一看作天经地义的事情，这种文化传统，对于中华一体、国家一统的民族文化心理的形成，对于我们国家、社会的长期稳定发展，曾经起了十分重要的聚合作用。

自西周以来，作为一种理性自觉，大一统观念便深深地扎根于中国人的心中，“《春秋》大一统”是人人皆知的名言。作为中国传统精英文化主流的诸子百家学说，尽管各是其说，有的甚至形同水火，但在国家统一、民族融合的思想方向上，却有共识，可谓相反相成。这种政治上的大一统观念，实际上是天人合一、以和为贵的民族文化精神熏陶的结果，是它的折射。不仅如此，“天下一家”“民胞物与”“四海之内皆兄弟”的观念，还成为凝聚全社会的精神力量。以国家统一为乐，以江山分裂为忧，是中华民族天经地义的政治价值取向。这种大一统观念，经过儒法两家从不同思维路向的论证，特别是经过秦汉时期封建大一统国家的建立而带来的民族融合、共同发展的历史实践，逐渐转化为民族文化深层社会心理的结构，成为中华民族的政治思维定式，有力地推动了中华民族的整体发展和社会文化的进步。

中国文化的基本精神，是民族凝聚力形成并发挥作用的思想基础，也是它的思想核心。民族凝聚力作为一种思想整合力量，作为民族文化对其全体成员的吸引力，作为统摄人心、团结族类的精神纽带，它逻辑地要以文化基本精神为思想依托。没有民族文化基本精神的存在，没有它的感召力量，就没有真正的民族凝聚力。中国文化基本精神还是增强并推动民族凝聚力更新的精神力量：作为观念形态的东西，民族凝聚力具有相对稳定性，而作为一个民族的文化传统，则是历史地发展着的。因此，不同时代民族凝聚力的内容会有所变化，或者增强，或者减弱，或者更新自己的形态。因此，人们就必须用不断更新、不断充实的文化基本精神去充实、改铸民族凝聚力，丰富它的内涵，增强它的力量，推动它不断地更新自己的形态，以适应新时代的要求。

二、精神激励功能

中国文化的基本精神，对于中华民族的每一个成员，还有着强烈而积极的精神激励功能。如前所述，作为中国文化的基本精神，必须具有影响广泛、促进社会发展进步的特点。文化基本精神代表着民族精神，是民族优秀文化传统的体现。因此，它应该而且必然反映着中国文化的健康的发展方向，能够鼓舞人民前进，无论在历史上还是在当代中国的文化建设中，都具有激发民族自尊心、自信心和民族自豪感的伟大作用。它理所当然地要成为维系全民族共同心理、共同价值追求的思想纽带，成为焕发人们为民族统一、社会进步而英勇奋斗、鞠躬尽瘁、死而后已的精神源泉。

中国文化中刚健自强的精神，在两千年的历史发展中，一直激励着人们奋发向上，不断前进，坚持与内部的恶势力和外来的侵略压迫者做不屈不挠的斗争。近代以来，中国人民为了救亡图存和民族自强而进行了艰苦卓绝的斗争。鸦片战争后，林则徐的学生冯桂芬提出了“若要雪耻，莫如自强”的口号。近代历史上的洋务运动，正是打着“自然新政”的旗号出台的。严复强调，中国要自强，必须在“鼓民力”“开民智”“新民德”的“自强之本”上下功夫。康有为在著名的《公车上书》中，也以《易传》的刚健、有为、尚动、通变原则作为“变法”的理论根据。孙中山领导的资产阶级民主革命，邹容写的《革命军》，更是把“革命”看成“世界之公理”“天演之公例”。他们无一例外地都受到了中国传统文化中的刚健自强思想的深刻影响，把它作为精神动力，并赋予新的时代内容。五四运动后，中国共产党人以“愚公移山”的精神，领导了反帝反封建的新民主主义革命，推翻压在中国人民头上的“三座大山”；新中国成立后，又以坚忍不拔的毅力，进行社会主义革命和建设，进行有中国特色社会主义道路的艰难探索，这些都是对中国文化中刚健有为、自强不息精神的自觉继承和发扬光大。可以说，传统文化的基本精神仍然是中国近现代优秀文化中的活的灵魂。

中国传统文化中以人为本的精神，激励人们尊重人的价值和尊严，勉励在现实生活中去发现人，实现人的价值。这种价值，首先是道德价值。儒家认为，人的本性中先天地具有仁、义、礼、智等美好的道德品质，但要把它实现出来，并且加以充实和发展，还必须经过自觉的道德修养和意志锻炼。儒家学说特别强调主体自我修养和道德实践的重要意义，鼓励人们通过道德修养来培养高尚的情操，成就完美的人格。儒家先义后利、重义轻利的价值观，固然有忽视物质利益和现实功利的弊端，但在提升人的精神境界，把人培养成为有道德的人、有精神追求的人方面，却有着不可否认的积极作用。

中国传统哲学中的各家各派，虽然价值观不同，但都重视道德修养，以人为本，对于培育和发展中国的人文主义精神传统，都做出了重要贡献。中国历代都出现了许多重修养、重气节、重独立人格的志士仁人，这与传统文化精神的熏陶、培育和激励是分不开的。中国文化中天人合一、以和为贵的精神，还激励人们自觉地维护整体利益，坚持集体主义的价值取向，把天地人看作一个统一的整体，强调并努力创造三者之间的和谐，以维护这个整体的和谐为己任，并把个人、家庭和国家的利益看作不可分割的统一体。这样一种共同的民族文化心理态势，对于中华民族的发展壮大，有着不可忽视的积极意义。儒家的"修齐治平"理论，道家的"道法自然"的思维旨趣，墨家的天下尚同的政治理想等，都是整体为上的价值取向。这种价值取向，把全局的利益看得高于局部的利益，把整体的利益看得高于个体的利益。它凸显了中华民族以小我成全大我、以牺牲个人和局部利益去维护整体和全局利益的优秀品格，造就了以国家民族利益为上的思想风貌。文化精神的价值导向功能，在这里看得非常清楚。

三、整合创新功能

整合不同的价值，使其在中华一体的文化格局中熔铸成一个有机的统一整体，从而有所开拓创新，是中国文化基本精神的又一功能。中国文化的基本精神，是整个中华版图意义上的民族精神。而中华民族的孕育、形成和发展，有一个漫长的过程。同样，不是"中原之国"的全面意义上的中国文化的成熟、定型，也有一个长期发展的过程。其间，作为中国文化基本精神的诸多主体内容，在不同时期、不同地域起着不同的作用，对原有的诸多地域文化和不同阶层的文化，起着重要的整合创新功能。

中国古代文化是在多元一体的格局下发展起来的。齐鲁文化、燕赵文化、巴蜀文化、荆楚文化、吴越文化、秦陇文化、岭南文化等，都是古代中国人在艰苦的实践中，在特定的地域里，通过长期艰苦卓绝的努力而创造出来的反映该地域人民文明发展程度的文化。这些地域文化，各有其自然环境特色和社会人文特色，反映着不同的价值观念，彼此间不能等同、替代。但是，这些特色各异的地域文化，几乎都蕴含着自强不息的奋进精神，都有中华一体的文化认同意识。正是在这种共同精神的烛照下，多元发展的地域文化，逐渐走向融合，成为中华民族文化大家庭的重要组成部分。

在中国历史上，每一次大的统一，都伴随着文化和思想观念上的整合创新。秦朝的统一，使秦与山东六国"车同轨，书同文，行同伦"（《礼记·中庸》），中国有了统一的文字，这对于中国文化的开拓和发展，有着极其深远的意义。尔后隋唐、明清文化中表现出的盛大恢宏气象，无一不蕴含着深刻的整合创新精神。不同地域的文化被纳入中华民族文化的整体架构之后，原本分别存在于不同地域文化之中的各种文化“基因”（价值要素）仍继续存在，有的还被大力发掘，着意提升，成为全民族共同的精神财富。

中国文化基本精神中的整合创新功能，根植于中国古代哲学的理论思维之中，前文中提到的“贵和”的思想，便是突出一例。“和实生物，同则不继”（《国语·郑语》），在中国古代的哲人看来，“和”便是创新的源泉，万物的生生日新，是统一体中“不同”、对立的方面整合的结果，这也就是《易传·系辞》中所说的：“日新之谓盛德，生生之谓易。”

中国文化的基本精神，作为全民族的共同精神成果，在其演进的历程中，逐渐形成了文化的大传统。天人合一、人本思想、贵和尚中、刚健有为成为全社会广泛认同的文化观念，它超越了地域和阶层，成为牢固的民族文化心理，代代传承，不为外来的力量所打破、所改变。

在文化大传统的熏陶下，原有的地域文化所蕴含的文化小传统，既表现出中国文化的共性，又保留了自己的特殊性，即个性，内容更加丰满，有的在发展中逐渐形成了新的传统。值得注意的是，在中国古代文化中，文化的大传统与小传统往往交相渗透，彼此兼容，很难简单地截然分开。比如，上述中国文化基本精神的诸方面，在不同的地域文化中都有程度不同的存在和表现；就阶层而言，在上层社会和下层社会中也基本上都可以被接受。这是与中国文化基本精神雅俗共赏、上下乐道、朝野认同的特质分不开的。

中国文化基本精神有着强烈的趋善求治的价值要求。无论在理论层面或者行为方式层面，还是在社会心理和潜意识的层面，都对全民族的价值取向起着任何别的因素所不能取代的作用。贵和尚中的精神，培育了中国人民追求和谐、反对分裂的整体观念，滋养了崇尚中道、不走极端的平和心境；天人合一的精神，激发出“究天人之际”的治学传统和思想传统，并成为不同时期、不同思想流派共同的思维方式和价值追求。这些，经过长期的实践，逐步深入人心，并演化为深厚的民族共同心理，以至成为集体的“文化无意识”。这些思想观念的相互整合，塑造了中国文化博大、精进、宽厚、务实的精神风貌。

【思考与练习】

1. 中国文化基本精神的意涵是什么？
2. 为什么说中国文化重伦理、倡道德的特色具有二重性？
3. 中国文化基本精神的主体内容有哪些？你对哪一点感触最深？
4. 概述中国文化基本精神的功能。

第七讲 中国古代的伦理道德

在中国古代社会，文化层面的伦理道德就像毛细血管，密布于社会这个生命之躯，某个时间段或者某处所在一旦出现问题，整个社会就将出现严重的病变。抽象的伦理道德存在于实在的每个社会成员心中，它们的完整或者缺失直接影响到一个朝代或一个社会的稳定和谐。洋洋五千多年的中华历史，伦理道德文化在不同的时期因其内容和表现的不同呈现着不同的面貌。因此，中国文化在不同阶段放射着不同的光彩。

第一节 中国古代伦理道德思想的发展历程

道德是人们在社会生活实践中形成的关于善恶、是非的观念、情感和行为习惯，并依靠社会舆论和良心指导的人格完善与调节人与人、人与自然关系的规范体系。在我国古代，“道德”一词最初是分开使用的，如老子《道德经》的“道生之，德蓄之”。这里的“道”，最初的基本意思是四通八达的道路，即“所行道也”，后引申为表示事物变化、发展的规律、法则及做人的原则、道理。而德者，得也，得到心得。道与德二字联起来组成一个词，就是认识、实践那些有益于他人的道或做人的规则之后有所心得，使之化成自己的品质，这就是道之德。即所谓“外得于人，内得于己也”。

“伦理”中“伦”字指的是人与人的辈分关系，“伦”的本意是“辈”。“辈”的原意是“军发车百辆为一辈”。引申之，同类之次称“伦”，如父子之伦、夫妻之伦等。“理，治玉也”，是剖析、研修玉石。伦理则是人伦之理则。可见，伦理与道德两个词的意义基本相同，但伦理侧重于表达人与人道德关系的规律，而道德更侧重于对人与人关系规律把握后的主观心得，所以我们把伦理称为道德哲学。重视伦理道德，追求自我完善和社会关系和谐，是中国古代社会最显著的特征之一，也是中国传统文化的核心内容。中国古代伦理道德思想的历史发展，大体上经历了以下时期。

一、先秦时期

公元前21世纪到前221年的先秦时期，是奴隶主阶级伦理道德思想产生和发展的时期，也是中国封建地主阶级伦理道德思想产生并取代奴隶主阶级伦理道德思想的时期。自夏代开始，中国进入了奴隶制社会。商代已经有了一些初具伦理道德色彩的概念和命题。西周初年，以周公为代表的奴隶主贵族，提出了反映宗法等级关系的“孝”、“字”（爱）、“友”、“恭”、“信”、“惠”等一系列伦理道德规范，主张“敬德保民”，强调伦理道德的社会作用。他们的伦理道德观主要为天命观所支配。

春秋至战国，社会由奴隶制向封建制转变，在思想领域中出现了诸子蜂起、百家争鸣的局面。当时的儒家、墨家、道家、法家等学派对伦理道德的本源、准则、评价、作用、修养等问题，做了比较全面的探讨，形成了不同的伦理道德思想。儒家伦理道德思想由孔子奠基，经孟子、荀子等人的阐发，最终确立了一个以“仁”为核心的宗法伦理道德规范体系。儒家强调伦理道德义务，轻视实际功利，夸大伦理道德的社会作用，在一定程度上具有伦理道德决定论的倾向。孟子和荀子还在孔子的人性论的基础上，分别肯定人具有先天的善性或恶性，从而论证人类善、恶产生的根源，并指出伦理道德修养和教育的不同途径。儒家的伦理道德思想适应于维护封建宗法等级制的需要，基本上反映了新兴地主阶级的利益。墨子所创立的墨家伦理道德思想，则代表了这个时期的小生产阶层的利益。墨家主张“兼相爱，交相利”，反对“爱有差等”，强调实际功利，主张伦理道德评价应合志功而观。以老子、庄子为代表的道家伦理道德思想，主张“绝圣弃智”“绝仁弃义”，反对世俗的伦理道德规范和善恶标准，提倡一种“无知无欲”的“素朴”的“至德”境界，主张保全自身，乃至弃世脱俗，追求绝对的个人精神自由。以韩非子为主要代表的法家伦理道德思想，反映了新兴地主阶级激进派的政治需要，主张法治，轻视德治，主张人性“自为”，否定伦理道德及其社会作用。春秋战国时期的伦理道德思想，是中国伦理道德思想继续发展的基础。儒家伦理道德思想的建立，标志着中国封建地主阶级伦理道德思想的产生。

先秦思想家们所探讨的伦理道德问题，在中国伦理道德思想发展史上具有很大的贡献。

其一是认识并重视伦理道德的社会作用。春秋时期，人们已经区分了“天道”与“人道”，认识到在人之道中，最重要的就是伦理道德。郑国的子产说：“德，国家之基也。”（《左传·襄公二十四年》）晋国大夫伯宗认为：“天反时为灾，地反物为妖，民反德为乱，乱则妖灾生。”（《左传·宣公十五年》）儒家则把伦理道德看作齐家、治国、平天下的基础。墨家也强调“天下莫贵于义”，主张用说教伦理道德的方法匡时救民。

其二是从不同方面寻找伦理道德的来源。春秋时期的多数思想家仍然相信伦理道德起源于天命。但也有人认为，善恶同智愚、美丑一样，决定于地和水。特别是有人看到了伦理道德与社会经济状况的关系，晋国的韩献子说：“国饶，则民骄佚”（《左传·成公六年》），申叔时认为“民生厚而德正”。管仲则明确肯定了社会经济水平对伦理道德的制约作用。

战国时期，对伦理道德本源问题的讨论继续深入。道家将其所提出的自然无为的“道”看作伦理道德的根源，否定伦理道德决定于天命的看法。儒家的孟子认为，伦理道德来自人的本性，而人性本身是善的；荀子则认为人性本恶，为了改变恶的本性而产生了伦理道德。这两种观点看起来相反，其实都是以抽象的人性作为伦理道德的本源。孟子承认恶是后天沾染的，荀子则认为善是后天学习得来的，分别从不同侧面肯定了客观环境对伦理道德的影响。

其三是注重伦理道德原则和规范的提炼。在先秦伦理道德思想中，已经孕育着汉代以后中国封建统治者所推崇的忠、孝、仁、爱、信、义等伦理道德规范。但不同的伦理思想派别和思想家，对这些规范所强调的侧重点有所不同。一般说来，比较保守的思想家强调孝亲，竭力维护以血缘关系为特征的宗法制度；进步思想家们则比较重视“忠”，要求人们忠于新兴的地主阶级的国家。

其四是开始了义利之辨的探讨。先秦时期的许多思想家都谴责那些顾利不顾义的行为，但是他们并不讳言利，只是主张重义轻利，晏婴指出：“利不可强，思义为愈。”（《春秋左传注·昭公十年》）对待人欲，他们既不主张纵欲，也不主张禁欲，而是要求统治者“与众同欲”。但也有一些思想家主张重利轻义，甚至主张为利弃义。一般说来，儒家重义，墨家重利，并把“中万民之利”作为评价人们行为的标准，法家讲利而不讲义，道家既否定利又否定义。

其五是强调伦理道德修养和教育。这是中国传统伦理道德思想的特色，在先秦时期，突出地表现在儒家伦理道德思想中。孔子提出了一系列伦理道德修养和教育的原则与方法，孟子和荀子从不同角度加以发展，并使之系统化。孟子强调向内用功夫，要求充分发挥自己的能动性，以恢复、保持和扩充先天的善性；荀子提倡“注错习俗”，强调后天的“积靡”，最后达到“化性起伪”；《大学》一书用“格物致知”“诚意正心”的原则，综合了孟荀的方法。儒家强调伦理道德修养和教育，其目的在于为封建地主阶级培养“圣贤”，即树立封建地主阶级伦理道德的榜样和维护者。

先秦伦理道德思想是中国古代伦理道德思想的一个高峰，它不仅为后来中国封建社会伦理道德思想的统一和发展打下了基础，而且对当时和汉代以后中国的社会经济、政治和文化产生了极为深远的影响。

二、秦汉至宋元明清时期

从公元前 221 年到 1840 年，是中国封建地主阶级伦理道德思想演变、发展、日益系统化并逐渐走向衰败的时期。

秦汉是中国封建制度全面确立、逐渐巩固的时期，也是以儒家为主体的封建伦理道德思想定于一尊，并被神学化的时期。神学化与反神学化的斗争，是这一时期伦理道德思想领域斗争的焦点。

秦朝覆灭使地主阶级的政治家和思想家们认识到忽视伦理道德的危险。西汉统治者总结了秦亡的历史教训，在注意刑罚的同时，把注意教化、实行“德治”，也作为治国平天下的重要手段。汉初思想家陆贾明确指出，政权可以“马上得”，却不能“马上治”，“秦以刑罚为巢，故有覆巢破卵之患”。巩固政权必须借助道德教化，充分发挥道德作用。他说：“夫法令者所以诛恶，非所以劝善。”要劝善，就非得讲仁义道德不可。贾谊也认为“礼”与“法”是相辅相成的，说“礼者，禁于将然之前；而法者，禁于已然之后”，统治者应该做到“绝恶于未萌，而起教于微眇，使民日迁善远罪而不自知”。

汉初思想家恢复和整理了先秦以来的典籍，特别是儒家的典籍，如《尚书》《礼记》《孝经》等，作为伦理道德思想的研究资料。凡此种种，都为儒家伦理道德思想正宗地位的确立做了准备。由董仲舒提出并被汉武帝采纳的“罢黜百家，独尊儒术”的政策，既顺应了封建大一统的经济和政治需要，又是这一时期思想发展的必然结果。

汉朝把中央集权的专制制度发展得十分完备。它既表现为自上而下的等级权力，又体现为绝对的君权。这就要求无限提高君权，神化君威。封建伦理道德承担了这一使命，使尽忠于君王成为臣民首要的伦理道德，并给予神学的论证。

以董仲舒为代表的思想家，适应了这种客观需要，对先秦儒家伦理道德思想进行了理论概括和神学论证。他提出了“三纲五常”的伦理道德规范，并根据天人感应、阴阳五行说改造儒家，把伦理道德说成是“天意”的表现，把人性也说成是天所决定的，进而建立一整套以“三纲五常”为核心，以天人感应、阴阳五行说为理论基础的神学化了的伦理道德思想体系。

从此，孔子被捧上神坛，伦理道德也披上了神圣的灵光。到了东汉时期，班固的《白虎通》又把谶纬思想进一步与儒家经典结合，“三纲五常”更成为神圣不可动摇的伦理道德原则和规范，“忠”与“孝”得到进一步的强化，成了不可违背的伦理道德和政治法则。

随着统治者把封建纲常神学化，道德领域中反神学化的斗争也广泛展开。以司马迁、王充为代表的进步思想家，试图运用朴素唯物主义的自然观说明伦理道德现象，对神学目的论进行了有力的批判。

司马迁以“操行不轨”“而终身逸乐”、“行不由径”“而遇祸灾”的事实，揭露了“天之报施善人”的荒谬。王充则以天道自然无为，否定天人感应目的论。他认为天没有意志，天的运行也没有目的，只是自然如此，说“何以知天之自然也？以天无口目也”。他对那些“天意”“天志”福善祸淫的神学说教给予尖锐的批评，指出“世论行善者福至，为恶者祸来”，是虚妄的；说“如实论之，安得福佑乎?”王充不但批判了神学目的论，而且通过抨击封建统治阶级伦理道德的堕落，揭露了神学道德的虚伪。他说：“世俗之所谓贤洁者，未必非恶，所谓邪污者，未必非善也。”到了东汉末年，地主阶级的伦理道德状况更是每况愈下，名教更加虚伪。当时，“言方行圆，口正心邪，行与言谬，心与口违”成了社会风气，“群僚举士者，或以顽鲁应茂才，以桀逆应至孝，以贪饕应廉吏，以狡猾应方正，以谀谄应直言……名实不相符，求贡不相称”。靠神学支撑的封建纲常名教已经声名狼藉。

秦汉时期的神学化伦理道德虽然受到无神论者的批判，但是批判的只是其神秘主义的神学形式，不是儒家伦理道德纲常本身。儒家伦理道德思想是最适宜于维护封建统治的精神支柱。所以，尽管历史上朝代多次更替，而被汉代定于一尊的儒家伦理道德思想却一直居于正宗地位。特别是“三纲五常”，更为历代封建统治阶级所接受、所推崇，一直是他们用以维护封建宗法等级制度的有力工具。

随着汉代神学目的论的破产，地主阶级伦理道德与其实际行为的背离，以神学作为理论形式的名教纲常，逐渐流于形式，失去对人们的思想行为的约束力。到了魏晋时期，由于国家分裂，篡夺越位频仍，社会动荡不安，门阀士族地主阶级出于维护封建统治的需要，一面维持名教，标榜“以孝治天下”，把名教纲常作为麻痹群众、剪除异己的工具；一面又推崇“三玄”，宣扬玄学，试图调和老子、庄子和儒家的伦理思想，为其放荡纵欲的“自然”生活辩护。与此同时，玄学中出现了儒家伦理道德思想，并引起名教与自然的矛盾。随着玄学盛行、佛教传播，儒家伦理道德纲常与佛教、道教的人生哲学既相互斗争又彼此吸收的错综复杂的局面出现了。

以王弼、郭象为代表的玄学家援道入儒，试图借助玄学比较精致的思辨形式，调和名教与自然的矛盾，为封建制度和门阀士族的荒淫腐化生活做辩护。王弼从“万物以自然为性”出发，认为“名教”出于“自然”；名教不仅是自然的产物，也是自然的体现。郭象则更进一步把名教说成是“天理自然”，名教即自然。与此相反，嵇康、阮籍等人则主张“越名教而任自然”。他们视“六经”为粪土，讥礼法之士为“虱之处裈中”，抨击名教是压抑人性的罪恶工具，主张崇尚“自然”。鲍敬言在《无君论》中认为，君权的统治是“强者凌弱”的结果，而不是人类的自然现象。他通过否定君权的合理性否定名教纲常。这一时期的《列子·杨朱篇》和鲁褒的《钱神论》等著作，也从不同角度冲击儒家道统和名教纲常。前者公开提倡“且趣当生，奚遑死后”，把纵情奢欲、及时行乐作为人生的最高目的；后者则通过“富贵在钱”、有钱可以支配一切的现象，揭露门阀士族爱钱如命、敬钱如神的卑劣人格。玄学未能挽救名教危机，而使名教陷入了更大的危机。裴頠为了维护名教，反对玄学，写了《崇有论》。他不但抨击那种“口谈虚浮，不遵礼法，尸禄耽宠，仕不事事”的时弊，而且指出其根源在于玄学“贵无”。他认为“阐贵无之义”，必然“渎弃长幼之序，混漫贵贱之级”，导致“礼制弗存”“无以为政”的局面。因此，维护名教，就必须“贵有”。南北朝时期，颜之推的《颜氏家训》也从儒家修身、齐家、治国、平天下的伦理道德观点出发，肯定名教纲常的社会作用和家庭伦理道德教育的极端重要性。

在魏晋时期，佛教也依附玄学得到迅速传播。佛教注重“出世”，主张沙门不敬王者，与传统的伦理道德观念相背离，并因此受到儒家的责难与抵制。但佛教为了争得存在和发展的条件，却极力调和儒、佛关系。它通过灵魂不死、业报轮回的宣传和持戒、忍辱等行善修道方法，使佛教教义成为忠、孝说教的有力辅助。东晋名僧慧远宣称：沙门“内乖天属之重而不违其亲，外阙奉主之恭而不失其敬”，强调佛教的人生哲学与儒家的纲常名教相行不悖，可以互相补充。

佛教由于受到当时封建统治者的提倡而开始流行，到隋唐逐渐形成儒、佛、道“三家”鼎立的局面。但是，佛教中伦理道德思想的根本宗旨偏重于“出世”而不是“入世”，因而不断遭到儒家的抨击。唐代思想家韩愈举起“反佛”的旗帜，提出“道统说”，大力维护儒家伦理道德思想的正宗地位。唐代中叶以后，出现了儒、道、佛三家伦理道德思想合流的趋势，宋明理学及其理学伦理道德思想的产生，正是这一趋势的历史归宿。

自宋代开始，中国封建社会由鼎盛转入衰微，社会基本矛盾日趋激化，封建统治者为了稳固统治秩序，不得不加强君主专制。与此相适应，在思想领域中产生了理学。理学的主体内容是它的伦理道德思想。理学伦理道德思想继承孔、孟传统，吸取改造了佛、道的某些思想成果，进一步把道德观与世界观、认识论融为一体，丰富了儒家伦理道德思想的思辨形式，成为儒家伦理道德思想发展的最后阶段。它标志着中国封建地主阶级伦理道德思想更加系统化和理论化。

理学伦理道德思想分程朱学派和陆王学派。程朱伦理道德思想以客观唯心主义为哲学基础，把“仁”“义”“礼”“智”抽象为宇宙的“客观”本体，即“天理”，反过来又把“天理”作为封建伦理道德的本源；用所谓“天命之性”和“气质之性”论证人之所以有善、恶的根源；主张通过“居敬穷理”“学问思辨”的修养工夫，达到“复尽天理，革尽人欲”的理想境界。程朱理学过分强调格物致知和穷理，使封建伦理纲常的内容显得繁杂支离。于是，又出现了提倡“简易”工夫的“先立乎其大”的陆王伦理道德思想。它以主观唯心主义为哲学基础，主张“心外无理”。“心”既是宇宙本体，又是道德本体。“心”即“天理”，也就是“良知”。它自有直觉“是非正邪”的本能，“不假外求”。道德修养就是“致良知”。这样，只需通过内心“省察克治”的工夫，做到“知行合一”，就能“存天理，去人欲”。程朱和陆王两派的伦理思想在理论上虽各具特色，但本质上都是把封建道德绝对化。

在理学伦理道德思想产生和形成的同时，出现了以陈亮、叶适为代表的“功利之学”，强调“功利”与“道义”的统一，肯定人们的物质生活欲望，给理学伦理道德思想的义利观和理欲观以有力批判。

明朝中叶以后，中国出现了资本主义萌芽，市民阶层逐渐形成，阶级矛盾和民族矛盾也十分尖锐。这种状况反映在伦理道德思想上，一方面，理学伦理道德思想的流弊充分暴露，丧失了向前发展的活力；另一方面，先后出现了以李贽、黄宗羲、顾炎武、王夫之、颜元、戴震等明清两代的思想家为代表的具有一定启蒙意义的伦理道德思想。他们的哲学基础虽不尽一致，思想内容也各有侧重，但在人性论、理欲观、道德修养论等方面，都与理学伦理道德思想相对立，把矛头指向封建礼教，展现了中国伦理道德思想的别开生面的一页。这一时期反理学的进步思想家，都把“饮食男女”的自然欲望作为人性的重要内容。李贽提出“人必有私”；戴震认为“有血气，则有心知”，把人的自然情欲作为道德的基础。在他们看来，理存于欲，“所谓仁义礼智，不求于所谓欲之外”，以此否定“存天理，去人欲”的禁欲主义。戴震还对理学的“天理”进行了猛烈的抨击，指出“后儒以理杀人”甚于“酷吏以法杀人”，尖锐地揭露了理学伦理道德思想的反动作用，从而把对理学伦理道德思想的批判提到了一个新的高度。后来，由于清王朝的封建统治秩序趋于稳定和统治者在文化思想上实行高压政策，这种具有启蒙意义的伦理道德思想一度转入沉寂，到了近代才得以复苏，并为资产阶级伦理道德思想所继承和发展。

三、近代

鸦片战争后，中国开始沦为半殖民地半封建社会。由资产阶级和小资产阶级领导的反帝反封建的旧民主主义革命运动开始出现。与此同时，中国伦理道德思想也发生了历史性的变革。鸦片战争前后，以龚自珍、魏源为代表的早期启蒙思想家，开始揭露和批判封建伦理道德，他们主张变易“风气”，改造“人心”，反对宋明理学的禁欲主义。太平天国运动的领袖洪秀全、洪仁玕提出以绝对平均主义为核心的具有一些民主主义色彩的农民阶级的伦理道德思想，并通过推翻清王朝的革命实践，对封建名教纲常进行了猛烈的冲击，为资产阶级伦理道德思想的产生做了准备。随着民族资产阶级的产生、发展及民族危亡的加深，19 世纪末出现了资产阶级改良主义的伦理道德思想。以康有为、梁启超、严复、谭嗣同为代表的改良主义者，向西方学习资产阶级伦理道德思想，利用并改造了中国古代伦理道德思想。他们提倡“自由”“平等”“博爱”，批判封建名教纲常，主张“人生而有欲”，用资产阶级功利主义反对宋明理学的禁欲主义。至此，中国的伦理道德历史完成了古代时期，迈开了进入近现代的步伐。

第二节　中国古代伦理道德思想的主要内容

中国古代伦理道德的基本思想有天下为公、为政以德、德教为先及修身为本。

一、天下为公

天下为公的实质是中国传统伦理道德思想中的整体意识。中国传统伦理道德思想中的天下，既有“普天之下，莫非王土”的天下；也有以仁义为内容，以社会道德风气为主要表现的天下。如顾炎武“仁义充塞，而至于率兽食人，人将相食，谓之亡天下”。显然，这两个天下有不同的内涵和阶级属性。但它们或把统治阶级的利益升华为一种神圣的、必须普遍遵守天命的整体意识，或超越个体的、局部的利益形成统一的、具有社会性利益的整体意识。

因此，出现了中国传统伦理道德的核心规范——公忠。什么是公？“背私之谓公”，“公者，通也，公正无私之谓也”。即是说与私相背、相反，就是公。而“忠也者，一其心之谓也”，忠就是“尽己”，是对人、处事的一种态度。一个人为人处事能尽心尽力，全力以赴，没有任何保留。“忠者，中心而尽乎己也”。这样“忠”外延就很广，“临患不忘国，忠也”，“教人以善谓之忠”，以身报国，尽力帮助别人，并且始终如一，都谓之“忠”。

“公忠”则兼有公与忠两个字的含义，讲的是对于国家利益、民族利益、社会整体利益的忠诚，强调的是国家利益、民族利益至上。“以公灭私”“至公无私”，强调的是为社会尽责、为天下尽忠的献身精神。实际上包含了爱“君”之国家和爱“大家”之国家这两种内容和性质的爱国主义。其中虽然具有局限性，却也形成了“得民心者得天下”“不以天下之大私其子孙”“天下兴亡，匹夫有责”“先天下之忧而忧，后天下之乐而乐”之类的政治伦理观念。

二、为政以德

“为政以德”是孔子的观点，他认为道德教化是为政的基础，而每个社会成员的道德自觉则是社会秩序稳定的基础：“道之以政，齐之以刑，民免而无耻；道之以德，齐之以礼，有耻且格。”孟子继承并深化了孔子的思想，指出“仁言不如仁声之入人深也，善政不如善教之得民也。善政，民畏之；善教，民爱之。善政得民财，善教得民心”。

如何才能实现“为政以德”呢？那就是执政者率先垂范。“政者，正也”，为政者应先正己。“其身正，不令而行；其身不正，虽令不从。”“政者，正也，子帅以正，孰敢不正？”“君子之德风，小人之德草。草上之风，必偃。”同时，中国传统伦理道德文化特别重视执政者的道德示范力量对于保持政治廉明的重要意义，认为国家政权的决策者和各级官吏的品德好坏，直接决定着国家的兴衰治乱。孔子说：“为政以德，譬如北辰，居其所而众星共之。”

政治道德，体现为官员从政须加强道德修养和以“仁义”为政配的要求。这在中国漫长的封建社会中，有其阶级的局限性，但它毕竟是历代统治阶级或集团对于治理国家实践经验的理性思考，在一定程度上有助于清正廉洁、开明政治的出现。所以有大禹“过门不入”，“周公吐哺”，诸葛亮“鞠躬尽瘁，死而后已”，李世民“任贤纳谏”，于谦“两袖清风”，林则徐“苟利国家生死以，岂因祸福避趋之”。实事求是地说，“为政以德”是中国封建社会政治文明的具体体现，也是中国封建社会健康发展的重要因素之一。

三、德教为先

“德教为先”与“为政以德”是儒家政治伦理思想递进的上下两层。“德教为先”并不仅仅在说道德教育为先，还明示了道德在儒家的政治蓝图中的核心地位，即把道德视为治国安邦的最根本的手段，视为立国之本。

德教是否是可能的呢？孔子通过“性相近也，习相远也”回答了这个问题。孟子继承和发展了孔子的这一思想，认为人与禽兽的差别原来并不大，即“人之异于禽兽者几希”，并进一步分析“人之有道也，饱食、暖衣、逸居而无教，则近于禽兽”，人与禽兽原本差别不大，人之所以为人，主要是因为有道德，道德是人区别于禽兽的标志，“德教”当然就是人成为人的基础。反过来说，人必须“有教”，人也可以“教化”。所以，孟子回答别人：“‘人皆可以为尧舜，有诸?’孟子曰：‘然。’”荀子虽然持性本恶的观点，但其德教思想却和孔孟殊途同归，认为人性本恶，但经后天教化却可以成善，人必须“有教”，人也可以“教化”。“‘涂之人可以为禹’，曷谓也?’……涂之人也，皆有可以知仁义法正之质，皆有可以能仁义法正之具，然则其可以为禹明矣。”

正因为如此，两千多年来儒家学说教育并培养了一代又一代的志士仁人，无论是在地主阶级上升和发展时期，还是在其没落时期，许多士大夫从儒家学说中汲取了营养，具有高尚的道德情操，并为中华民族的生存和发展做出了积极的贡献。同时，在德教为先的思想下，中国形成了十分注重道德的伦理文化，被誉为伦理之邦。

四、修身为本

修身是中国传统伦理道德中最具特色的概念，在孔子那里被称为“修德”“克己”“正身”“修己”。孟子发扬光大之“存其心，养其性，所以事天也。妖寿不贰，修身以俟之，所以立命也”。而荀子讲得更清楚，“扁善之度，以治气养生，则身后彭祖；以修身自强，则名配尧、禹”。从内容上讲，修身就是要正其心，整饬自己的心情欲念，保持心地平和，净化、纯化自己的意念，不自负，严格要求自己，经常解剖自己，不掩饰自己的“不善”，逐步达到至善的境界。

为什么要“修身为本”呢？关键之处就在于“本”。孔子说“克己复礼为仁，一日克己复礼，天下归仁焉”，“克己”的目的在于“天下归仁”。孟子说“君子之守，修其身而平天下”。由此可见“修身为本”与“德教为先”是相贯通的，它们是实现“为政以德”的两翼。只不过“德教为先”的着力点在社会，在统治阶级整体或集体；“修身为本”的着力点在于从天子到庶民的个体。

《大学》中有这样一段家喻户晓的文字：“大学之道，在明明德，在亲民，在止于至善……致知在格物。格物而后知至，知至而后意诚，意诚而后心正，心正而后身修，身修而后家齐，家齐而后国治，国治而后天下平。自天子以至于庶人，壹是皆以修身为本。”可见，“修身为本”的本就是“修”“齐”“治”“平”。

修身为本的思想影响了封建社会两千余年，不仅知识分子多形成“一箪食，一瓢饮，在陋巷，人不堪其忧，回也不改其乐”这种安贫乐道的气节，而且大多数志士仁人都把修身作为齐家、治国、平天下的基础与前提，作为实现自己政治理想和道德理想的基础与前提，毕其一生去追求、去践行。这种重视修身的道德思想，影响了整个中华民族，不仅在知识分子群体当中，而且在广大的劳动人民中间都表现出重视追求精神生活的民族品格。

中国古代伦理道德思想主要的内容是对几大问题的研究探索。

其一就是道德本原问题。在中国伦理思想中，有关道德本原的不同观点主要体现在“天人关系”、人性善恶、社会道德状况与人们物质生活水平的关系等问题的讨论中。

中国古代一些唯心主义思想家主张“天人合一”，把“天命”“天意”作为道德的本原。有的以神秘主义的虚无本体“道”作为道德准则或道德存在的根据。在世界观上持唯物主义观点的思想家则往往以物质的、自然的天为“本”，从中寻求道德的根据，认为圣人“见于天地之条理，定之以为天下万世法”，有的认为道德是圣人为调节人们的利害冲突而制定的，利害冲突的原因归根结底在于人们对利益的欲求。这些观点，虽然没有正确回答道德的本原和实质是什么，但较之唯心主义的回答却带有更多的合理成分。

其二是人性善恶问题。中国伦理思想中关于人性善恶的问题，也是道德本原问题的一个重要方面。孟子以后的儒家，一般以善恶论人性，提出“性善”“性恶”“性善恶混”“性三品”“性善情恶”等主张，认为人之所以或善或恶，其根源就在先验的人性之中。法家认为人不可能为善，主张人性“自为”（利己）。告子则主张人性“无善无不善”，善或恶取决于后天环境的影响，否认有先验的善恶规定。道家视“无知无欲”的“朴素”状态为人性之本然，并以此作为所谓“至德”的根据。中国伦理思想中所讨论的人性善恶问题，还涉及性与情、性与命、性与才等问题，这些讨论为道德教育和道德修养提供了理论依据。

道德状况与人们物质生活水平的关系，也是中国历史上的思想家们在探讨道德的本原时所涉及的一个方面。有些唯物主义思想家认为，人们的物质生活水平制约着社会道德状况，如《管子·牧民》云：“仓廪实，则知礼节；衣食足，则知荣辱。”这些思想具有一定的合理因素。

其三是道德准则问题。道德准则是中国伦理思想的中心问题。儒家道德规范体系的核心是“仁”。“仁”即“爱人”，是总的道德原则。儒家道德规范体系中的“义”指各种具体的行为规范，包括忠、惠、孝、慈、悌等。汉代以后，儒家的道德规范体系被概括为“三纲五常”，其中又以体现“君为臣纲”“父为子纲”的“忠”“孝”为根本，成为中国封建社会一直占统治地位的道德规范体系。近代资产阶级思想家以“博爱”“互助”作为道德原则和规范。

其四是义利关系问题。这是贯穿于中国伦理思想的一个基本问题。在这个问题上的不同观点，基本上可以归结为道义论和功利论两种倾向。儒家不多申言道德的功利目的，尤其卑视道德主体的个人利益，认为追求个人利益必然会损害道德准则的实践，主张“见利思义”“重义轻利”，甚至提倡“正其谊，不谋其利；明其道，不计其功”。儒家还根据对义利关系的不同态度，划分“君子”与“小人”，主张“言不必信，行不必果，惟义所在”，而且认为，只有“不顾其利”才是行为的道德价值和理想人格的最高体现。宋明理学更是销利归义，甚至认为“凡有利心便不可”，陷入了禁欲主义。儒家在义利关系问题上，强调履行道德义务高于满足个人利益，具有一定的合理性。但它否定利益，尤其是个人利益，则是错误的。

墨家注重功利，主张道德准则应以“利人”“兴天下之利”为目的，认为行为的道德价值在于“义可以利人”，从而把义、利统一起来。在对行为的道德评价上，墨家主张动机与效果的统一。宋代以后，反理学的进步思想家也在不同程度上重视道德实践的功利原则，提倡“功利之学”。叶适认为，“既无功利，则道义乃无用之虚语耳”。颜元提出与董仲舒相反的命题：“正其谊以谋其利，明其道而计其功。”近代资产阶级改良主义思想家受西方“幸福论”的影响，主张以能否满足“求乐免苦”作为判断行为善、恶的标准。严复还提出人、己“两利”的“开明自营”原则，认为追求功利没有什么错误。在中国伦理思想史上，也有极少数的思想家提倡极端利己主义，否定行为的道德价值，走向了非道德主义或享乐主义。有的则对义利问题采取超然的态度，主张“绝仁弃义”和“绝巧弃利”，企图摆脱义利之争以保全自身。但整个中国伦理思想的主要倾向是重“道义”轻“功利”，并且形成了一种传统。

其五是道德的社会作用问题。这是中国伦理思想的一个突出方面。春秋战国时期讨论这个问题时，集中体现在关于“德治”与“法治”、“王道”与“霸道”的争辩。儒家发展了周公的“敬德保民”思想，认为道德的作用胜过刑罚和征战，主张“为政以德”，以“王道”统一天下，强调用道德调节和维护宗法等级关系。它还十分注重统治者自身道德的表率作用，把个人的“修身”作为“齐家”“治国”“平天下”的立足点。墨家也重视道德的社会作用。道家则否定道德规范的积极作用，主张“无为而治”。法家主张“法治”“霸道”，主张“不务德而务法”，具有一定的非道德主义倾向。西汉儒学定于一尊之后很少有人再公开否认道德的社会作用。近代一些资产阶级的进步思想家提倡“革命道德”，强调革命者的道德对于革命胜败的关键作用，认为“道德堕废者，革命不成之原”，要革命，“则唯有道德者可以获胜”。

其六是道德修养和教育。中国伦理思想中最具特色的内容之一就是道德修养和道德教育问题。儒家主张治国应“以修身为本”，在强调进行包括家庭教育在内的道德教育的同时，更注重自我道德修养。在道德修养的途径和方法上，一些在哲学上持唯心主义观点的思想家主张通过“养心”“内求”的工夫，以发明本心，扩充善端；提出并形成了“正心”“诚意”“内省”“自讼”“慎独”“主静”“居敬穷理”“省察克治”等一套内心修养方法；一些持唯物主义观点的思想家则主张“养心”与“践履”“习事”相结合，重视习俗环境的作用，反对“主静空谈”，体现了唯物主义认识论的原则，具有更多的合理性。

最后就是人生观问题。中国伦理思想中关于人生的目的、意义和理想的问题，反映在生与死、荣与辱、义与利、义与命、理与欲、群与己以及行为准则、人格理想等问题的讨论中。墨家主张积极有为，把“兴天下之利，除天下之害”视为人生的奋斗目标，他们斥“命”颂“力”，“摩顶放踵”，“备世之急”，虽牺牲自己身体亦在所不惜。儒家的人生观也具有积极有为的特点，他们充分肯定人生在宇宙中的地位和作用，把“有义”视为人之所以异于禽兽而“最为天下贵”的根本标志。因此，把知义、求义、尽义，成为有道德的“君子”“圣人”，看成人生最高的目的，并把实践仁义道德作为人生的最高义务。他们主张“重义如泰山，轻利如鸿毛”，提倡“杀身成仁”“舍生取义”，甚至“知其不可为而为之”，认为只有“尽其道而死”才是对“命”和人生的正确态度。儒家人生观的主要目的虽然在于引导人们为封建地主阶级去“卫道”“殉道”，但也曾激励志士仁人为“天下兴亡”、民族大利而献身，产生过积极的作用。道家提倡一种以“保身”“全生”为宗旨的人生哲学。佛教视人生为“苦海”，主张超脱尘世，以求“来世福果”，这是一种悲观出世的宗教人生观。

中国古代伦理道德的基本内容主要是通过道德规范表现出来的。如果我们把道德比喻为一张网，那么规范作为网的经纬线必然是丰富而具体的。中华民族在长期的道德实践中，逐步积累与形成了一些世代相传并不断调整和更新其内容的道德规范，比如：仁、恕、忠、孝、诚、信、礼、义、廉、耻等。中国古代伦理道德中的规范非常之多，商代“六德”就提出了知、仁、圣、义、忠、和六个规范；孔子伦理思想中的道德规范主要包括“仁”“孝”“悌”“忠”“信”等；《管子·牧民》中提出“礼义廉耻，国之四维”政治伦理的规范；战国时期，孟子上继孔子，提出了“仁”“义”“礼”“智”四德说，并提出“五伦”，即父子有亲、君臣有义、夫妻有别、长幼有序、朋友有信的伦理原则。董仲舒根据孔子的“君君，臣臣，父父，子子”，提出“三纲”（即君为臣纲，父为子纲，夫为妻纲）和“五常”（仁、义、礼、智、信）说。宋元时期，人们在管子的礼义廉耻上，配以孝悌忠信，就成了“孝悌忠信、礼义廉耻”八德。中国传统伦理道德的基本道德规范，有公忠、正义、仁爱、中和、孝慈、诚信、宽恕、谦敬、礼让、自强、持节、知耻、明智、勇毅、节制、廉洁、勤俭、爱物；其他有政德、武德、士德、民德、商德、师德、艺德等职业道德规范，有亲子、夫妻、长幼关系等家庭伦理规范，有尊老敬贤之礼、接人待物之礼、仪态言谈之礼、庆典婚丧之礼等文明礼仪规范。这些道德规范渗透在社会生活的各个领域，形成中国封建社会道德的纲目和道德规范体系，充分地反映了中华民族在人类道德文明上的智慧和贡献。

第三节　传统伦理道德的现代价值开掘

一、传统伦理道德的当代挑战

在现代社会结构化转型的大背景之下，传统伦理道德遭遇到前所未有的挑战：现代社会结构化转型带来的日趋公共化趋势，动摇了传统伦理道德赖以存在的社会文化根基；现代社会普遍平等的追求和价值导向，从根本上否定和冲击了传统伦理道德所内含的优越价值等级秩序，这实际上是一种价值或者意义的危机；现代社会日趋强烈的平面化、格式化、标准化需求，对传统伦理道德追求卓越和完美成就的价值导向提出严峻的挑战；现代中国社会日趋强劲的社会分层、流动、开放和反传统趋势，尤其是现代科技主导下的普遍理性主义，使传统伦理道德赖以生长繁荣的土壤和根基被大大削弱；社会发展的日趋技术化，导致现代人和现代社会对技术条件的依赖越来越重，对文化的、隐性的东西越来越缺乏信任，道德文化不断边缘化，现代人越来越不相信道德理论。

二、传统伦理道德的当代意义

尽管传统伦理道德在现代社会中遭遇危机，但危机同时也是转机和机遇。传统伦理道德在当代的境遇并非意味着，我们从此就对其生存和复兴失去信心；恰恰相反，传统伦理道德在现代社会依然有着无法取代的独特意义和价值。在某种意义上说，传统伦理道德在现代社会潜存着越来越大的价值。传统伦理道德之于现代中国社会乃至整个现代社会的意义，集中表现在以下几个方面：

首先，现代社会面临的最大困境就是，其总体结构性的社会转型带来了宏大的社会结构性改变，进而导致了现代社会缺乏足够的中层与基层之生活发展空间，给私人道德生活带来了巨大的压力和挑战。因此，现代社会必须严格保护并大力充实社会中层和基层的生活空间。如此，传统伦理道德必定因此而重获生机。具体地说，现代中国社会的结构化转型所带来的一个最直接的问题，就是家庭的日益萎缩甚至瓦解。所以，现在的家庭基本上都是核心家庭，不像原来的“三世同堂”“四世同堂”的大家庭甚至超大家庭或群居家族。所谓“核心家庭”，就是父母加孩子两代人，关系简单，规模小的家庭。而与此同时，“单亲家庭”还在日益增多，家庭结构成为最不稳定的社会“细胞”。这导致了家庭生活不稳，家教家风失去根基，整个社会教育趋向于单一校园化的后果。

在过去，传统伦理道德因稳定的家庭生活而能够大化流行，孩子幼年阶段的教育首先通过家庭教育得到具体落实，然后借助于私塾教育和熟人环境（家族共同体和村落群体）而得以渐次有序地展开、深化。然而，现在城市的孩子接受的完全不是这样的教育模式，乡村的孩子则因为城市化进程所导致的乡村人口“空洞化”“空巢化”而陷入更糟的境地。正如费孝通先生所言，现代社会的孩子一开始便不得不生活在“陌生人的世界”。因为这些孩子三岁起就被送到幼儿园开始过公共生活，对于每一个“入托”的孩子来说，幼儿园就是他们离开父母和长辈后不得不独立面对的“陌生人的世界”，他们所接受的教育几乎无须从传统伦理道德开始，而是从公共规则及其遵守开始。

面对现代社会中层结构和基层结构日益弱化的趋势，人们如果只关注社会宏大结构的建构和宏大文化道德叙事，整个社会的道德文化建设，特别是公民自身的道德品德培养，势必也会因此而被迫“空洞化”。因此，现代社会必须大力加强其中层结构和基层结构的建设。倘若能够如此，则传统伦理道德也会由此而重获生机。因为传统伦理道德得以生存和生长的一个基本条件，就是凭借各种不同类型的社群或共同体而得以生长和繁荣，没有这些赖以寄生的社会实体，所谓传统伦理道德就会成为空中楼阁或心理想象。批判性地继承传统伦理道德，对于现代中国社会是一种十分必要且及时的自我医治、自我调适，甚至是一种道德文化意义上的自我救赎。

其次，传统伦理道德自身也有其不可消解、不可抹杀的文化价值特性。换言之，传统伦理道德有其永恒持久的文化生命力，只要我们还必须持守我们自身人之为人的本质，并且保持我们的人性人道，只要我们不想放弃对人类生活的温情和温度的期待，传统伦理道德的作用就是不可替代的。

比如，传统伦理道德所倡导的家风家教对现代人基本美德之教化就具有重要的意义。家和家族既是人类生产、繁衍的母体，也是社会组织结构的基本“细胞”，还是人类生命个体与社会组织生活之间的关键“链接”，因而有着无可替代的地位。作为人类生产繁衍的核心单元，家和家族有其自然血亲属性，但人类的生产繁衍绝非纯粹自然的生命事件，它关乎人性、人道、人伦。作为“社会细胞”，家庭也绝不仅仅是社会组织的开端，更是社会文明教养、德行培育和文化传承的第一驿站。故此，家教、家风、家学、家传才具有优先、初始、前提预制的特殊文明暨文化意义。顾名思义，所谓家教即家庭教育或教养。所谓家风即作为伦理亲缘共同体的家庭（家族）在长期的家庭生活传承中，逐渐形成和积淀起来的日常生活方式、家庭文化风范和家族伦理品格。无论中西古今，家教都是人类教育和教化的重要组成部分，而且是最初始、最基本、最具内在价值体认和生命认同之连贯性的教育和教化。

与普通的知识教育不同，家教更注重人文礼俗和道德伦理的教养，是一种真正纯粹的德行生命养育。《说文解字》云："育，养子使善也。"家教是家风形成的基础，家风是家教效应即家庭或家族道德伦理风范和文明教养水准的外在显现，家训则是维护家风的基本规范体系。各家自有各家的规矩训诫，各家的家教方式、程度和效果亦有不同，故而各家的家风也会相互见异，但家教家风的内涵却互有重叠。一般来说，勤俭治家、诚实为人、宽厚处事、崇学尊礼、温良恭俭让等，当是诸家治持教养基本的伦理道德。

家教家风与整个社会教育和社会风气有着密切关联。毋庸赘述，传统社会家教之于民智开启和民风淳化的历史经验，仅就现代社会而言，家教不但依旧是整个社会教育体系的第一环节，还可为现代公民道德教育奠基。所以，人们常把家教看作养成人格美德的摇篮，将家风视为民风国风的第一风向标。历史和现实的经验教训还告诉我们，当一个社会或国家遭遇道德文化挑战，民智待开、民风待举之时，家教和家风的地位与作用便更为凸显，更值得社会关注、激励、期待。换言之，作为"社会细胞"的家庭之家教家风的改进强化，必定会大大增强整个社会肌体的活力。

现代社会结构转型的公共化秩序不单单是宏观制度系统的强化和成熟，更根本的还需要公民伦理道德的内在支撑。对于一个缺少正义美德的人来说，普遍的正义规范约束效果等于零。社会公共性确实具有其宏观结构的外在普遍性特征，但人格典范、道德先进和品格卓越同样是公共文化价值的精神根基，更是引领公共社会生活的内在价值力量。就此而言，传统伦理道德所倡导的家庭教养依然不可或缺，正如历史传统对于我们理解现代社会不可缺少一样，传统伦理道德也在现代社会中拥有不可或缺的重要意义。

再次，现代社会的道德平面化呼唤着道德精英的引导。现代社会强调民主伦理、普遍的政治民主和市场经济使得伦理平面化、一律化，而且底线不断受到挑战。但与此同时，在现代社会中，其实人们仍然需要并欣赏一种优雅高贵的生活，需要"道德绅士"和"文化精英"，真正的"文化精英"必须具有很高的道德修养。从某种意义上讲，当代中国社会正是由于缺少了"道德绅士"和"文化精英"，才在一定程度上导致社会趋于平面化。

一个社会的"道德绅士"和"文化精英"或"社会精英"，其实是引领人类群体不断寻求更高文明、更高精神文化境界所必需的。现代性社会的平等要求反对政治贵族，但不等于要完全否定道德文化精英。在现代人看来，知识分子跟别的阶层好像没什么差别，很多人将之归因于知识分子收入太低，其实并不尽然。在西方某些国家做大学教授虽然收入不是最高的，却非常体面，这并不是依靠金钱来评判，而是体现了一种精神上的高贵。这不仅仅是传统伦理道德所追求的卓越、优异完美品格的体现，也应该是现代人的理想追求。因为在人类文明发展的长河中，总有一些人必须站在前面引路，人类社会需要引路者和开拓者。谁能成为未来的开拓者、先行者？传统伦理道德恰好能够回答这些问题。对于道德来说，应该需要英雄、道德精英和模范来示范引领。因为道德作为一种特殊的人文价值，不仅仅是一种知识存在，它的传播除了教化和意识形态宣传之外，一个很重要的作用就是为人类开辟理想的生活境界。每一个社会都必须树立自己的道德典范、人格典范，传统伦理道德的意义正在于此。在这点上，传统伦理道德的意义实际上源自我们这个时代的急切期待。

三、传统伦理道德的当代实践

我们要从中华优秀传统伦理道德中充分汲取思想养分，在去粗取精、存真的基础上，结合时代要求加以阐发，努力实现传统伦理道德的创造性转化、创新性发展，不断增强人们在公民伦理道德、职业伦理道德、家庭伦理道德等方面的价值判断力和道德责任感，引导人们向往和追求讲道德、遵道德、守道德的生活，让全体人民都成为弘扬中华美德、传播中华文化的主体。应该弘扬仁爱思想精华，着眼修身养德，着力培育公民伦理道德。

作为具有普遍意义的人类道德精神，仁爱思想是传统伦理道德学说的核心概念。“仁爱”是儒家伦理道德的基本核心。儒家把“仁”概括为人的道德的最高原则，认为其他的具体道德准则都是由“仁”衍生出来的，这种“仁”的根本含义就是爱人。从孔子所谓的“夫仁者，己欲立而立人，己欲达而达人”，到孟子所说的“仁则荣，不仁则辱”，再到墨子强调的“爱利人之亲”等，都要求人们在考虑自身利益时，首先要考虑他人利益和社会利益，要关心他人、爱护他人、同情他人、帮助他人，要推己及人，待人以诚，施人以惠。作为一种难能可贵、积极健康的美好德行，仁爱思想既是处理协调人际关系的伦理准则，也是构建和谐人际关系的道德智慧。要做到仁者爱人，就必须修身克己，“克己复礼为仁，一日克己复礼，天下归仁焉”。严格要求自己，经常剖析自己，逐步达成臻于至善的人格境界。“自天子以至于庶人，壹是皆以修身为本”，这一基本伦理规范被拓展至社会政治领域，形成“礼仁”一体的政治伦理规范。由仁爱思想衍生的正直宽容、团结友善、修身克己等美德，与我们今天倡导的社会主义核心价值观高度契合，善待他人，谦恭庄重、宽厚和气、互助友爱，常怀慈善之心；善待自然，更加积极地保护生态，与天地万物和谐共生，才能培育出现代社会所需要的“我为人人，人人为我”的新型人际关系和同情弱者、扶危济困的社会心态。

在当代中国，要大力倡导以文明礼貌、助人为乐、爱护公物、保护环境、遵纪守法为主要内容的社会公德。社会公德是全体公民在社会交往和公共生活中应该遵循的行为准则，涵盖了人与人、人与社会、人与自然之间的关系。从这些内容看，实际上就是要求人们在人与人、人与社会、人与自然等方面充满仁爱之心。没有爱，也就无社会公德可谈。继承儒家的仁爱精神，以这种仁爱及其所体现的道德原则培养人们同情他人、关心他人和爱护他人的社会公德意识，培养人们热爱、保护自然环境的自觉意识，对社会公德建设具有相当的积极意义。当然，这只能是批判地继承。对儒家的“仁爱”及其道德思想，首先得分清糟粕和精华，并将它与新时期的社会需要、社会特点结合起来。只有这样，才能体现出新时期社会公德建设的社会主义性质。

应该弘扬公忠思想精华，着眼敬业奉献，着力培育职业伦理道德。《诗经》中的“夙夜在公”，《尚书·周官》中的“以公灭私，民其允怀”，范仲淹的“先天下之忧而忧，后天下之乐而乐”，王夫之的“以身任天下”，顾炎武的“天下兴亡，匹夫有责”等，这些贯穿于传统伦理道德思想中的公忠思想，生动体现历代仁人志士公而忘私、忠于国家社稷的爱国主义精神，这既是中华民族历经磨难而长兴不衰、缔造辉煌的重要基因，也是形成丰富职业伦理道德思想的重要基础。随着社会分工的出现，古代职业道德伦理思想不断发展。如西周选拔官吏强调“六德”“六行”标准，汉唐之后强调“察官人善恶”，把道德品行作为选任、考核和监察官吏的首要标准。《孙子兵法》中要求军中将领必须具有“智、信、仁、勇、严”的品德。孙思邈说“大医精诚”，要求医者既要有精湛医术，又要有高尚品德，对病患要有“大慈恻隐之心”。商人鼻祖陶朱公范蠡被称为“富好行其德”，后世商人应当坚守“待人接物，诚实不欺”的商业信条。

古代伦理道德对当前职业道德建设的借鉴，主要表现为如何在职业行为中使谋求利益发展的职业行为与遵循基本职业道义原则达到内在统一，即处理好“义”“利”关系。传统伦理道德的基本精神主张在代表个人利益的“利”与代表整体利益的“义”发生冲突时，自觉遵守义大于利的原则，强调“不义而富且贵，于我如浮云”，倡导“见利思义”，反对“见利忘义”，必要时“舍利取义”甚至“舍生取义”。汲取传统职业伦理中的智慧，是加强当代职业道德建设的思想源泉。如孔子所说的“政者，正也，子帅以正，孰敢不正”，对提高从政者的道德素养，加强官德建设有重要意义；韩愈关于“传道”“授业”“解惑”的师德凝练，对加强师德建设，引导广大教师自觉学为人师、行为世范有启迪意义；《医工论》中关于“凡为医之道，必先正己，然后正物”等论述，对加强医德建设，缓解医患矛盾有借鉴意义。

在培育职业伦理道德时，特别需要关注传统伦理道德中“诚信”的继承发扬。诚实守信是中华民族的传统美德，是中国文化追求的理想人格。在中国传统道德中，“信”是五常之一，“诚”是五常之本、百行之源。“诚”具有最高的道德境界。诚信是儒家的道德追求。孔子主张做人要诚信无欺，把“信”作为人的立身之本，将其看成社会关系中一种最起码的道德原则。儒家认为，人无信不立。孔子说：“人而无信，不知其可也。大车无輗，小车无軏，其何以行之哉?”这就是说，一个人如果不讲信用，在世上就会寸步难行，讲究诚信是放之四海而皆准的做人道理。此外，儒家还认为，诚信是立国之本，是治国的重要政治原则；诚信是完美人格的道德前提；诚信是沟通人际关系，促进人与人之间相互尊重、相互理解、相互信任的精神纽带；如此等等。

职业道德是所有从业人员在职业活动中应该遵循的行为准则，涵盖了从业人员与服务对象、职业与职工、职业与职业之间的关系。儒家历来重农轻商，其关注的重点也不是工商经济活动，但儒家的诚信思想对今天加强社会主义市场经济条件下的职业道德建设仍具有一定的现实意义。《孔子家语·鲁相》曾有“贾羊豚者不加饰”语，意思是从事商业经营活动的人员不售假货劣货，不违反职业道德。儒家之所以反对经销人员做假，从道德价值的评判上说，就是因为它违背了“己所不欲，勿施于人”的“诚”德。儒家的“信”，本意就是“诚实不欺”。在经济领域，诚信是一只看不见的手，诚信本身不讲功利，甚至超越功利，但它和功利又有某种内在的联系。这就是诚信的双重性，即诚信的本质是利他的；反过来，在利他的同时又利己，“有德则有财”。从儒家诚信观念中汲取合理的营养成分，对加强社会主义市场经济条件下的职业道德建设和惩治造假售假的丑恶现象是有益的。

应该弘扬和合思想精华，着眼和谐有序，着力培育家庭伦理道德：“家和万事兴”，“治国先齐家”。传统伦理道德历来重视家庭伦理关系的和谐有序，强调个人在家庭、社会等人伦关系中应尽的道德义务。《尚书》关于“父义、母慈、兄友、弟恭、子孝”的“五教”，孟子关于“父子有亲，君臣有义，夫妇有别，长幼有序，朋友有信”的“五伦”；《礼记·礼运》关于“父慈、子孝、兄良、弟悌、夫义、妇贞、长惠、幼顺、君仁、臣忠”的“十义”等，都从不同层面为维护人伦关系规定了基本准则。从总体上来看，它有益于引导人们建立起与家庭成员和其他社会成员之间彼此平等、互相尊重、关爱支持、宽容互信的基本伦理道德规范。如对师长“孝”，就是要尊敬、善待长辈，“悌”是关心、爱护晚辈。而将“孝悌之心”广布他人，所谓“老吾老，以及人之老；幼吾幼，以及人之幼”，体现的就是这样的人伦精神和博大情怀。家庭是组成社会的基本单元，其稳定和谐直接关系到社会的稳定与和谐。家庭伦理道德是人们在调节家庭关系和行为应遵循的道德准则。

改革开放以来，人民物质生活水平大幅提高，许多家庭的生活水平发生了翻天覆地的变化，但也出现了家庭暴力、虐待老人儿童、重婚现象增多等不道德行为，极大地影响了社会安定和谐。而无论时代如何变化，无论经济社会如何发展，对一个社会来说，家庭的生活依托都不可替代，家庭的社会功能都不可替代，家庭的文明作用都不可替代。在当代家庭美德建设中，要大力倡导以尊老爱幼、男女平等、夫妻和睦、勤俭持家、邻里团结为主要内容的家庭美德。家庭美德是每个公民在家庭生活中应该遵循的行为准则，涵盖了夫妻、长幼、邻里之间的关系。家庭生活与社会生活有着密切的联系，正确对待和处理家庭问题，共同培养和发展夫妻爱情、长幼亲情、邻里友情，不仅关系到每个家庭的美满幸福，也有利于社会的安定和谐。家庭美德建设是社会主义公民道德建设中不可缺少的重要组成部分。

新时期家庭美德建设要体现时代特点，富有时代气息，特别是要符合社会主义道德建设的总体要求。因此，对于儒家的孝悌伦理思想，我们所要汲取的只是其中“尊老爱幼”“赡养父母”“兄弟友爱”“夫妻和睦”等合理内容，而对于那些所谓的“三从”“四德”等封建糟粕，则需要毫不留情地予以批判和抛弃。

习近平总书记指出，抛弃传统等于割断精神命脉，提出要挖掘、阐发中华优秀传统文化讲仁爱、重民本、守诚信、崇正义、尚和合、求大同的时代价值。这是对传统文化中伦理思想和价值观念的现代意义的充分肯定和高度重视。在历史视域下审视和践履传统伦理道德规范中独特的修身正己之道、和睦治家之道和治国安邦之道，可以发现，这些伦理规范不仅是维护社会秩序稳定的深层设计，也是保障国家长治久安和社会健康发展的重要条件。道德习惯的形成，除教育、养成之外，还需要法制的规范。“法律是成文的道德，道德是内心的法律。”汲取中华优秀传统文化中的思想道德精华，坚持马克思主义道德观、社会主义道德观，推动形成符合时代精神的新伦理新道德，才能使强化伦理道德观念与强化法治意识共进偕行，共同为维护社会秩序发挥重要作用。

【思考与练习】

1. 中国古代伦理道德思想的发展经历了哪些时期？每个时期的特征是什么？

2. 概述中国古代伦理道德思想的主要内容。

3. 中国古代伦理道德思想主要的内容是对几大问题的研究探索？

4. 有人认为，传统伦理道德已经属于过去，在当今社会没有任何意义。请你评价这一观点。

第八讲 中国古代的哲学

作为社会意识形态之一的哲学，是关于世界观的学说，是以追求世界的本原、本质、共性或绝对、终极的形而上者为形式，以认识、改造世界的方法论为研究内容的科学。它的基本问题、最高问题，是思维和存在、意识和物质的关系问题。中国古代的哲学，内容丰沛如汪洋，意蕴深邃若星空。

第一节 中国哲学的思想资源和思想传统

哲学在传统文化中起着主导作用。哲学凝聚了中华文化的基本精神，是传统文化的灵魂。自古以来中国人对宇宙的看法，对人生的看法，生活的意义，价值信念即安身立命的根据，都是透过中国哲学加以反映、凝结和提升的。要深入了解和把握中国传统文化的精髓，则必须了解中国古代哲学。

中国古代哲学萌芽于殷周之际。西周初年的《尚书·洪范》提出五行学说，以金、木、水、火、土为构成世界最基本的事物。殷周时期有了原始的“阴阳”观念。《周易》以乾（天）、坤（地）、震（雷）、艮（山）、离（火）、坎（水）、兑（泽）、巽（风）八卦说明自然想象和社会关系。

春秋战国时期诸子蜂起，百家争鸣，哲学思想异常活跃，涌现出了许多重要的思想家，如老子、孔子、墨子、庄子、孟子、孙子、荀子、韩非子等，形成儒家、道家、墨家、名家、法家、阴阳家、兵家、农家等学派。在几千年中国哲学发展史上，各种各样的思想资源和思想传统，成为中华民族精神文化的不同基因，至今仍产生着影响。

对中国哲学发展影响最大的有四大思想资源和思想传统：早期儒家、早期道家、中国佛学、宋明理学。这四大传统的共同特点是，它们的智慧都是人生智慧。中国哲学的智慧是从伟大精神人格中、从哲学家的实践行为中流露或显现出来的。中国哲学家透视现在，玄想未来，“究天人之际，通古今之变”，把高尚的理想拿到现实世界来实现。

一、早期儒家

儒家最早的代表人物有孔子、颜子、曾子、子思、孟子、荀子等。儒学经典被称为“六经”：《诗》《书》《礼》《乐》《易》《春秋》（《乐》失传后，称为“五经”）。早期儒家思想还可以通过《论语》《孟子》《大学》《中庸》（后两篇为《礼记》中两篇文章，以上为“四书”）及《荀子》等来了解。

儒学的精神，首先是创造性的生命精神，是人对宇宙的一种根源感。《周易·系辞传》说：“天地之大德曰生，生生之谓易。”是说天地的根本性质是“生生不息”。《易传》认为，宇宙是一刚健的生命体，不停息地变化流行，人也应该仿效它而自强不息。人有了这种刚健自强、生生不息的主体精神，就能够开拓创新、穷通变易。人效法天地、德配天地、弘大天性，就是要发扬创造性的生命精神，全面发挥人的禀赋与潜能。所以《论语》说：“人能弘道，非道弘人。”

《礼记》说：“唯天下之至诚，为能尽其性；能尽其性，则能尽人之性；能尽人之性，则能尽物之性；能尽物之性，则可以赞天地之化育；可以赞天地之化育，则可以与天地参矣。”就是说，人一旦能充分地护持住自己的道德理性，就能全面发挥其本性，并且尊重每一个人及每一物体的生存，使之“各遂其性”；这样就能回应天地的生命精神，提高人的精神境界，与天地鼎足而三，理性地并进而辅相天地。人在宇宙中的地位、人的生活意义，由此确立。

早期儒家的“天道、地道、人道”思想，“天、地、人”三才的思想，都是讲创造生命精神贯注于天上、地下、人间，人可以与天地相协调、相鼎立，完成自己的生命理想；并以平等精神体察宇宙间一切存在的价值，完成其生命；最终通过“正德、利用、厚生”，“立德、立功、立言”在实际行动中实现人生的价值与意义。

孔子哲学的基本观念是“仁”。“仁”是人之所以为人的根本，“仁者，人也”。其实，“仁”就是生命的相互感通，是天、地、人、物、我之间的普遍联系与相互滋养润泽。“仁”又是主体内在的意识，“为仁由己”“我欲仁，斯仁至矣”。内在的“仁”具有伟大崇高的道德价值。

“仁者爱人”，它是一种博大的同情心。有仁德的人会用爱心去对待人，既自爱又爱人，既自尊又尊人。

“仁”又是一种宽容的精神。孔子说：“己所不欲，勿施于人。”“夫仁者，己欲立而立人，己欲达而达人。”儒家的理想，是要把仁爱的精神，由爱自己的亲人推广到爱周围的人，爱所有的人，爱宇宙万物。这就是孟子所说的“老吾老以及人之老，幼吾幼以及人之幼”，“亲亲而仁民，仁民而爱物”。仁者把自己和天地万物看成一体。

儒家主张通过仁爱之心的推广，把人的精神提扬到超脱寻常的“天人合一”之境。1993 年 9 月在美国芝加哥，出席世界宗教大会的几千位宗教领袖或代表签署了《全球伦理宣言》，其中一条基本原则就是“己所不欲，勿施于人”。在文明社会矛盾与冲突相当普遍的当今世界，以“己所不欲，勿施于人”的宽容诚恕之道，彼此尊重，加强沟通，理解与对话，是调节人与人、国家与国家、族群与族群、宗教与宗教之间关系的良方，也是克服人与自然对立所造成的生态危机的思路。

儒家精神是一种“极高明而道中庸”的精神，也就是伟大寓于平凡的精神。儒家认为，人存在的价值，就在于成就道德人格。只要挺立了道德人格，以良知做主宰，就能超越世间各种境遇，超越本能欲望，以超越的精神，做好日常的事业。

二、早期道家

早期道家的代表人物是老子和庄子。《老子》文约义丰，《庄子》诙诡谲奇。《老》《庄》不独表达了特殊的人生智慧，而且代表了特殊的中国艺术精神，以诗与寓言，以多义的比兴、隐喻来表达形而上学的意涵，堪称世界文化奇葩。《老》《庄》诗意盎然，哲理宏博，汪洋恣肆，生机勃勃，无边无涯，涵盖面无穷无尽。

《老子》第一章曰：“道可道，非常道；名可名，非常名。无名天地之始，有名万物之母。故常无，欲以观其妙；常有，欲以观其微。此两者同出而异名，同谓之玄。玄之又玄，众妙之门。”道是一个终极实在的概念。它是整体性的，在本质上既不可界定也不可言说，不能以任何对象来限定，也不能将其特性有限地表达出来。它是不受局限的、无终止的一切事物的源泉与原始浑然的总体。“道”又不是一个静止不变的实体，而是一个流转与变迁的过程。道是整体与过程的统一。

在人生论上，老子强调“不盈、不争”，“致虚极，守静笃”（“虚极静笃”是一种得道的境界，虚静容易达到，但“虚极静笃”却很难达到，需要长期的修炼。达到“虚极静笃”的境界就会有大智慧出现，其实就是进入了潜意识状态即具潜能）。这一原则老子称为“无为而无不为”，即不特意去做某些事情，以事物的自然性，顺其自然地去做。

老子主张“为学日益，为道日损”。就是说，学习知识要积累，要用加法一步一步肯定；而把握和体悟道，则要用减法，一步一步否定。道家认为真正的哲学智慧，必须从否定入手，一层层地除去表面的偏见、执着、错误，穿透到玄奥的深层去。

其实道家与儒家殊途同归，最终都强调个人与无限的宇宙契合无间，即“天地与我并生，万物与我为一”。与儒家努力尽社会人伦义务和社会责任，积极入世、遵守社会规范的主张不同，道家通过否定的方法，否定知识、名教，否定一切外在形式的束缚，以化解人生之忧。道家追求的自由是精神的超脱解放，不是指放纵形骸的情欲。所以庄子要求化解物形，才能做逍遥无待之游，达到“独与天地精神往来”的境界。

庄学讨论了人的生存处境。此身有限，吾生有涯。以有形有限之生投入宇宙大化，面对无限的时空、知识、意义、价值。人世不同欲望之追逐竞争中，人心承受了巨大压力和痛苦，人们往往不知道自己身在何处。如何化解这些痛苦、困惑？

庄子的人生哲学提示人们，由现实到理想，由有限到无限，致广大，尽精微，遍历层层生命境界去求精神的超脱解放。庄学将人提升为“太空人”，超越有待，不为俗累，宛若大鹏神鸟，遗世独立，飘然远行，背云气，负苍穹，翱翔太虚。《庄子·逍遥游》强调得其自在，歌颂生命自我的超拔飞越。《庄子·齐物论》强调齐物平等，肯定物我之间的同体融合；反对唯我独尊，主张宽容；承认自己的生存、利益、价值、个性自由、人格尊严必须以承认别人为先导。这是一种平等的价值观，每一个生命可以从紧张、偏执中超脱出来，去寻求自我超拔的途径。

三、中国佛教哲学

佛教自西汉传入后，经过几百年的消化，创立了中国化的佛教哲学，它渗透了中国哲人的智慧，特别是道家、儒家和魏晋玄学的哲理。中国化了的佛教宗派主要有天台宗、华严宗和禅宗。

佛教启迪人们戒除一切外在追逐、攀缘、执着，直悟生命的本性、本真。佛教的反本归极、明心见性、自识本心、见性成佛等论及一整套修行的方法，是要人们寻找心灵的家园，启发一种内在的自觉，培养一种伟大的人格。与儒家成圣、成贤，道家成至人、成真人一样，佛家的成菩萨、成佛陀，也是一种道德人格的追求。而佛家的诸佛平等境界和众生一起拯救世界的热忱，同样是一种宝贵的思想资源。

佛教让人们反观自己心灵的无明，对治一切贪、嗔、痴、慢、疑、恶见，拓阔自己的心灵，从种种狭隘的偏见中超脱出来，使自己日进于高明之境，而不为无明所缚。

禅宗教人“了生死”，生死能了则一切外在的执着都可以放下，人们不再为自己的有限性而惶惑；人的紧张不安可以消解，反而可以爆发出创造性来；这样，有限的生命便进入到无限的境界。中国宗教哲学削减了宗教的意识，更加世俗化。其“担水运柴，无非妙道”“一阐提皆得成佛”等论旨，都受到了儒、道思想的影响。

从思辨方面讲，中国佛学确有一套自己独特的运思模式。天台宗的智慧是圆融的智慧。天台圆教取层层圆而无偏、遍无遗漏的辩证综合的方式。其“三谛圆融”说，把一心同时观照表象世界之空无、假有、非空非有等各方面，互不妨碍、彼此圆融地统一起来。

华严宗提倡开放的心灵，其所主张的“理无碍、事无碍、事事无碍”和“一即一切，一切即一”的主张，把本体与现象、现象与现象之间的关系都看成是互为依持、互为因果、相即相入、圆融无碍的。它看世界是无限丰富的世界，是融摄了不同层次的相对价值系统的一个更高价值系统。在一个无限和谐的实在中，主体和客体也是互为依藉、互为关联的。

禅宗主张不立文字，当下自识本心，强调自性是佛，平常即道。禅宗主张在实际的人生中才有涅槃（自由），在涅槃中才有实际的人生。禅宗以创造性的生活和自我觉悟的日常途径，来揭示人生的秘密，化平淡为神奇，寓神奇于平淡。禅宗极大地张扬了人的主体意识，肯定每一个人都可以成佛。它用烘云托月的方法，不说不可言说的东西是什么，而只说它不是什么。禅宗甚至不用语言，而以各种身体动作，或以“棒喝”之类的方法，开悟心灵，启发人大彻大悟。

四、宋明理学（或称道学）

宋明理学以儒学为主干，融摄佛、道的智慧，建立了以理气论、心性论为中心的道德形而上学体系。它把汉唐以来注疏“五经”的传统变为讲求“四书”的义理，讨论身心性命修养问题，并以民间自由讲学之书院为依托，把传统精英文化进一步世俗化了。理学是整个东亚文明的体现，它不仅在元、明、清三朝成为中国官方意识形态，而且对东亚各民族产生了广泛而深刻的影响。

朱熹是宋代理学的集大成者，他集中讨论了理气关系与心性关系。他认为宇宙间事物的法则、规律在逻辑上要先于个别的事物。如果把“理”设定为人之所以为人的道理，即作为“类”的人的本质规定，那么它在逻辑上要先于或高于实际的人，即具体、个别的人。这就强调了道德理性对人躯体情感欲望的制约。心是性、情的统一。

性是人的本质规定，是情的根据或根源，情则是性的表现。“心统性情”即心兼含有性（内在道德理性）和情（感情欲念），又指“心主宰性情”。这里又强调了意识主体和理性对于情感的主导、控制。所以他主张以“居敬、穷理”的方法涵养心性。居敬就是专心致志，穷理就是深入研究。他还阐发了“格物致知（推究事物原理而获知识）”的方法，其中包含了科学求知的精神。

王阳明是宋明理学中心学的集大成者。“知行合一”说与“致良知”教，是他颇有特色的学说。他肯定知行之间的相互联系、相互包含和动态统一，甚至把“一念发动处”的意念、动机都看作行之开始。

“致良知”即扩充良知（良知为孟子所讲，是内在道德判断与评价作用），一方面除去心中的自私念头和不正当欲望，保持善良的心地；另一方面在现实生活中接受磨炼，切实践行，把心中的善意具体地表现出来，不能只口头说说。良知不仅表现为“知是知非、知善知恶”的先验原则，而且表现为“好善恶恶、为善去恶”的道德自觉与实践。“致良知”也就是一套修养德性的工夫。王阳明教人要身体力行，在实践中追求自己的人生理想。

如果说朱熹强调道德的理念、规范与知识的话，王阳明则强调道德的情感、直觉与体验。这就是程朱理学与陆王心学的不同。在方法论上，前者主张“道问学”，后者主张“尊德性”。

宋明理学将道德提高为本体，重建了人的哲学。理学家的最高理想是“孔颜乐处”即“天人合一”的精神境界。理学的根本精神可以用张载的不朽格言为代表：“为天地立心，为生民立命，为往圣继绝学，为万世开太平。”

宋明理学在培养气节操守，重视品德，讲求以理统情、自我节制、发奋立志等建立主体意志结构方面起了重要作用，把道德自律、人的社会责任感、历史使命感和人优于自然等方面，提到本体论的高度，空前地树立了人的道德主体性的庄严伟大。

另一方面，理学成为后期封建社会官方意识形态，其被统治阶级所利用部分，维护了封建专制主义的等级秩序，以一整套规范压制和扼杀了人的本性，造成了伦理异化，曾给中国社会和人民带来灾难。

第二节　中国哲学的宇宙观念和人生境界

一、创化的宇宙，创造的人生

中国哲学的宇宙观，是生生不已、大化流行的宇宙观。宇宙是至大无外的。惠施说："至大无外，谓之大一。"（《庄子·天下》引言）这里的"大一"就是宇宙。古人把东西南北、上下四方之空间称作宇，把朝夕旦暮、往来古今之时间谓之宙。《庄子·庚桑楚》界定"宇"是有实在而无定处可执行者，界定"宙"为久延而无始末可求者。所以，宇宙就是无限的时空及其所包含的一切。中国古人认为一切事物莫不在变异之中，而宇宙是一个变异不息的大流。老子说："大曰逝，逝曰远，远曰反。"（《老子》二十五章）宇宙是逝逝不已、无穷往复的历程。庄子说："万化而未始有极也。"（《庄子·大宗师》）一切都在变化流转之中，变化是普遍的，没有终极的。

讲宇宙变化最详密的《周易·系辞传》说："在天成象，在地成形，变化见矣。""易穷则变，变则通，通则久。"周易最突出的特点是视变化为创新："富有之谓大业，日新之谓盛德，生生之谓易。"宋代哲学家张载说："生生，犹言进进也。"即宇宙是一个生生不息的大流，这就叫作"易"。一阴一阳，生生之为易，发生在天地之间。"《易》之为书也不可远，为道也屡迁，变动不居，周流六虚，上下无常，刚柔相易，不可为典要，唯变所适。"（《周易·系辞传》）是说《周易》这部书，人们是不可离开它的。它所讲的道理，常常变化迁移而不是静止的，它普遍流动于阴阳六爻的地位。所以爻位的上下是不固定的，爻的刚柔是互相变化的，不可以定出准则和纲要来，只有适应它的变化。

变异本身没有什么刻板的公式可循，一切都在创新发展着，宇宙是日新无疆的历程。中国哲学家从来不把宇宙看成一个封闭的系统，相反，把它看成开放、交融互摄、旁通统贯、有机联系的整体。中国哲学家从来不把宇宙看成是孤立、静止、不变不动或机械排列的，而看成是创进不息、常生常化的。中国哲学家有一个信念，就是人类赖以生存的宇宙是一个无限的宇宙，创进的宇宙，普遍联系的宇宙，它包举万有，统摄万象，无限丰富，无比充实。对宇宙创化流行的信念，实际上就是对人的创造能力的信念。在宇宙精神的感召之下，人类可以创造富有日新之盛德大业，能够日新其德，日新其业，开物成务，与时俱进，创造美好的世界。人们效法天地的，就是这种不断进取、刚健自强的精神。《礼记·大学》引述《尚书》和《诗经》说："汤之《盘铭》曰：'苟日新，日日新，又日新。'《康诰》曰：'作新民。'《诗》曰：'周虽旧邦，其命维新。'是故君子无所不用其极。"用今天的话来说，汤盘上的铭词说："真有一天能够获得新的进步，还要再继续天天有新的进步。"《康诰》说："要改变旧的习惯，做一个新人。"《诗经》上说："周虽是一个旧的国家，它接受的天命却是新的。"所以君子是没有地方不用尽他的心力的。无论对民族或对个人来说，我们不能不尽心竭力地去创造新的、改革旧的，这是天地万象变化日新所昭示的真理。

人在天地万物之中，深切体认了宇宙自然生机蓬勃、盎然充满创进不息的精神，进而尽参赞化育的天职。这足以使人产生一种个人道德价值的崇高感。

对天下万物、有情众生油然而生一种博大的同情心，洞见天地同根，万物一体。儒家利己利人、成己成物、博施济众、民胞物与之仁心，道家万物与我为一、天籁齐物之宽容，佛家普度众生、悲悯天下之情怀等，都是这种精神的结晶。由此产生了真善美统一的人格思想，视生命之创造历程即人生价值实现的过程，天道的创化神力与人性之内在价值，德合无疆，含弘光大。

儒家有诗教、礼教、理学的传统，孔子讲"志于道，据于德，依于仁，游于艺"，儒家追求"尽善尽美"，将理想贯通于道德生活与艺术生活，成为富有"美""善"的价值世界。道家讲超越的价值，认为只有在智慧的修养、精神的锻炼上达到极至的程度，才能进入"天地与我并生，万物与我为一"的境界，才能把握宇宙的真相和最高的价值。

总之，使人格向上发展，不离开现实世界，又要超越现实世界的种种限制，培育真善美统一的理想人格，是中国哲学的真谛。

二、天人之际，性命之原

在天人关系上，中国哲学有"天人合一"的主张，也有"天人交胜"的主张。《易传》提出人"与天地合德"的理想，又提出"裁成天地之道，辅相天地之宜"（《泰卦·象传》），"范围天地之化而不过，曲成万物而不遗"（《易·系辞上》）的原则。天人关系问题，是人在宇宙间之位置的问题。人在宇宙中的位置问题，即是人生之意义的问题。

中国哲学中天人合一观点有复杂的含义，主要有两层意义：第一层意义是，人是天地生成的，人的生活服从自然界的普遍规律；第二层意义是，自然界的普遍规律和人类道德的最高原则是一而二、二而一的。中国哲学家认为肯定天人合一才达到人的自觉，这可谓高一级的自觉。把人与自然界区别开，是人的初步自觉；认识到人与自然既有区别也有统一的关系，才是高度的自觉。

中国哲学家把人视为“最为天下贵”者。之所以如此，是因为人得天地之全德、五行之秀气；人所秉受的天地之性，是性之极至，人有道德理想、智慧能力。众多讲“天人合一”的思想家，都把人在宇宙中的卓越地位加以彰显。

荀子讲“明于天人之分，则可谓至人矣”（《荀子·天论》）。他的意思是说天与人各有自己的职分，例如社会治乱在人不在天，人应尽力完成自己的职任。但荀子并不否认天与人有统一的关系。唐代刘禹锡的“天与人相交胜”，是强调天与人各有一定的功能，不相互干预，在一定意义上人胜于天。他区别了自然规律和社会生活的准则，对“天人感应”“人副天数”等汉代以来流行的“天人合一”学说之负面影响有所驳正。

儒家的人文理想使天德下贯为人德，人德上齐于天德，且归于天人同德。《诗·大雅》：“天生烝民，有物有则，民之秉彝，好是懿德。”《吕氏春秋·去私》：“天无私覆也，地无私载也，日月无私烛也，四时无私行也，行其德而万物得遂长焉。”真可谓天道荡荡，大公无私。以天、天道、天命代表至善，儒家肯定人性、人道、圣教均源于天。《中庸》：“天命之谓性，率性之谓道，修道之谓教。”《孟子·尽心上》：“尽其心者，知其性也。知其性，则知天矣。”“君子所性，仁义礼智根于心。”把宇宙看作人性之源，把天命与人性合而为一。人心是意义、价值的源泉，人心又源于“天”。

从中国哲学的主导倾向来说，儒释道三大传统，大体上肯定：一个真正的人的博大气象，是以自己的生命通贯宇宙全体，努力成就宇宙的一切生命。这就是人类生命价值与归宿。中国哲学家以公正平和的心态，使一切生命、万物在不同领域中各安其位。人性为天命所受，人在宇宙的万象运化中领受、秉持了“于穆不已（幽远深邃，永不停息）”的创化力，成为宇宙的枢纽。人在本质和精神本性上与宇宙同其伟大。

传统哲学本体论、宇宙论、人生论的思想，有助于解决当代人的“精神的惶惑”“形上的迷失”和“存在的危机”，有助于当代一些人脱离“上不在天，下不在地，外不在人，内不在我”的荒谬处境。

三、人生境界

境界说是中国人生哲学的一大特色。境界指中国哲学家追求的理想人格之极至的精神状态、精神天地。宋明理学家常讨论“孔颜乐处”。孔子周游列国，颠沛流离，困厄万端；颜渊一箪食，一瓢饮，穷居陋巷，本身并无乐处可言，但他化解了身处逆境、物质匮乏所引起的外感之忧，便自得其乐，体悟到一种理性的愉悦。他乐在扬弃了外在之物、外驰之心，意识到自身与天道合其德，同其体，体认到自身的内在完美，即具有真善美高度统一的自由人格。

《论语·述而》云：“子曰：‘饭疏食，饮水，曲肱而枕之，乐亦在其中矣。不义而富且贵，于我如浮云。’”孔子说，吃着粗粮，饮着白水，弯着胳膊当枕头，却充满乐趣。用不义手段得到富贵，对于我好像浮云那么转瞬即逝，而无足轻重。《论语·述而》记载了孔子对自己的描述：“其为人也，发愤忘食，乐以忘忧，不知老之将至云尔。”发奋学习和教书是孔子最大的快乐，自觉年轻多了，忘记了自己渐渐老了。《论语·雍也》中记载了孔子对颜回的评价：“贤哉，回也！一箪食，一瓢饮，在陋巷。人不堪其忧，回也不改其乐。贤哉，回也!”是说颜回身居陋室，一小碗饭、一瓢清水也能过日子，别人都忍受不了那样的生活，而他不仅快乐地生活着，而且能一如既往地追随老师，执着于自己的学业。孔子和颜回的这种“自乐”不在于物质享受，而在于精神境界的追求。

境界是一种精神生活的方式，是一种精神天地、精神世界。儒家追求的道德宇宙，道家追求的艺术天地，佛家追求的宗教境界，表明了各学派、人物所追求的精神意境并不完全一致。但其出发地与终极地是一致的，就是说，他们都是对各自所处的突然的（事实的）状态的超越，而进入应然的（价值的）追求之中。

境界虽然带有理想的特征，但并非玄妙不可捉摸。只要坚持自我的文化思想，做平凡的事情，有小小的创造，其生命就爆发了小小的火花，那就是天地之化的具体体现，自我在天壤之间就不会感到孤独，有限的生命就可以通向无限与永恒。人们所做的事情各有不同，有各种意义，只要觉解到它的意义就进入了一层境界，层层递进，就可以上达最高境界。

儒家主张“立人极”，以圣贤人格为向度，以个体的道德自觉，卓然挺立于天壤间，不断地追求自我实现。儒家的境界用程颢的话来说：“仁者以天地万物为一体。”（《二程全书》卷十二）

道家追求精神的逍遥与解脱。道家所体现的“诗人或艺术家”的灵感气质，更加有助于超越私欲，摒弃奔竞媚俗。那种飘逸洒脱、高洁绝尘的风骨神韵，历来是道家中人的内在境界的表现。

佛家追求不断地净化超升，向往“涅槃”境界，简易直截，顿悟成佛，当下进入佛即我、我即佛的超越之境。程颢《秋日》诗：“闲来无事不从容，睡觉东窗日已红。万物静观皆自得，四时佳兴与人同。道通天地有形外，思人风云变态中。富贵不淫贫贱乐，男儿到此是豪雄。”这种从容的气度，把儒的真性、道的飘逸、禅的机趣融合起来，我们可以从中体会佛学的宇宙观与人生境界。

中国古代哲学对人生境界的探讨和追求，可以说是古代哲学家对真、善、美的不懈追求。先秦哲学家的思想一直影响着中国哲学的发展，其中孔子、老子、庄子的思想影响最大。《论语·为政》记载着孔子的一段话：“吾十有五而志于学，三十而立，四十而不惑，五十而知天命，六十而耳顺，七十而从心所欲不逾矩。”孔子及其后的儒家都认为，人们的生死和富贵不是单靠自身的努力而能达到的，但人们的道德和学问却因其自身的努力不同而不同。

孔子的“知天命”“耳顺”“从心所欲不逾矩”，都是就人生境界的追求所说的。孔子五十而读《易》，读了《易》才解了“天命”，“天命”是什么？“天令之谓命”，天命“不可变也”，是形而上的东西。“六十耳顺，耳顺，闻其言，而知微旨也。”人到了六十岁，好话坏话尽管人家去说，自己都听得进去，毫不动心，不生气，你骂我，我也听得进去，心里平静。再加十年，七十就“从心所欲”，达到最高境界，即人生的自由境界。所谓“不逾矩”就是合乎于“礼”。人与人之间要有一个范围，“从心所欲”自由而不能超过这个范围，就是“不逾矩”。

老子在《道德经》中说：“人法地，地法天，天法道，道法自然。”这可以说是老子对人生境界追求的叙述。他认为人最高的理想是效法“道”，而“道”是自然而然的，是一种超越世俗的“得道”的境界。

庄子哲学主要论证的是得道之人在精神上的无限性、绝对性和永恒性。庄子《逍遥游》主旨是讨论人如何达到精神上的绝对自由，庄子“坐忘”的境界就是他所说的“无己”或“丧我”的境界。

如果把每个人的人生境界加以抽象，划分几个等级，那么大体上可以分成：自然境界、功利境界、道德境界、天地境界。如果一个人顺其本能或社会风习去做，对自己所做之事毫无觉解，他的人生境界就是自然境界。如果一个人所做的事，动机是利己的，其事对他有功利意义，他的人生境界就是功利境界。如果一个人自觉他是社会整体之一员并自觉为社会利益做各种事，所做的事都有道德的意义，他的人生境界就是道德境界。如果一个人了解到超乎社会整体之上，还有一个更大的整体，即宇宙，觉解自己不仅是社会的一员，还是宇宙的一员，即孟子所说的“天民”，他自觉为宇宙的利益而做各种事，并觉解其中的意义，为他构成了最高的人生境界，就是天地境界。

道德境界有道德价值，天地境界有超道德价值。按中国哲学的传统，哲学的任务就是帮助人达到道德境界和天地境界。

由于人们生活的复杂性，同一个人在不同的主客观处境中，也可能有不同的心灵境界，从而出现多重人格。不同的宇宙观、人生观使人生处于不同的意义与价值等网络之中。人们的价值观念离不开他对存在的观念。存在的多重性使得境界有了差别：物质世界、生命世界、心灵境界、艺术境界、道德境界、宗教境界，以及存在与人性相合于其巅峰的至人之境，即不可思议、玄之又玄的境界，它们之间有着互动的关系，但不一定是直线递进的关系。

第三节　中国传统思维方式和行为方式

一、逻辑分析与辩证综合

中国哲学的各家各派有着各不相同的思维方式。一般说来，中国哲学家欣赏整体动态、辩证综合与直觉体悟的思维方式，但这并不是说中国没有逻辑分析的传统。

孔子兼重学思，强调“学而不思则罔，思而不学则殆”《论语·为政》。孟子提出“心之官则思”的命题，宣称“思则得之，不思则不得也”《孟子·告子上》。《中庸》提出“博学之，审问之，慎思之，明辨之，笃行之”的为学五步骤。又说：“故君子尊德性而道问学，致广大而尽精微。”这都是肯定思必须慎，辨必须明，提倡细微分析。

儒家比较推崇“明辨”，即逻辑之学的是荀子及其后学。荀子主张形式逻辑的类推原则，倾向于对事物及其类别的确定性加以研究，有实证分析的认知倾向。

后期墨家比较重视分析方法，《墨子》书中所保存的《墨经》显示出墨家分析思维的光辉。墨家严格地确立了概念、判断、推理的逻辑程序和规则，《墨经》所指出的“故”“理”“类”的归纳推理和类比推理的步骤与方法，亦有精到之处。

名家对于分析思维也有贡献。惠施的“历物”十事，既表现了辩证思维，也表现了分析思维。公孙龙讲“离坚白”，所谓“离”即分别之意。

法家韩非也很强调分析性、确定性的认知方式。

宋明理学家中，朱熹比较注意分析。他曾讲学问之道云："盖必析之有以极其精而不乱，然后合之有以尽其大而无余。"《大学或问》这就是兼重分析与综合。

中国传统哲学思维方式的缺点是分析方法的薄弱，但并不是完全没有分析思维。我们今天以西方的形式逻辑、理性思维方式、科学思维方法来改造传统的思维方式时，应当注意发掘中国古代已有的成果，重建精密化的语言指谓关系，开拓明晰的概念认知系统，使概念和观念确定化，建立分析的程序、逻辑的结构和论证推理的规范，避免语言、概念、观念、判断、推理的空洞、游移、不确定、不严密，避免忽视实证、实验中严谨的工具、步骤、方法，避免以情绪代替逻辑，将怀疑视为结论，把主观估计的或然的东西当作客观实在的必然的判断，更不能以某种"需要"来决定"事实"。夸大朴素辩证法的主观随意性，缺乏冷静、客观的科学态度和严谨、致密的分析方法，以价值判断代替事实判断，都与中国传统哲学思维方式有关。

中国儒释道所推崇的整体、流动、当下体悟的方法，与面对现象层面的方法确实有很大区别。由于我们民族久远以来的生存方式，以及汉字语言等各方面特性的缘故，中国传统思维方式特别发达的是辩证思维和直觉思维。

辩证思维方式所强调的是整体、对待、过程、流衍、动态平衡。中国哲人观察宇宙人生，以一种"统观""会通"的方式，即着眼于天地人我、人身、人心都处在不同的系统或"场"之中，肯定各系统、要素之内外的相互依存、密切联系。人体小宇宙是一个有机联系的整体，天地大宇宙也是一个有机联系的整体。古代哲学以"统体""一体"，或者以"道""一""太极""大全""太和"等表明这个整体。

以《周易》《老子》《大乘起信论》等为代表的辩证方法论模型，是"一物两体""一体两面""一心二门""整体—对待—流行"的模型，或者说是"二元对待归于机体元"进而发展"两面互动"的模型。例如以易、道、天、太极、太虚为"一体"，以阴阳、乾坤、形神、心物、理气、翕辟、动静等为"两面"。此两面并不是均衡的、平行的或平等的。两面的相反相成，其动力来自这两面的不平衡。所谓"一阴一阳之谓道""反者道之动""阳中有阴，阴中有阳""动静无端，阴阳无始"等，既不是把矛盾双方的对立看成僵死的、绝对的，亦不是把矛盾的统一看成双方的机械相加，或一方吃掉一方，而是在相互补充、互相渗透、互为存在条件的前提下，由矛盾主动方面对于被动方面的作用，从而构成新的均衡稳定、动态和谐的统一体。

这个统一体又处在一个有机的系统之中。如道体即阳与阴相互作用，此消彼长，阳为主导，阴阳相反相成，合二以一，构成新的统一体。

承认内在矛盾推动事物发展，承认“分一为二”与“合二以一”是一条长链中的不同环节，肯定事物即涵盖了肯定与否定的辩证过程，使这一思想具有有机性、整体性、系统性和连续性。这是一个弹性很强的诠释模式和思想架构。这种整体综合的方式，如果能以前述分析思维为基础，则将更加具有科学性和现代性。

二、直觉体悟

《周易》借助于具体的卦象符号，启发人们把握事物的抽象意义，崇尚观物取象、立象尽意的思维方式。《周易·系辞传》云：“圣人有以见天下之赜，而拟诸其形容，象其物宜，是故谓之象。”卦象是《周易》的骨骼，舍象则无《易》。借助卦象，并通过象的规范化的流动、联结、转换，具象地、直观地反映所思考的客观对象的运动、联系，并借助六十四卦系统模型，推断天地人物之间的变化，这种思想方式渗透到中医和中国古代科技之中。道家主张“得鱼而忘荃”，“得意而忘言”（《庄子·外物》），魏晋玄学家王弼提出“得意在忘象，得象在忘言”（《周易明象》）的命题，表明了中国思维穿透语言，领略语言背后之象，进而穿透形象而领略其背后之意蕴的特点。

中国儒释道三家都主张直觉地把握宇宙人生之根据和全体。儒家的道德直觉、道家的艺术直觉、佛家的宗教直觉，都把主客体当下冥合的高峰体验推到极致。中国哲学认为对于宇宙主体，不能依靠语言、概念、逻辑推理、认知方法，而只能靠直觉、顿悟加以把握。

道家认为，心灵的虚寂状态最容易引发直觉思维。因此，人们要尽可能地摆脱欲望、烦恼和困扰，保持心境的平和、宁静。而要使直觉思维真实呈现，则离不开默思冥想的“玄览”。老子主张“涤除玄览”。“涤除”即否定、排除杂念，“玄览”即深入静观。这是在精神修养极高的前提下才具备的一种思维状态。庄子主张“心斋”“坐忘”。“心斋”即保持心境的虚静纯一，以便直接与道契合。“坐忘”即心灵空寂到极点。忘却了自然、社会，甚至忘却了自己的肉身和智慧，物我两忘，浑然冥同大化之境。

儒家孔子的“默而识之”，孟子的“不虑而知”“不学而能”的良知良能，荀子的“虚一而静”“大清明”，张载的“大其心则能体天下之物”，朱熹的“豁然贯通焉”“众物之表里精粗无不到，吾心之全体大用无不明”，陆九渊的“吾心”与“宇宙”的冥契，王阳明的“致良知”等，都是扬弃知觉思虑，直接用身心体验宇宙终极的实在，达到对道德本体之契合的一种境界或方法。

佛家更是强调一种精神性的自得和内心的体验，彻见心性之本源。禅宗的参究方法是不立文字，教外别传，直心而行，无念为宗，触类是道，即事而真。不执着外物，言行纯任心性之自然。禅宗的顿悟成佛，排除语言文字、逻辑思维工具，主体直接契入客体，与客体融合为一。这种思维活动的过程与结果是只可意会而不能言传的，有赖于每个人自己体悟，别人只能暗示、启发，而不能替代。

超越逻辑，祛除言诠，止息思维，扫除概念，排斥分析、推理诸理性思维活动，精神内敛默然返照，当下消解了主客、能所、内外、物我的界限，浑然与天道合一。这种思维状态即“众里寻他千百度，蓦然回首，那人却在灯火阑珊处”，当下得到了对于生活和生命，对于自然世界和精神世界之最深邃的本质的一种整体的、综合的洞悉。但这是在多次反复的理性思维的基础上产生的，没有理性思维的铺垫，这种灵感或顿悟就不可能出现。

这种思维方式的特点是主体直接渗入客体。主体对于最高本体的把握，不是站在生活之外做理智分析，而是投身于日常生活之中的一种感性体验，以动态的直接透视，体察生动活泼的宇宙生命和人的生命，以及二者的融汇。只有切实的经验与自家身心交融成一体的经验，设身处地，体物入微，才能直接达到和把握真善美的统一。这种体验，暂时破除了对于任何语言、思辨、概念和推理的执着，但绝不是说这些思维工具是微不足道的；恰恰相反，没有理智分析的素养，也难以把握最高本体。

这种思维状态、思维方法，又是一种境界，一种智慧。它可以是道德的、艺术的或宗教的境界与智慧。儒释道共通的、最高的智慧与境界，是彻悟最高的存在。人的安身立命之道、人的终极关怀发生了问题，不是因为他没有科学知识、专业技术，而是因为他失去了悟性正智的作用，掩蔽了人的真性，生命理性不能显发，生命和宇宙的真相无法洞悟、契合。本体与现象二分，上界与下界悬隔，偏见的执着，知解的纷扰，常常会妨碍我们从总体上把握宇宙人生的全体意义、全体价值和全体真相。

从哲学思想方法而言，我们应看到，直觉与理智代表同一思想历程之不同阶段或不同方面，并无根本的冲突。当代世界哲学的趋势，在于直觉方法与理智方法的综贯。直觉方法一方面是先理智的，一方面又是后理智的。先用直觉方法洞见其全，深入其微，然后以理智分析此全体，以阐明此隐微，这是先理智的直觉。先从事局部的研究、琐屑的剖析，积久而渐能凭直觉的助力，以窥见其全，洞见其内蕴之意义，这是后理智的直觉。直觉与理智各有其用而不相背。没有一个用直觉方法的哲学家而不兼采形式逻辑与矛盾思辨的，也没有一个理智的哲学家而不采用直觉方法及矛盾思辨的。所以东西方思维方式并不是绝对的直觉与理智的对立。我们要善于把东西各自的形式逻辑、辩证思维、理性方法、直觉方法等综合起来，为现代化建设服务。

三、知行动态统合

知行关系问题是中国哲学家特别重视的问题之一。它所涵盖的是理论理性与实践理性的统一。中国哲学家偏重于践行尽性，履行实践。中国古代哲学家的兴趣不在于建构理论体系，不是只把思想与观念系统表达出来就达到了目的，而在于言行一致、知行统一，自己所讲的与自家身心的修炼必相符合。他们强调知行的互动，即按照自己的哲学生活，身体力行，付诸行动，集知识与美德于一身，不断把自己修养到“无我”的境界。

宋元明清时期，知行问题的讨论渐趋成熟，广泛涉及知行的先后、难易、轻重、分合及格物致知的方法与判断真善美的标准等问题。程颐、朱熹强调“以知为本”“知先行后”。这里所说的知行，主要属道德范畴。“知行长相须，如目无足不行，足无目不见。论先后，知为先；论轻重，行为重。”（《朱子语类》卷九）朱子对于知行问题的根本见解是：从逻辑上讲，知先行后，知主行从；从价值上讲，知行应合一，穷理与履践应兼备。也就是说，知与行之间有了时间上的距离；要征服时间上的距离与阻隔，需要努力方可达到或实现。

王阳明提出：“知是行的主意，行是知的功夫；知是行之始，行是知之成。”（《传习录》）又说：“知之真切笃实处便是行，行之明觉精察处便是知。”（《王文成公全书》卷六）王阳明所说的见父自知孝，见兄自知悌，见孺子入井自知往救等，即是自动的、率直的、不假造作的、自会如此的知行合一，既非高远的理想，亦非自然的冲动，更非盲目的本能。即心即理，即知即行，如此直接、当下、迅速。王阳明虽反对高远理想的分而后合的知行合一，但他所持的学说，仍是有理想的、有价值意味的、有极短的时间距离的知行合一说。

明清之际的思想家王夫之批判地继承朱王，把知行统一建立在“行”的基础上，反对“离行以为知”，提出了“行先知后”说。王夫之批评王阳明的“知行合一”说是“不知其各有功效而相资”，批评朱熹的“先知后行”说是“立一划然之秩序”。也就是说，他强调的是知行的分而后合，肯定知与行各有功效。在此基础上，他仍然认为“知行始终不相离”“相资以互用”“并进而有功”。这样，王夫之较为辩证地解决了知与行的关系问题。当然，王夫之所说的“行”，主要还是个人的“应事接物”，即道德修养、道德实践方面的内容。从根本上来说，他的知行观，还是理想的价值的知行统一观。

在朱熹、王阳明和王夫之的知行观中，我们可以知道，中国哲学家的行为方式是理想与理性的统一、价值与事实的统一、理论理性与实践理性的统一。他们各自强调的侧面虽有所不同，但把价值理想现实化，实践出来，而且从自我修养做起，落实在自己的行为上，完全出自于一种自觉、自愿、自由、自律，这是值得肯定的。

关于传统知行观的现代改造，首先应由单纯的德行和涵养性情方面的知行，推广应用到自然知识和理论知识方面，作为科学思想和道德以外的其他一切行为的理论根据。其次，这个“知”是理论的系统，不是零碎的知识，也不是抽象的概念，更不是被动地接受外界印象的一张白纸，而是主动的、发出行为或支配行为的理论。再次，这个“行”不是实用的行为而应是严格意义上的社会实践。它是实现理想、实现所知的过程，又是检验所知的标准。

总之，在传统哲学中，“道、易、诚、仁、太极”等本体是超越的又是内在的本体。就人与世界的基本“共在”关系而言，在传统哲学中是通过天人、体用、心物、知行之契合来加以沟通和联结的。天人之间、形上形下之间，价值理想与现实人生之间没有不可逾越的鸿沟。中国哲学由“内在超越”，使天道与心性同时作为价值之源。开掘心性，即靠拢了天道；落实行为，即实现了理想。

中国哲学的宇宙观念、人生智慧、思维方法、行为方式在现代仍然是全人类极其宝贵的思想传统和思想资源，是中国现代化事业的源头活水之一。

【思考与练习】

1. 中国哲学有哪四大思想资源和传统？它们共同的特征是什么？
2. 概述中国哲学的宇宙观。
3. 中国哲学的人生境界对大学生人生观的培养有什么意义？
4. 中国传统思维方式和行为方式是什么？

第九讲 中国古代的宗教

《现代汉语词典（第7版）》对“宗教”词条有详细的注解：“一种社会意识形态和文化历史现象，是对客观世界的一种虚幻的反映，相信在现实世界之外存在着超自然、超人间的力量，要求人们信仰上帝、神道、精灵、因果报应等，把希望寄托于所谓天国或来世。”马克思在《〈黑格尔法哲学批判〉导言》中说：“宗教是还没有获得自身或已经再度丧失自身的人的自我意识和自我感觉。”说到底，这是一种在宗教约束下的有限自由。那么，到底什么是宗教呢？可以明确地说，宗教既不等同于宗教组织，也不仅仅指宗教观念，它是基于人类自身对生命的反思和终极追求，从而形成的一种超越有限、追求无限的意识和行为。因此，对宗教要辩证地看待，要与邪说异端区分开来，道听途说、畏之如虎，或者言必听之、一味盲从，都不是科学的态度。

第一节 中国古代宗教的发展历程

中国古代宗教的发展经历了漫长的过程。原始先民基于对自然的认知限度，产生了自然崇拜、鬼神崇拜、祖先崇拜、动物崇拜等多种原始宗教形式，这些形式在东西方的很多创世神话中都有所体现。历史证明，人类在远古时期面对自然所产生的惊慌失措，进而寻求超自然力的保护，是宗教产生的源头。在中国，人文在与自然的触碰中所形成的“天人合一”的观念长期得到认可，并为儒、道、墨、法诸家所继承，成为中国古代宗教的哲学基础，进而表现出“人神合一”的特征。这与西方“是神非人”的宗教意识有着本质的不同。由此可见，宗教在中国更多的是人文性，更多的是与哲学和文化紧密相关、依存发展。

一、儒教的发展历程

“儒”发端于春秋时期，是指从巫、史、祝、卜中分化出来，熟知诗书礼乐的术士。由“儒”这一群体而形成的阶层，称为“儒家”，而“儒家”所秉持的学说就称为“儒学”。至于“儒教”一词，首次见之于《史记·游侠列传》：“鲁人皆以儒教，而朱家用侠闻。”东汉末年的蔡邕进一步明确了儒教：“太尉公承夙绪，世笃儒教。”“儒教”以尧舜禹的五教为本源，以孔子为先师，以《诗》《书》《礼》《乐》《易》《春秋》中的神道设教，经历了先秦、两汉、魏晋、隋唐、宋明、清代等不同发展阶段，至于近代，其思想体系渐趋于崩塌，但儒家思想的精神特质却已融入中华民族的血脉中。

（一）先秦时期

尧、舜、禹任用皋陶，兴“五教”、定“五礼”、创“五刑”、立“九德”、亲“九族”，而父义、母慈、兄友、弟恭、子孝，社会有序，天下大治。周公“制礼作乐”，形成了西周特色的礼乐文化与礼乐文明。春秋以降，“礼崩乐坏”，孔子追随周公，倡仁、尊德、尚礼、喻义。他一生致力于授徒讲学，周游列国，推行主张，晚年修订六经，即《诗》《书》《礼》《乐》《易》《春秋》，奠定了儒教思想的经义基础。后人把周公和孔子并称为“周孔”，又把儒教的主张称为“周孔之道”。

（二）汉唐时期

西汉之初，“文景之治”采用休养生息的政策，奉行道家的黄老之学。武帝开始加强中央集权，采纳董仲舒的建议，实行“独尊儒术”的政策，确立了孔子的教主地位，建立了社会秩序和伦理纲常的根本法则，开启了儒教作为国家宗教制度化的先河。东汉时期的谶纬之学将儒教思想神学化，使孔子的人道上升为天道，在思想内容上完成了国家宗教的洗礼。

（三）魏晋时期

玄学兴起，佛道盛行，动摇了儒教的思想地位，产生了儒、释、道三教之争。不同思想的文化冲突，异中求同，求同存异，有利于三教的会通与融合，由此形成后世儒教占统治地位、三教合流的总体发展趋势。

（四）隋唐时期

儒、释、道三教并存发展。隋代的王通首先提出儒、释、道三教归一的理论，以儒学为主，调和释、道二教。唐贞观年间，孔颖达主持编纂《五经正义》，完成了对儒家经典的系统整理。中唐以后，韩愈等人发起古文运动，重释儒学精神，恢复儒学权威，为宋明理学的创立提供了有益借鉴。

（五）宋明时期

理学家继承儒家道统，以儒为主体，综合儒、释、道三家之长，创建了理学思想体系，称为“道学”或“新儒学”。一批理学家在文化造极的两宋时期，接踵而出，代有传承，将儒教推向了汉以后的第二个黄金时代。周敦颐的濂学、张载的关学、二程的洛学，至于朱熹的闽学，“集诸儒之大成”，建构起以“理”为最高范畴的哲理思辨体系。明代的王阳明是心学的集大成者，致良知的哲学之思，与朱熹等的义理之学，共同建构了中国古代最为精致、最为完备的思想体系。

（六）清朝时期

明亡之后，实学经由明末清初三大启蒙思想家黄宗羲、顾炎武、王夫之导入清朝，他们力图匡复，兴起经世致用之学。及至后来，因为思想的钳制，以复兴汉学为宗旨的乾嘉学派只能在故纸堆中对儒家经典做些考镜源流的工作。鸦片战争以后，西方文化涌入，儒教一尊的地位已经摇摇欲坠。以康有为、梁启超为代表的维新派只能走上对儒教哲学进行适应性改造的道路。在《孔子改制考》中，康有为把孔子奉为托古改制的万世圣主、至圣先师，以及为百代立法的素王和儒教教主，甚至把西方的选举制度也说成孔子所创，由是彰显了儒教哲学的现代意义。

二、道教的发展历程

道教是中国的本土宗教，以“道”得名的概念始于《老子》，又以“道”为最高信仰，认为“道”是化生万物的本原，并奉老子为太上老君，作为道教的教主。道教的最终目的是通过修道，使人体道、悟道，与道合一，即所谓的“道法自然”。一般认为道教的思想来源比较复杂，包括殷商时期的鬼神巫医崇拜、春秋战国的老庄哲学、战国秦汉的求仙问卜、秦汉的黄老之学，以及来自儒、墨、易、阴阳等家的自然之说和神秘主义。虽然如此，道教主要还是以道家的“道”“玄”“无”“自然”“无为”等为主要入道门径。同儒教的生发途径类似，道家显然以道家哲学思想为依托，进而设教，走上宗教之路。

（一）先秦时期

“天法道，道法自然”的老庄学说作为道家的天道观念，与儒家相比，更加注重自然化，而非人格化。因此，道家的“道”还不是所谓宗教当中的“至上神”，而是指生成万物，并遵循万物规律的普遍存在，无须任何意志的主宰，这就是道家的“无为”。至于所谓“道法自然”，是以“道”为天地造化之根本，“道常无为而无不为”，是以处无为之事，行不言之教，这被视作道教形成的哲学基础。

（二）两汉时期

作为制度化的宗教，道教产生于汉末。西汉初期的统治者推崇无为而治的黄老之学，世称“人君南面之术”。汉武帝以后，黄老学说走向民间，转向求神卜筮，与神仙家合流。东汉时期，三大道教经典《太平清领书》《周易参同契》和《老子想尔注》的产生，是道教信仰和道教理论形成的标志。张道陵的五斗米道和张角的太平道则是道教活动和道教实体出现的标志。

（三）魏晋六朝时期

时人奉《周易》《老子》《庄子》为“三玄”，故有“玄学”之称，出自《老子》的“玄之又玄，众妙之门”。葛洪是道教在这一时期的主要代表，他将道家的“道”和魏晋的“玄”结合在一起，糅入道教守一的思想，建立其道教哲学宇宙观，把“道”确立为“长生成仙”的根本依据和最终目标。以阮籍、嵇康、何晏、王弼等人为代表的玄学家，纷纷著书立说，极大地促进了道教理论的发展。六朝时期的陶弘景开创了“茅山宗”，编撰《真灵位业图》，为道教建立了神仙谱系。他还发展了葛洪的仙道学说，自觉推动三教会通，从注重外在的形体修到向内的心性修，开启了道教哲学的内在超越之路。

（四）隋唐时期

道教逐渐进入全盛时期，唐高宗李治尊奉老子为“太上玄元皇帝”，首开给老子册封尊号之先河；尊《老子》为上经，纳入科举考试；在各地兴建道观，提高道士地位。唐玄宗李隆基规定道举制度；将《道德经》置为诸经之首，并亲自作注颁布天下；推动编纂了历史上第一部道藏《开元道藏》；确定道教节日；提高道士地位，使之享受皇家特权。道教因此空前繁荣，迎来了史上第一次发展高潮。中晚唐的统治者继续沿用“尊祖”“崇本”的崇道政策，由上而下信奉祈禳之术、炼丹之风。炼丹术经过阿拉伯西传到欧洲，成为现代化学的先驱。

（五）两宋金元时期

以赵匡胤为首的历代统治者继承了唐朝统治者的崇道政策，大量兴建道观，提高道士地位。宋徽宗赵佶更是自称“教主道君皇帝”，按照朝廷管理品秩，设立道阶、道职，设立道学制度和道学博士。金元时期，王重阳创立了以道为主、兼容儒释的“全真道”，与以符箓为主的“正一道”成为道教的两大教派。元代成吉思汗命令丘处机掌管天下道教，免除道士租赋差役，促进了全真道教的发展。

（六）明清时期

朱元璋推崇道家的无为之治，采取休养生息的治国政策，并在礼部下设置道录司作为管理道教的最高机构。其后的明代统治者沿袭了对道教的管理制度，擢拔道士入朝为官，宠信方士炼丹服药，以明世宗朱厚熜崇道最甚，使明朝道教的兴盛达到登峰造极的地步。同时，道教在明朝也广泛进入了民间，道教的教理教义、神仙信仰、伦理思想、科仪方术也深入了百姓的日常生活。玉帝、老君、真武、关帝、文昌、财神、妈祖、城隍、门神、土地、福禄寿三星等道教尊神、俗神，在民间被广泛祀奉。清朝开始对道教进行抑制，乾隆皇帝将藏传佛教立为国教，而道教作为汉人的宗教，地位一降再降。鸦片战争之后，道教更是江河日下，辉煌不再。

三、佛教的发展历程

与土生土长的儒教、道教不同，佛教是一种外来宗教。它产生于距今已2500多年的古印度迦毗罗卫国，创始人为乔达摩·悉达多。因为他属于释迦（Sākya）族，佛教徒称他为释迦牟尼，又称“佛陀”，意为觉悟者，简称“佛”。佛教为世界三大宗教之一，在人类发展史上影响很大，尤其是在中国的传播和中国化，在中国的文学、艺术等领域打下了深刻的印记。中国也成为继佛教始创国印度之后世界佛教的中心。

（一）两汉三国时期

佛教传入中国的时间尚有争议，一般认为是在公元前后。史料记载，永平十年（58），汉明帝遣使出使西域，于大月氏，遇沙门迦叶摩腾、竺法兰，得佛像经卷，用白马载抵洛阳，明帝为建白马寺，译四十二章经，是为中国有佛僧、佛寺、佛教之始。桓灵二帝时，先后有安清（世高）、支娄迦谶（支谶）、竺佛朔、支曜等僧侣来中国传教。三国时期，又有昙摩迦罗、昙帝、康僧铠、康僧会、支谦等来中国翻译佛经，传播佛法。

（二）两晋南北朝时期

佛学在中古得到了较大的发展，玄学与佛学合流，形成“六家七宗”等佛门宗派，先后出现了慧远、萧衍、竺道生等弘扬佛学的代表性人物。与此同时，一批中国僧侣如法显、慧睿、支法领、法净、智猛、昙纂、竺道嵩、法勇、僧猛、昙朗、法盛、释法献等先后西行印度或西域诸国交流佛法。印度僧侣鸠摩罗什在后秦弘始三年（401）进入中国，翻译佛经35部，从其学者达3000余人。西行求法的法显在归国后，也翻译了《摩诃僧祇律》《方等般泥洹经》《杂阿毗昙心论》等计百余万言。这一时期的佛教在中国已经传遍了大江南北。杜牧《江南春》诗云“南朝四百八十寺，多少楼台烟雨中”，说的就是佛法兴盛、寺院林立的佛教盛况。

（三）隋唐五代时期

佛学在中国的发展逐渐到了鼎盛时期，提出“顿悟成佛”的禅宗的出现是佛教中国化的主要标志，此外还有天台宗、华严宗等重要宗派，佛教的中国化在这一时期宣告完成。唐贞观十八年（645年），与鸠摩罗什、真谛并称为中国佛教三大翻译家的玄奘从西域带回600多部佛经，穷尽毕生心血，翻译出佛典75部、1335卷，并口授由弟子辩机执笔完成了著名的《大唐西域记》一书，全面记载了他到过的110个国家和听到过的28个国家的地理情况和风俗习惯。其后，佛教先后经历了唐末武宗灭法、五代十国战乱、后周世宗灭佛等一系列的打击，发展受到了遏制。

（四）宋元时期

宋太祖赵匡胤敕令开雕《大藏经》，称《开宝藏》，成为中国全藏刻版印刷的开始，也是一切官、私刻藏及高丽刻藏的共同依据。太宗时，诏立太平兴国寺为先皇帝寺，设立组织完备的译经院，使中断200多年的官刻译经，一度复兴。到了元代，佛教更加受到统治者的重视，元世祖邀请西藏萨迦派僧侣帕思巴入京，奉为帝师，地位职权仅次于皇帝。此后萨迦派僧侣世代为国师，遂使西藏佛教（喇嘛教）成为元朝的国教。

（五）明清时期

明太祖朱元璋发迹之前，曾在皇觉寺出家为僧，因而对佛教较为礼遇，即位后颁布了一系列佛教政策：立僧官、定考试、制度牒、刻藏经（南藏）、整理僧籍；分寺院僧为禅、讲、教三类。明成祖朱棣任命临济僧道衍为宰相，刻北藏，作《赞佛偈》《金刚经解》。明中叶以后，莲池、紫柏、憨山、蕅益四位高僧，不仅弘扬禅宗，而且力阐儒释道合流，成为其后300年佛教发展的主流。到了清代，统治者同元代一样崇奉喇嘛教，在西藏以达赖治前藏，以班禅治后藏。康熙帝迎请明末以来的各宗派高僧入京，促进佛教的复兴。清末由于战乱的影响，佛教的发展再次走入了低谷。

第二节　儒、道、佛三教的精神特质

宗教作为一种社会意识形态，是思维的产物，其主要特征之一就是超现实的精神信仰，一般称之为宗教信仰。黑格尔就认为，宗教是自由的，是圣灵通过有限的精神并使之成为不折不扣的自我意识。人们会在这种自我意识中，去追求超越有限的终极关怀，这是宗教赖以生发的思想基础。儒、道、佛三教分别有其精神特质，在其产生和发展过程中起到规范和引导的作用，认知和把握这些精神特质，对了解儒、道、佛三教有着重要意义。

一、儒教的精神特质

儒家被称为“圣教”，尊奉孔子，“祖述尧舜，宪章文武”，倡导王道德治、尊王攘夷和上下秩序。以《十三经》为经典，以古代官僚机构为组织，以天坛、宗庙、孔庙、泰山为祭祀场所，以郊祀、祀祖、祭社稷、雩祀、释奠礼、五祀为祭祀仪式。

（一）基本信仰

儒教经由原始宗教而下，经历数千年的演进，形成整体式的信仰认同方式，与儒家“修身齐家治国平天下”的终极追求相对应，可分为三个层次。第一层次是以“天命崇拜”为基础的“国家信仰”。所谓“君权神授”，天子代表神在人间行使天命，神圣不可侵犯。早在夏朝，就已经有这种观念，《尚书·召诰》说：“有夏服（受）天命。”周武王“受命于天”，自称周天子，一切“礼乐（政令）征伐（军令）自天子出”。天子至高无上的地位，是“率土之滨，莫非王臣”普遍尊奉的“国家信仰”，有利于维护国家秩序的稳定和统一管理。第二层次是以“祖先崇拜”为基础的“家族信仰”。“祖先崇拜”是由图腾崇拜过渡而来，在血缘关系中萌发，基于认为死去祖先的灵魂仍然存在，并且对子孙的生存状态有影响的信仰。其对本族祖先的神化具有本族认同性和异族排斥性；相信本族祖先的神力能够庇佑后代族人；由对自然物的图腾崇拜，上升到对祖先的人文崇拜。“祖先崇拜”是维系家族延续的精神支柱，围绕祖先的扫墓、祭祀、供奉等活动都是“祖先崇拜”的体现。第三层次是以“圣人崇拜”为基础的“个人信仰”。“圣人崇拜”始于春秋末期，为孔子及诸子百家所提倡，打破了人物身份地位的垄断，从天子诸侯到百姓布衣都在成圣之列，孟子的“人皆可以为尧舜”、王阳明的“满街皆圣人”、李贽的“人人皆可以为圣”都是持这种观念。“圣人崇拜”是一种倡导人人重视品德修行的“个人信仰”，对这种信仰最好的注脚是孔子所倡导的“君子”，“君子儒”与“小人儒”就是以道德为评判标准的不同儒者形象。

（二）基本教义

儒教的主旨是“圣人神道设教”，包含了天人感应、天命观念、道德教化等的思想体系。比较有代表性的组成部分，一是重生轻死。儒教更重视在现世的生的价值，而不是死的价值，因此才有了所谓永生的“三不朽”，即“太上有立德，其次有立功，其次有立言。虽久不废，此之谓不朽”。孔子也说“未能事人，焉能事鬼”，认为人应该关注存世之人的责任，要求人们珍视生命存在的意义。二是天人感应。儒教基本教义中，“天人感应”是相对重要的范畴，是指人与自然万物同类相通，相互感应。孔子作《春秋》，认为天能影响人事，预示灾祥；同理，人的行为也可以感动上天。《春秋》之所以重灾异，是因为孔子认为灾异是国君失德而引发的。天会根据人类的恶行用灾异来警告世人，使人之反省改过，“国家将兴，必有祯祥；国家将亡，必有妖孽。见乎蓍龟，动乎四体”；当然，有德也必能感应上天，“积善之家必有余庆，积不善之家必有余殃”。三是敬天保民。因为“天命靡常”，也就是说上天的意志并不是一成不变的，而是会根据依据“民心”的向背随时改变。维护天子的地位，就需要一方面“敬天”，按上天的旨意行事，“祈天永命”；另一方面又要“保民”，即施行德政，争取民心。孔子的“仁政”、孟子的“德治”都是这一思想的延续。四是内圣外王。虽然“内圣外王”最早出自《庄子·天下篇》，但成了儒家的精神追求。通俗地讲，“内圣”就是“修身”，“外王”就是“齐家、治国、平天下”。儒教通过内在的道德自觉达到外在的理想人格的建树。张载的横渠四句“为天地立心，为生民立命，为往圣继绝学，为万世开太平”也是承续了这样的理念。

二、道教的精神特质

道教以“道”为基本信仰，发源于春秋战国的方仙道，是一个崇拜诸多神明的多神教原生的宗教形式，主要宗旨是追求长生不死、得道成仙、济世救人，奉太上老君为教主，并以《道德经》等为修仙主要经典，以修炼成仙为精神追求。

（一）基本信仰

道教源于道家思想，以“道法自然”为体道、悟道的出发点，以“返归本心”为体道、悟道的归宿，形成了一个完整的信仰体系。一是道法自然。《老子》说：“人法地，地法天，天法道，道法自然。”“道法自然”是道家的核心理念，以“道”为天地万物变化之根本，人之所以效法“道”，是因为“道”具有“自然无为”的特性，“是以圣人抱一为天下式”，处无为之事，行不言之教，这是一种绝对自然的状态。“道”主宰一切，却又不需要任何有意志的行为实现主宰，这就是“道常无为而无不为”。需要指出的是道家的“无为”，是要按“道”去安身处世，远祸慎行，追求朴素节俭、清静寡欲的境界。道教继承了“道法自然”的理念，主张天、地、人三者自然共生，共同遵循自然法则的天人和谐。二是返归本心。司马承祯《坐忘论》认为：“夫心者，一身之主，百神之师”，因此欲得道者，必先“收心”“虚心”“安心”“空心谷神，唯道来集”“心安而虚，则道自来止”“人能虚心无为，非欲于道，道自归之”“炼神入微，与道冥一”。道教主张通过“炼精化气、炼气化神、炼神还虚、炼虚合道”四个层次的修炼，最终使“精、气、神、道”合一，实现“返真”——直达本心的“大道”。在白玉蟾看来，即心即道、即体即用的心体道用之说，不仅在于抬高心的本体地位，而且凸显心本体即体即用、体用无间的特性，与“心外无物，心外无理”的辩证思维同趋一途。

（二）基本教义

道教教义根植于“道”，围绕“道”来诠释，具有鲜明的特征。一是天人合一。虽然儒、释、道三家对此均有阐述，但最早是由庄子发展为天人合一的思想体系的。庄子说：“有人，天也；有天，亦天也。”天人本是合一的，只是由于人制定了各种典章制度、道德规范，人便丧失了原来的自然本性，变得与自然不协调。人修道的目的，就是“绝圣弃智”，去除这些束缚，将人性解放出来，复归于自然，达到一种“万物与我为一”的精神境界。二是仙道贵生。其主要来源是秦汉时期的方仙信仰和《道德经》修真长生之道的理义。所谓“仙道”，即道教追求的成仙得道，而成仙得道需要通过自我的修行，达到长生久视。因此，道教重在贵生，达到生道合一的目的，就是得道。三是清静寡欲。《道德经》说：“清静为天下正。”学道修道者应做到没有私欲，乐清知静，才能实现修行得道的追求，“人能常清静，天地悉皆归”。道教的清静教义，往往与浊动相生相化。《清静经》“清者浊之源，动者静之基”，是指修道要通过修炼由浊而返清，由静而生动。这种清浊、动静相生相化的关系和表现，也正是“道”之清静的完整表现。四是生生变化。大道的本性之一，就是周行不止。用辩证的观点来看，道处于不断的循环运行之中（周行），道运动的规律是不断走向自己的反面（“反者道之动”）。因此，道教强调不仅要顺应自然和社会的变化规律，而且能够利用这些规律去控制自身和外物的变化。

三、佛教的精神特质

佛教属于外来宗教，在公元前后传入中国，随即为两汉统治者所重视，出现了以皇室官方组织高僧进行译介佛经的行为。尤其在汉明帝打开官方应请佛教的大门之后，中国与西域天竺佛教界开始频繁交流，僧侣往来不断，并且翻译了大量的佛教经典，佛教经义由官方到民间广泛传播。尤其是在唐朝玄奘取经之后，佛教迎来了发展的高峰期，中国成为翻译收藏佛教典藏最全面、系统和完整的地区，世界佛教的中心也逐渐转移到了中国，并进而影响到东亚及东南亚等地区，佛教至此成为世界性宗教。

（一）基本信仰

佛教由天竺传入中国，在本土化的过程中，在与儒教和道教心性学说的合流中，兼收并蓄，不断进行自身的调适，由“因缘生法”之“性”内化而为“生成万法”之“心”。佛教的根本思想就是“空”，是“心”。一是因缘生法。佛教主张诸法因缘而生，《中论》说：“因缘所生法，我说即是空，亦名是假名，亦是中道义。”又说：“未曾有一法，不从因缘生。是故一切法，无不是空者。”即一切事物都是因缘和合而生，既然是众缘所生，就是无自性的，就是空的。《佛说造塔功德经》里有一个偈语：“诸法因缘生，我说是因缘；因缘尽故灭，我作如是说。”佛教认为眼前的世界由各种各样的因缘聚合而成，这种“因缘生法”的观念是佛教的基本信仰。二是万法唯心。《地藏菩萨本愿经》觉林菩萨偈云：“若人欲了知，三世一切佛；应观法界性，一切唯心造。”唯有此心能造万法，事物的缘生，“唯心所现，唯识所变”，都是心识与心识变现的互缘互生，或者说是心理活动的产物。诚如梁启超所说，佛法“就是心理学”，恰恰是对佛教“心生万法”的心性本体论的概括。

（二）基本教义

总体上来说，佛教基本教义概括为两个方面，一是关于善恶因果与修行，指佛教教义的实践与道德说教；二是关于生命和宇宙的真相，指佛教教义的理论与辩证思维。具体说来，主要指缘起、四谛、十二因缘、因果业报等。“缘起”，即诸法由因缘而起。在《中阿含经》中，释迦牟尼说：“若见缘起便见法，若见法便见缘起。”在《初分说经》卷下中，有缘起偈云：“若法因缘生，法亦因缘灭。”此“缘起”之理是释迦牟尼悟道成佛之所证悟，后成为佛教的基本原理。佛教以“缘起”解释世界、生命及各种现象产生之根源，由此建立起佛教特殊的人生观和世界观。“四谛”，又称为“四圣谛”。谛，意为真理或实在。“四谛”即佛陀发现的四条根本真理：苦谛、集谛、灭谛、道谛。苦谛，指三界六道生死轮回，充满了痛苦烦恼。最有代表性的是八苦，即生苦、老苦、病苦、死苦、怨憎会苦、爱别离苦、求不得苦、五阴盛苦。集谛，指众生痛苦的根源。谓一切众生，由于贪、嗔、痴等造成种种业因，从而感招未来的生死烦恼之苦果。灭谛，指痛苦的寂灭。灭尽三界烦恼业因及生死轮回果报，到达涅槃寂灭的境界。道谛，指通向寂灭的道路。佛教认为，依照佛法去修行，就能脱离生死轮回的苦海，到达涅槃寂灭的境界。“十二因缘”，是指十二个环节一环套一环，顺逆都互相缘生缘灭，分别是无明、行、识、名色、六入、触、受、爱、取、有、生、老死。十二因缘包含了过去、现在和未来三世。其中无明与行是过去之因；识、名色、六入、触、受五项是现在之果；爱、取、有三项为现在之因；生、老死，则是未来之果。这就为业报轮回奠定了理论基础。最后是因果业报。因果，亦称因果律，是佛教教义系统中用来说明一切关系的基本理论，指一切事物皆由因果法则支配，有因必有果，有果必有因，若否认这种因果之理的存在，则称“拔无因果”。佛教认为，众生的行为能引生异时之因果，善之业因必有善之果报，恶之业因必有恶之果报，此称善因善果、恶因恶果。这种因果之理，称为“因果业报”，或称“因果报应”。

第三节　儒、道、佛三教的文化特征

儒教、道教源于中国本土，根源于中国传统文化，是对传统文化中符合自身教义教旨的强化和彰显。而佛教在进入中国后，经历了本土化的过程，在与传统文化的融合中形成了中国本土特色的佛教宗派，成就了儒、道、佛三教相辅相成的文化特征。

一、儒教与中国传统文化

儒教是建立在儒和儒学范畴基础之上的，先有儒和儒学，然后经过宗教化的过程，产生了儒教。在人文性不发达的上古时期，巫、史、祝、卜等作为原始宗教教职，拥有很高的社会地位。原始意义上的儒就是从这类原始宗教教职中逐渐分化出来的，虽然其代表了一定的人文性，但其脱胎于原始宗教教职，这为儒教奠定了阶层基础。儒学的出现相对较晚，作为一个词，直到汉代才出现于《史记》中。《史记・五宗世家》有“好儒学，被服造次必于儒”的记载。虽然如此，但儒学的实际创始人为孔子，他创立了“仁”的学说，推行“仁政”，形成了一套思想体系，建立了社会的宗法秩序。孟子、荀子进一步丰富了孔子的学说，为儒学思想体系的完善做出了贡献。直到汉代的董仲舒奠定了儒学在意识形态领域中的统治地位，为儒教的产生奠定了思想基础。

儒教的文化特征主要表现为：一是人文主义。尽管是儒教，但其哲学层面关注的是现实和社会人生的问题。孔子倡导“仁”，所谓“仁者爱人”，反映了以人为中心的思想。“仁”在《论语》中出现了100多次，孔子竭力用“仁”去解决广泛的社会问题，如“忠恕者仁之道”“克己复礼为仁”，“仁”成了一个基本的范畴。因此，早期的儒学也称为“人学”。孟子继承了孔子的学说，提出了“民为贵，社稷次之，君为轻”的民本思想，这是一种历史的进步。荀子更加注重人的自主性，提出了“天人相分”“人定胜天”的理论，否定了传统的天命思想，这是对天人关系有科学价值的判断，也是对人文性的空前强调。宋明理学更强化了人文主义传统，发展成为“为天地立心，为生命立命，为往圣继绝学，为万世开太平”的儒家教义，体现了儒教文化特征的一贯性。

二是道德主义。儒学人文主义的深层次结构之一，便是以礼乐教化为中心的道德主义。孔子把人和道德联系在一起，把讲道德的人称为君子，把不讲道德的人称为小人。对于个体而言，“好仁者，无以尚之”，一个人能称得上“仁”，那就是在道德上是完美无缺的；对群体而言，孔子提出了德治的理念，这是基于春秋时期礼崩乐坏的社会现状而提出来的。这种道德理性的觉醒，对维护社会秩序和宗法关系具有重要意义。孟子在孔子的基础上，继续高扬道德主义的旗帜。对个体而言，孟子讲求人有四心，即“恻隐之心、羞恶之心、恭敬之心、是非之心”，分别对应“仁、义、礼、智”四端，这是孟子伦理思想的主要范畴。除此之外，还有“五伦”，即君臣、父子、兄弟、夫妇、朋友等五种伦理关系。对群体而言，孟子推行所谓的“以德服人”的“王道”，以民为本，“保民而王”，反对一切形式的“以力服人”的“霸道”。至于荀子继承了儒家的传统，提出了“礼法并重”的政治思想，这是对德治和仁政的有益补充。虽然，荀子主张性恶论，与孟子的性善论相悖，但都是重视道德主义的不同体现。

三是传统主义。孔子尝自称“述而不作，信而好古”，这种“述而不作”的原则，指的是相信且喜好古人的东西，只转述先哲的思想而不创立自己的思想，这是孔子晚年整理六经的态度。春秋时期的孔子向往周初礼乐隆盛的社会治理状态，因而倡导礼乐，也是对传统的继承。孔子认为对礼乐的传续在夏商周三代已经进行，殷礼因于夏礼，周礼因于殷礼，这种一贯的精神得到了传承。荀子也一再强调这种承传的重要性，他在《天论篇》中说："百王之无变，足以为道贯。一废一起，应之以贯，理贯不乱；不知贯，不知应变。贯之大体未尝亡也。"历代圣王相传而下，贯穿历史长河的"道贯"，是从文化传统中积淀出来的，指的正是礼义的传统。儒家强调尊重传统、继承传统，也有对传统的有因有革，但也是在传统基础上的赓续，正是因为这种传统主义精神，才有了中华五千年文明延续的内核和基因。

二、道教的文化特征

道教是中国传统文化孕育出来的具有中国特色的本土宗教，"道教是古代巫术、方术依托道家在汉代形成的，以追求长生不死成为神仙为主要目标的人为的世俗宗教"。道教是道家思想的延伸和宗教化，在长期的发展过程中，吸收其他领域符合道家因子的文化，融合形成自己的文化体系，也彰显了自身的文化特征。道教的文化特征表现为：

一是自然主义。源于道家回归自然而然的状态，而这种所谓的"自然"没有任何目的性和主观意志，只是自然无为，这是道教伦理的核心准则，如《抱朴子·内篇》说："无道无为，任物自然，无亲无疏，无彼也。"此外，道教继承了道家"道生一，一生二，二生三，三生万物"的思想，认为社会人生都应法"道"而行，最后回归自然，没有任何的违和感，一切皆是自然成像。《阴符经》说："自然之道不可违。"万事万物都要遵循自然的规律，按规律办事，如果反其道而行之，必然祸及自身。道教主张尊重自然界的物性，让万物自足其性，自然发展。在道教看来，人类和自然界的物种之间存在因果关系，相互感应，生生不息，共存共荣，人类不应以自身的发展去扼杀自然界物种的生存，为了避免和谐的共生关系遭到破坏，道教在各种戒律中对保护自然做了很多的规定，这对今天的生态文明建设具有重要意义。

二是俗世主义。道教主要来源之一是古代的鬼神思想、巫术和神仙方术，这是吸引教徒的重要原因，因为人们在俗世中的追求就是能够借助巫术或方术达到长生或成为神仙。早在商代之时，人们就尚鬼重巫，往往以占卜来断吉凶祸福。祈雨、占星、医病、解梦等宗教活动日益兴盛。在道教创立以前，神仙思想就在民间广泛流行，《山海经》中就有"不死国""不死药""不死民"的记载。《史记·封禅书》记载，战国时期，当时有宋毋忌、正伯侨、充尚、羡门高等方士为方仙道，说东海中有三座仙山，即蓬莱、方丈、瀛洲，在渤海中，上有仙人居住，也有不死之药，人若能登上仙山，取得不死之药，就可长生不老，成为神仙，并说当时的诸侯国君没有不动心的。统一六国的秦始皇为了寻找不死之药，就曾派徐福率领童男童女数千名入海求仙。秦始皇之后迷恋神仙的帝王代不乏人，特别是北朝时期，皇帝素信道教，“每帝即位，必为符录，以为故事”。类似这些求仙问卜的活动成为丹鼎派道教的直接来源。道教还有一个重要的活动就是炼丹，与求仙不同，这是为了在世俗中求得长生。炼丹分为两种，即内丹术和外丹术。内丹术是指道教徒通过气功修身成仙而达到长生不老的最终目的，此术以人体为丹炉，故称“内丹”；外丹术是指道教徒通过各种秘法用鼎炉烧炼丹药，用来服食，或直接服食某些芝草，以之转化为阳气。以上这些问卜、求仙、炼丹等活动都是道教俗世主义的体现。

三、佛教的文化特征

佛教作为外来宗教，有着异国文化的因子，传入中国之后，佛教先是依附于汉代的方术道与黄老道，后又依附于儒道相融为基本特征的魏晋玄学，经过南北朝和隋唐时期的融会发展，逐渐成为具有中国文化基本特征的教义结构和宗派体系。佛教的文化特征表现为：

一是相对主义。作为对立统一的哲学命题，相对论强调现象世界的整体系统性。在中国古代的哲学体系中，道家更强调相对论，比如有无相生、难易相成、正反相和、上下相倾、祸福相依等，所谓“反者道之动”。佛教对于缘起之说、实相非相、离言离相的思辨方式，也是与道家哲学相类似的相对主义。就缘起之说而言，佛教认为缘起者，乃彼此有无生灭之法，一切相对待而生，破对待而灭。人生之生死大事、自然之动静变化、宇宙之有无起源，都是以相对的形式而存在的。佛教所谓因缘，其实专指一切事物相对存在的条件。《维摩经・佛国品注》云：“前后相生，因也；现相助成，缘也；诸法要因缘相假，然后成立。”原始佛教的“八不”，即所谓宇宙万物“不生不灭、不一不异、不常不断、不来不去”，无非建立在生与灭、一与多、常与变、动与静的相对关系上。无生就无所谓灭，无动就无所谓静，无一就无所谓多，无常就无所谓变。因此，宇宙万象绝非视之不见、听之不闻、触之不觉，不可认知的虚无，而是二元对立的相对主义，佛教正是通过这种思辨方式，来实现对相对的超越。

二是虚无主义。佛教讲“缘起性空”。所谓“缘起”，是指世间没有独存性的东西，也没有常住不变的东西，一切都是因缘和合所生起。所谓“性空”，是指因缘和合所生起的假有，本性是空的；如果自性不空，则不能有，这就是“真空生妙有”。在佛教里面，空才能有，如房子不空，就不能住人；

耳朵、鼻子、口腔、肠胃不空，怎么能生存？口袋不空，东西放到哪里？世界虚空不空，森罗万象如何安放？因为空，才有一切，因此说是依空而立。《般若心经》云："色即是空，空即是色。"佛教擅长谈空，比如所谓四大皆空，即道空、天空、地空、人空，故常被视为虚无主义。如复旦大学主编的《汉语成语分类词典》解释"四大皆空"："佛教用语。泛指世界上一切都是空虚的，是虚无主义的反映。"当然，也有学者不认可这种说法，认为"其实大谬不然。佛学中的空，确指缘起之性。尽管此性是空，然则空性实有，而非虚无，无以名之，而谓之空。空与实相同样是假名，而非通常理解的虚无，更非哲学上的虚无主义"。

【思考与练习】

1. 儒、道、佛宗教是怎么发展起来的，各自有哪些精神特质？
2. 儒、道、佛宗教各自有哪些文化特征？

第十讲 汉字

语言是人类最重要的交际工具，是区分不同民族的基本特征之一，文字则是记录和传达语言的符号系统。我国现有56个民族，以现代汉语普通话为通用语言，以简化汉字为通用的书写符号。当然，绝大多数少数民族同时使用自己的民族语言，一部分少数民族还使用本民族文字。我国古代的汉字经历了数千年的演进，承载着中华民族的历史和文化，凝聚着中华民族的智慧，彰显着中华民族的精神。在四大文明中，中华文明之所以唯一延续至今，汉字在其中起到了重要的作用。

第一节　汉字的发展历程

中国古代汉字的形成距今时间较为久远，已很难确切地才清楚产生之初的状况。然而，从流传下来的关于汉字产生的一些神话或传说中仍可看到一些端倪。及至后来汉字成熟之后，其演变的历程就通过汉字本身记录了下来，一直流传到今天。当然，在经过近代的白话文运动，以及其后的繁简字变更之后，汉字便发展成为我们今天所习用的简化汉字。

一、汉字的起源

今天我们通过考古发现，在距今大约6000年的半坡遗址等遗址中，已经出现刻划的符号，共达50多种。但直到公元前16世纪的商朝，汉字才成为系统的文字，标志就是甲骨文的出现。在此之前，我们只能从传说中了解到，汉字的起源主要有结绳说、刻契说、八卦说、仓颉造字说等几种说法。

一是结绳说。《周易・系辞下》中这样记载：“上古结绳而治，后世圣人易之以书契，百官以治，万民以察。”后人因此推断“文字起源于结绳”。这种说法比较常见于古籍中。孔安国《尚书序》里说：“古者伏羲氏之王天下也，始画八卦，造书契，以代结绳之政，由是文籍生焉。”从这段话里可以看出，结绳记事要早于八卦说和刻契说。在文字产生之前，人们为了把本部落发生的重大事件记录下来、流传下去，便用不同粗细的绳子，在上面结成不同距离的结，结又有大有小，每种结法、距离大小及绳子粗细表示不同的意思，由专人按一定规则记录下来，并代代相传，这就称为结绳记事。《春秋左传集解》说：“古者无文字，其有约誓之事，事大大其绳，事小小其绳，结之多少，随物众寡，各执以相考，亦足以相治也。”这便对结绳记事的规则做了很好的说明。结绳说的近代例证是马克思在他的《摩尔根〈古代社会〉一书摘要》中详细说明了印第安人的结绳记事，他记载道：“由紫色和白色贝珠的珠绳组成的珠带上的条条，或由各种色彩的贝珠组成的带子上的条条，其意义在于一定的珠串与一定的事实相联系，从而把各种事件排成系列，并使人准确记忆。这些贝珠条和贝珠带是易洛魁人唯一的文件；但是需要有经过训练的解释者，这些人能够从贝珠带上的珠串和图形中把记在带子上各种记录解释出来。”由此可见，结绳说在文字产生之前的原始早期社会中是曾经存在的，且存在了很长的时间。

二是刻契说。其性质与结绳说类似，简单地说就是在竹片、木板等物体上用缺口或记号来记录财物的数量。刘熙《释名·释书契》云：“契，刻也，刻识其数也。”郑玄注解《周易·系辞》云：“书之于木，刻其侧为契，各执其一，后以相符合。”《周礼·质人》注曰：“书契取于市物之券也。”这说明刻契类似有契约的性质，双方将刻有同样数量缺口的竹木各存其一，以为相互印证。这种意识就比结绳要进步得多了，而且刻写的记号带有书写的性质，已经向文字的发明更进了一步。

三是八卦说。这种说法最早出自《周易·系辞下》：“古者庖牺氏（即伏羲氏）之王天下也，仰则观象于天，俯则观法于地，观鸟兽之文，与地之宜，近取诸身，远取诸物，于是始作八卦，以通神明之德，以美万物之情。”这就比结绳和刻契更为进步，不仅明确了八卦的发明人是伏羲，而且明确八卦是对自然界观察之后所形成的具有规律性的符号系统，能够“通神明之德”“美万物之情”，表现出了这一符号系统有了审美内涵，这是了不起的成就。

四是仓颉造字说。根据古书的记载，仓颉也称苍颉，复姓侯刚，号史皇氏，轩辕黄帝的史官，他曾根据鸟兽的足迹研究出了汉字，被后人尊为“造字圣人”。许慎《说文解字序》说：“黄帝之史仓颉，见鸟兽蹄爪之迹，知今之可相别异也，构造书契。”据说汉字被创造出来以后，震动了鬼神上天。《淮南子·本经训》载“昔者仓颉作书而天雨粟，鬼夜哭”。当然，这只是神话的一种表述方式，但仓颉造字说就这样一代代流传了下来。更为难能可贵的是，《说文解字序》认为：“仓颉之初作书，盖依类象形，故谓之文；其后形声相益，即谓之字。”由此看出，仓颉所造汉字从字形和字义方面已经证明是比较成熟的汉字。

二、汉字的演变

在几千年的演变过程中，汉字的形体不断发生着改变，向着尽可能书写便利和简化的方向发展。总体来看，以秦汉之际为界，汉字演变分为两个阶段，前阶段从汉字产生到小篆，经历了甲骨文、金文、大篆、小篆，称为古文字；后阶段从隶书到现在，经历了隶书、草书、楷书、行书，称为今文字。

（一）甲骨文

汉字的早期形式，又称“契文”“甲骨卜辞”“龟甲兽骨文”，因出土于河南省安阳市殷墟，也称为“殷墟文字”。甲骨文是商朝（前1600—前1046）的文化产物，距今有3600多年的历史。甲骨文的发现者为清代光绪年间金石学家王懿荣。一说是其染病服药时，在入药的龙骨上发现有刻划着的一些符号，他认为这不是一般的刻痕，很像古代文字，于是广泛搜集了1500多片甲骨。在他之后，刘鹗所藏甲骨达到5000多片，于1903年拓印成《铁云藏龟》一书，将甲骨文资料第一次公开出版。孙诒让根据《铁云藏龟》的资料，又写出了甲骨文研究的第一部专著《契文举例》。甲骨文在内容上大部分是对殷商王室占卜的记录，占卜的内容从祭祀、作战、打猎、天气、收成到生老病死，是对商朝历史和人们生活状况的记录。从字形上看，甲骨文具有对称、稳定的结构和书法的三个要素“用笔、结字、章法”，已经是有较严密系统的文字了。

（二）金文

金文也称吉金文字、钟鼎文，指的是铸造在殷周青铜器上的铭文。金文出现的年代，上自商代末期，下至秦灭六国，约800多年。秦始皇统一六国后，诏令书同文，所用之文字皆为小篆，且不再刻于钟鼎之上，由是金文渐衰。及至汉代，民间多铸铭文于铁器之上，不再使用青铜器，金文自是不见于史。金文的内容主要是关于祀典、赐命、诏书、征战、围猎、盟约等活动或事件的记录，反映了当时社会生活的原貌。与甲骨文相比，在字形上，金文更加整齐遒丽、灵活多样。

（三）篆书

篆书是大篆和小篆的统称。秦始皇统一六国后，废除了六国原有的文字，在全国范围内推行小篆，把原来在秦国通行的籀文称为大篆，于是就有了大小篆之分。小篆据传为李斯创制，一直流传到西汉末年（约 8 年）才逐渐被隶书所取代。由于作为官书使用，因此小篆只适合于记功刻石之类隆重场合和兵虎符上使用。与甲骨文、金文相比，篆书具有排列整齐、行笔圆转、线条匀净而长的特点，呈现出艺术的美感。

（四）隶书

相传隶书为秦始皇时期程邈在狱中所作，以其将小篆匀圆的线条变成平直方正的笔画，便于隶卒书写而得名，又分为秦隶（古隶）和汉隶（今隶）两种。隶书结体扁平、工整、精巧，同时派生出草书、楷书、行书各书体，是汉字演变史上的一次重大转折。

（五）草书

因在字形上，存字之梗概，损隶之规矩，纵任奔逸，赴速急就，因草创之意，谓之草书。草书始兴于汉代，是为了书写简便，在隶书的基础上演变而来，有章草、今草、狂草之分。草书章法重气势，错综变化难以名状，“势来不可止，势去不可遏”。因草书极难辨识，已经脱离传递信息的功能，从而成为一种艺术形式。唐代的张旭是狂草的开山祖，有“草圣”之称。韩愈《送高闲上人序》中认为张旭草书，以“喜怒窘穷，忧悲愉佚，怨恨思慕，酣醉无聊不平，有动于心，必于草书焉发之”。

（六）楷书

楷书又称为真书、正书，由隶书演变而来，更趋于简化，笔顺横平竖直，字体端正，是字体中的楷模，因而称为楷书。楷书始于汉代，延续到今天，成为现代通用的汉字手写字体，中间经历了萌芽期（秦汉）、发展期（魏晋南北朝）、繁荣期（隋唐五代）、守成期（宋元明清）等四个阶段。唐朝时，先后出现了楷书四大家“颜柳欧赵”中的颜真卿、柳公权、欧阳询，可谓盛极一时，因此狭义的楷书是指到唐朝以后逐渐成熟起来的唐楷。

（七）行书

行书分为行楷和行草两种，是在楷书的基础上发展而来的，介于楷书和草书之间的一种字体。“行”是行走的意思，因此它不像草书那样潦草，也不像楷书那样端正。实质上它是楷书的草化或草书的楷化。楷法多于草法的叫“行楷”，草法多于楷法的叫“行草”。行书始于汉末，但并未得到广泛关注，直到王羲之才将它的实用性和艺术性最完美地结合起来，创立了光照千古的南派行书艺术，成为书法史上影响最大的一宗。南宋姜夔《续书谱·行书》评价说：“《兰亭序》及右军诸帖第一，谢安石、大令诸帖次之，颜、柳、苏、米，亦后世之可观者。”

第二节 汉字的文化特征

汉字是文化的载体，在文字出现以前，人们只能通过口耳相传来传递信息，很难流传久远，而文字的出现让文化的传播成了可能，文字的表情达意功能也就附着了文化的特征。汉字的文化特征通过“六书”来表现。

一、汉字的象形

《说文解字》云：“象形者，画成其物，随体诘诎，日月是也。”从汉字的起源可以清楚地知道，最早的汉字是通过对自然界物体形状的观察和描摹而形成的，是对自然界的直观反映，因这类汉字与其所代表的东西在形状上很相像，人们一般称这类汉字为象形文字。象形文字属于表意文字，能够形象地表达自然界的物体。如“月”字像一弯月亮的形状，“日”字就像一个圆形，中间有一点，像太阳的形状，“鱼”像一尾有鱼头、鱼身、鱼尾的游鱼，“龟”字像一只龟的侧面形状，“马”字就像一匹有马鬣、有四腿的马。因为原始先民在自然界中活动，他们把对自然界的认识体现在了象形文字上，通过最简单的画图方式来记录他们眼中的自然界。这种对于自然文化的表达是最确切而且逼真的。

二、汉字的指事

《说文解字》云：“指事者，视而可识，察而见意，上下是也。”汉字的指事功能是通过象征性符号或在象形字上加表意符号来实现的，一种是用象征性符号表示的，如一、二、三、四、上、下等。另一类是在象形字的基础上增加提示性符号构成的，如“刃”在“刀”上加一点，表示刀口；“甘”在“口”内加一点，表示口中含有甘美的食物。

三、汉字的会意

《说文解字》云：“会意者，比类合谊，以见指㧑，武信是也。”表达会意功能的是会意字，是根据事物间的某种关系而组合两个或两个以上的字来示意的造字方法。它有两个条件：必须是合体的，必须由合体的几个字组成新的意义。如“武”，从戈从止。止通趾，戈下有脚，表示人拿着武器走，有征伐或显示武力的意思。再如休字，从人从木，表示人在树下休息。

四、汉字的形声

《说文解字》云：“形声者，以事为名，取譬相成，江河是也。”顾名思义，两个文字的复合体，一个作为形旁，表示意义；另外一个作为声旁，表示读音。许慎所举的“江”“河”二字，原本是为专指长江黄河而造的字，均属水类，所以都用“水”来作为这两个字的形的部分，又根据口语中称谓“江”“河”的发音分别选取了读音相当的“工”“可”来作为这两个字声的部分，于是就构成了“江河”两个形声字。

五、汉字的转注

《说文解字》云：“转注者，建类一首，同意相受，考老是也。”所谓“建类一首”，就是指同一个部首；“同意相受”，就是指几个部首相同的同意字可以互相解释。例如“老”字和“考”字，就是一对转注字，它们都属“老部”（建类一首）。许慎对“老”字的解释是“老，考也”，“考，老也”（同意相受）。

六、汉字的假借

《说文解字》云：“假借者，本无其字，依声托事，令长是也。”许慎指的是本来没有这个字，但是假借已有的音同或音近的字来代表所想表达的字或意思。当然还有另一种假借，是“本有其字”，指在日常使用的文字当中本来有表示某个词义的书写形式，但是在使用当中不用本来约定俗成的字，而写为另外一个意义不相涉而音同或音近的字。

第三节　汉字的人文价值

汉字是世界上唯一流传至今，集形、音、义为一体的书写符号系统。由于其在形体上呈横平竖直的方块形，所以也叫“方块字”。在汉字从产生到演变的数千年里，记录着中华文化传承的历史，蕴含着中华民族的文化精神。今天我们在审视汉字的时候，能清楚地感受到它所承载的中华民族的奋斗史，以及所点亮的人文之光。汉字的人文价值主要表现在如下方面：

一、中庸之美

《论语·庸也》:“中庸之为德也，其至矣乎。”中庸有中正平和，不偏不倚之义，正如汉字的方块形状，横平竖直，重心居正，不偏不倚。即便如其他像大篆、小篆、隶书、行书、草书等各种字体，笔画圆曲交叠，仍然可以做到以直为刚，以曲为柔，刚柔相济，节奏分明。汉字又总是虚实相生，上空则下实，左空则右实，笔画少则虚，笔画多则实，分布均衡，体系分明；汉字又总是动静相生，线条以方直为静，以圆曲为动，曲直相交，动静相生，动中见静，静中生动，并在这种矛盾同一中保持平和中正之态。

二、中和之美

汉字总是对称相生。汉字结构的对称体现了平衡的法则，是汉字中相同或相似构形元素之间相同的组合关系所构成的平衡。字形中有一个中心轴，围绕这个中心轴，两侧的笔画分量基本相同，才能做到上下对称、左右对称，体现了整齐和谐的结构美；抑或作为方块形的汉字有个中心点，在这个中心点上，所有的力都是相互平衡的。如果偏离了中心，就会重心不稳，失去平衡；而一旦失去平衡，字就不美观了。中国传统文化推崇的“中和”之美，在汉字的结构对称中体现得非常鲜明。

三、直观之美

汉字的产生是从象形字开始的，而象形字是对自然物的直接描摹，以图画似的线条来生动地表现自然物，看到象形字就可以直观地了解到它所对应的自然物。象形字之后，指事字、会意字和形声字均是如此，通过字形或字体的偏旁组成即可以看出该汉字所表达的意义或者可以直接读出它的声音，俗语“秀才识字读半边”指的就是汉字的这种直观易感的特性。

四、礼仪之美

汉字体现着中华民族的智慧，“礼仪之邦”是中华民族数千年文化积淀的表征，这在汉字中也有比较突出的体现。比如甲骨文中的“人”字，描摹的就是鞠躬侧立的人形。作为“天地之性最贵者也”的人，在汉字中体现的是中华民族崇尚谦逊的品格。《礼记·中庸》云:“仁者，人也。”《孟子·尽心下》亦云:“仁也者，人也。”朱熹《孟子集注》:“仁者，人之所以为人之理也。”《释名·释形体》:“人，仁也，仁生物也。故《易》曰：‘立人之道，曰仁与义’。”这些经典的表述，认为人即是仁，人和仁同音。这种通过汉字表达的崇尚礼仪、追求道德之美的思想是中华民族最可宝贵的精神财富。

【思考与练习】

1. 汉字的演变过程中先后出现过哪些字体，各自有什么样的特征？
2. 汉字的人文价值有哪些表现？

第十一讲 中国古代的史学

中华民族有着悠久的历史文化，回顾中国古代的史学，其深厚而博大，成熟而系统，杰出的史学家层出不穷，辉煌的史籍巨制千载传承，优良的史学传统代代相继，竖起了一座又一座丰碑。

第一节　中国古代史学的发展历程

中国古代历史的记忆伴随着先民的活动而产生于文字之前，从口耳相传到著录史籍，再到辉煌的成就，经历了漫长的发展过程，巫史、史官、史书是其中绕不过去的关键词。

一、西周以前

巫史文化是中华文明黎明时期的一种特殊的文化现象，主要出现在西周以前，对中华文明的发生发展产生了深远的影响。古代把从事求神占卜等活动的人叫“巫”，掌管天文、星象、历数、史册的人叫“史”。巫这个群体既是中国古代第一批知识分子，也是中国最早的一批史官。由于史官往往兼任巫职，故后世常以“巫史”并称。巫史在上古及夏、商、周时期，掌管着国家的政治和文化，夏代尊巫重卜，崇敬自然天命；商代尊神事鬼，先鬼后礼，“巫政合一”“巫史合一”成为当时主要的文化特色。到了西周时期，尊德尚礼，周公制礼作乐，成为巫史文化的转折点，实现了从“巫史合一”到“巫史分离”的转变，开启了传统礼乐文明的新局面。巫史在上古时期，作为代天授命的重要职官，不仅垄断神坛，把持政坛，充当沟通天人的使者，而且观天测地、精研历法、通晓医术、记史传文，如巫咸是当时的名医，史佚与周公、太公、召公并称“四圣”，而苌弘则是最渊博的天文学者。因此，巫史在中国古代自然科学和社会科学领域都做出了杰出的贡献。

二、春秋战国时期

西周之后，史官独立出来，主要承担起草公文、记录时事、保管文书的职责，虽然也参与一些宗教祭祀活动，但更多的是关注人事。到了西周末年，周王室和各诸侯国都已经有了专门的国史。春秋时期，孔子以鲁国年号编年，修订了鲁史《春秋》，开创了私家讲学和修史之风，对中国史学的发展有划时代的意义，孔子堪称中国古代第一个大史学家。孔子之后，私人著史有了很大的发展，代表性的史籍有《左传》《国语》《战国策》等。

三、秦汉时期

秦汉时期，史学的发展进入了快车道，大一统和封建专制制度的建立，尤其是秦始皇焚书坑儒，严禁私学，使官修国史成为必然，而且数量呈显著增长的态势。据《汉书·艺文志》关于《春秋》类著录的统计，自《春秋古经》以来的史籍凡 29 种，901 篇（卷）。其中属于西汉时撰著、记述和编定的，即有近 20 种，计 700 多篇（卷）。政府重视选任史官，撰修本朝国史。如《后汉书·班固传》载，汉明帝召班固诣校书部任兰台令史后，曾诏班固与陈宗、尹敏、孟异等合作编纂《世祖本纪》。除了官修史书外，私修史籍亦与日俱增。如东汉前期，班彪续司马迁《史记》，作《后传》65 篇。以班彪《后传》为基础，其子班固撰《汉书》。班固卒后，班昭、马续又补作《汉书》的“八表”及《天文志》。当然，这一时期最重要的成就是出现了第一部纪传体通史司马迁的《史记》和第一部断代体史书班固的《汉书》。此外，荀悦的《汉纪》开创了编年体断代的先例，刘向、刘歆父子的《别录》《七略》成了中国目录学的开端。

四、魏晋南北朝时期

虽然这一时期政治纷扰，战乱不断，但是史学仍然得到了较大的发展。魏晋以前，太史令、兰台令史等虽为史官，但并不以著史为专职，真正完全意义上的史官始于曹魏。《唐六典·中书省》载，魏明帝太和年间开始设置著作局，以著作郎为长官，下设佐著作郎、著作令史等，隶属中书省，专门负责国史修撰，其后南北朝延续了这一做法，为史料的搜集、整理和编撰提供了便利。南朝刘勰的《文心雕龙·史传》成为当时最为系统的史学史及史学理论研究专著，史学的发展进入了新的阶段。

五、隋唐五代时期

中国古代史学在这一时期走向了成熟，皇家重视修史，设立了专门的修史机构史馆，确立了官方的修史制度，官修了一批正史，在二十四部正史中有八部成书于唐初。当然，官修史书的繁荣，一方面表明了皇家对修史的重视，但另一方面私人修史自然得到了遏制。此外，第一部史学理论著作刘知己的《史通》和第一部典制体史书杜佑的《通典》诞生了，极大地开拓了史学的撰述领域。

六、宋元时期

随着两宋文化的繁荣，史学进一步向前发展。就史学门类来说，各种体例的史书如编年体、典制体、纪传体、纪事本末体、纲目体等应有尽有，民族史、域外史、学术史和批评史等也成绩非凡。司马光的《资治通鉴》成为中国第一部编年体通史，在中国官修史书中占有极重要的地位。朱熹的《资治通鉴纲目》、袁枢的《资治通鉴纪事本末》分别是新出现的纲目体和纪事本末体史书，元代马端临的《文献通考》成为典制体的鸿篇巨制。

七、明清时期

这一时期私家藏书之风的兴起，不仅诞生了一批通今博古的藏书家，而且丰富的藏书客观上为史书的编撰提供了便利。更是因为明清封建专制的强化，“文字狱”屡屡发生，使得知识分子皓首穷经，埋头故纸堆，由此而生的考据之风，使明清时期对历代典籍的整理成就斐然。二十四史中最后的两部《元史》和《明史》在这一时期完成，对历代史籍的整理如王应麟的《二十五史补编》、万斯同的《历代史表》《历代职官表》等弥补了旧史的缺憾。对前代史书最大的辑佚出现在清代，官方从明代的《永乐大典》中辑出佚书590种，其中388种收入《四库全书》，著名的有《旧五代史》《宋会要》等。更为需要关注的是考据、求实、疑古辨伪、经世致用等史学流派的出现，验证了中国古代史学最后的辉煌。梁启超在《中国历史研究法》中说“中国于各学问，惟史学为最发达；史学在世界各国中，惟中国为最发达”，可谓公允之论。

第二节　中国古代史学的伟大成就

中国古代史学辉煌发展的历程中，一代代杰出的史学家和他们的鸿篇巨制熠熠闪光，让后世能够真切地感受到他们及他们以前年代的历史风云，他们所取得的成绩汇聚成中国古代史学的巨大成就。

一、史学家

中国古代的史学家就像夜空中的繁星，数不胜数，他们都为中国古代史学的发展做出了贡献，那些各个时代具有代表性的史学家，如左丘明、司马迁、班固、陈寿、范晔、刘知几、杜佑、司马光、马端临、万斯同、赵翼、章学诚等都为后世所永远铭记。

唐代刘知几在《史通》中提出治史三要素“史实、史论、史识”，后人称为“史学三才”。首先，史学家应具备“史识”，即修史的见识。而“史识”最重要的是体现为内在的价值追求和外在的社会责任。中国古代有所谓的“三不朽”，即“立德”“立功”“立言”，“立言”就是史学家要做的事。为了能编撰史书、传诸后世，史学家们都经历了难以想象的挫折。“仲尼厄而作春秋”“左丘失明，厥有国语”，乃至司马迁受宫刑之耻，忍辱负重，“所以隐忍苟活，幽于粪土之中而不辞者，恨私心有所不尽，鄙没世而文采不表于后也”。

其次是“史实”。为了真实地还原历史，不做无妄的虚构，史学家往往几十年如一日，不仅在文献中考据，还通过实地探查的方式去考究历史上发生的故事的真实性。有史家“二司马”之称的司马迁和司马光为了著史，都穷尽了毕生的精力。司马迁为了写《史记》，“网罗天下放矢旧闻，考之行事，稽其成败兴坏之理，凡百三十篇，亦欲以究天人之际，通古今之变，成一家之言”。司马光写《资治通鉴》是在罢官之后，花费了 19 年的时间，除了采用历代的正史之外，还参看各种历史典籍 300 多种，原稿足足堆放了两间屋子。由于材料丰富、剪裁恰当和考证严格，《资治通鉴》为历代统治者所看重。

再次是“史论”。史论指史学家在“本纪”“列传”之后评述所记史事和人物的文字，引申为凡是关于历史事件和历史人物的论文也都称为“史论”。《后汉书》作者范晔编纂《后汉书》的目的是，“欲因事就卷内发论，以正一代得失”，因此对史论特别重视。他采用论赞的形式明文评论史事，把史论作为中心，还继承了司马迁“通古今之变”的编撰思想，在很多序、论中，打破朝代的断限，尽量地把某一历史现象的发生、发展及其结果描述清楚，力图有所归纳。范书问世不久，其史论就受到学术界的重视，南朝梁萧统编《昭明文选》的“史论”共两卷十三首，其中收录范晔的史论五首，占了五分之二，其余是班固的四首、干宝的二首、沈约的二首，可见萧统对范晔史论的推崇。

二、史籍

中国古代史学的传承是以史籍为载体的，在漫长的历史发展中流传下来浩如烟海的史籍。关于史籍的分类是在《隋书·经籍志》中初步确立的，共计十三类：正史、古史、杂史、霸史、起居注、旧事、职官、仪注、刑法、杂传、地理、谱系、簿录。其后，刘知几以编年、纪传为正史，另有“偏记小说十品”，即偏记、小录、逸事、琐言、郡书、家史、别传、杂记、地理书、都邑簿，说明到了初唐时期，关于史籍的分类已经相当细致。中晚唐时，典制体、会要体出现。宋代又创立了纪事本末体、纲目体。明清时期又有学案、图表、史论的发展。清乾隆朝修撰的《四库全书》，在“总目”中将史部分了十五类：正史、编年、纪事本末、杂史、别史、诏令奏议、传记、史钞、载记、时令、地理、职官、政书、目录、史评。对史籍的分类，体现了中国古代史学的成熟。

在众多的史籍类目中，成就最大的是纪传体史书和编年体史书。纪传体以司马迁的《史记》为代表，编年体则以左丘明的《左传》为代表，它们分别是这两种类目的开山之作。《史记》是中国第一部纪传体通史，也是二十五史的第一部，与班固《汉书》、范晔《后汉书》、陈寿《三国志》合称“前四史”，与宋代司马光编撰的《资治通鉴》并称“史学双璧”。《史记》分为“本纪、书、表、世家、列传”五大部分，共一百三十篇（卷），其中十二本纪、十表、八书、三十世家、七十列传，上至传说中的黄帝，下迄汉武帝元狩元年，叙述了3000年的历史，计526500余字。在内容上，所谓“究天人之际，通古今之变，成一家之言”，《史记》翔实地记录了上古时期举凡政治、经济、军事、文化等各个方面的发展状况。《史记》不仅是一部史学巨著，还被认为是一部优秀的文学著作，在文学史上有重要地位，具有极高的文学价值，被鲁迅誉为“史家之绝唱，无韵之离骚”。《左传》全称《春秋左氏传》，位列儒家十三经之一，既是史学名著，也是文学名著，是中国第一部叙事详细的编年史著作。全书60卷，相传是春秋末年鲁国史官左丘明根据鲁国国史《春秋》编成，记叙时间上起鲁隐公元年（前722），迄于鲁哀公二十七年（前468），主要记录了周王室的衰微和诸侯争霸的历史，对各类礼仪规范、典章制度、社会风俗、民族关系、道德观念、天文地理、历法时令、古代文献、神话传说、歌谣言语均有记述和评论，在史学上占有极其重要的地位，梁启超称《左传》的出现是“商周以来史界之革命”。

中国古代的史学成就还需要关注的是二十四史，即《史记》《汉书》《后汉书》《三国志》《晋书》《宋书》《南齐书》《梁书》《陈书》《魏书》《北齐书》《周书》《隋书》《南史》《北史》《新唐书》《新五代史》《宋史》《辽史》《金史》《元史》，合称二十一史，再加上《明史》《旧唐书》《旧五代史》，共计二十四史，上起传说中的黄帝（约前2550），下止于明朝崇祯十七年（1644），计3213卷，约4000万字，统一用司马迁《史记》所创制的纪传体编写。后来又增加《新元史》《清史稿》，有二十六史之称。

三、史学理论

虽然较史籍相对滞后，但中国古代史学理论的发展也有着突出的成就。早在西汉初年，贾谊的《过秦论》就是较早的史论专篇，虽然还不属于史学理论的范畴，但类似的史评、史论等依然体现了史学家的历史观。其后如司马迁的《太史公自序》、班固的《汉书·司马迁传》、刘勰的《文心雕龙·史传》等都是史评、史论里的代表。作为中国第一部史学理论专著的《史通》出现于唐代，作者是刘知几。《史通》20卷，所涉内容广泛，包括史书编撰、史学家修养、史学准则、史学史、史学流派等，是对唐以前史学理论的系统全面的总结，标志着中国古代史学理论的确立。清代章学诚的《文史通义》是史学理论领域里堪称能与《史通》匹敌的第二部史学理论巨著。全书共八卷，分内篇五卷、外篇三卷。乾隆三十六、三十七年（1771、1772）开始写作，至嘉庆六年（1801）乾隆皇帝去世止，历时30年仍未完稿，主要是对历史编纂学和方志学提出了独到的见解。在历史编纂学的论述中，章氏发展刘知几的史学理论，于“才、学、识”之外，提出“史德”的问题。此外，把方志作为一门专门的学问，提出系统的理论主张，始自章学诚的《文史通义》，这是章氏对方志学的杰出贡献。还应该提到的是清代钱大昕的《廿十二史考异》、王鸣盛的《十七史商榷》、赵翼的《廿二史札记》等史评类著作，这些同样值得关注。

第三节　中国古代史学的人文精神

中国古代史学的发展千载而下，代代传承，有其贯穿始终的精神内核，这种内核体现的就是中国古代史学的人文精神，它造就了中国古代史学的辉煌和不可磨灭的品格，是最值得珍视的精神财富。

一、实事求是的精神

钱大昕的《廿十二史考异序》认为“史非一家之书，实千载之书”，因此应当以“实事求是”为原则，使“史为传信之书”。历史是要留给后人看的，只有真实可信的史书才能经得起检验，传诸后世，也才能使后世者总结历史的经验教训，继往开来。史家实事求是的精神，早在春秋时期就已经由孔子发端。《左传·宣公二年》通过记载晋灵公被杀，太史董狐对此事的记录与赵盾的辩论，然后借孔子的话，称赞董狐“古之良史也，书法不隐”，突出了董狐不畏强权、实事求是的记事原则，后世因之将史家的秉笔直书称为“董狐精神”。《左传·襄公二十五年》记载齐国崔杼派人杀死国君庄公之后，写道：“太史书曰：‘崔杼弑其君。’崔子杀之。其弟嗣书，而死者二人。其弟又书，乃舍之。南史氏闻太史尽死，执简以往。闻即书矣，乃还。”为了如实记载崔杼弑君的历史事实，几任史官相继被杀，以身殉职，南史氏继之而往，后世称为“南董之志”。“董狐精神”和“南董之志”，成为中国古代史学秉笔直书优良传统的先声和楷模。后世史家往往把这种对待历史的实事求是的精神作为对前代史家的高度评价，如《后汉书》的作者范晔评价司马迁的《史记》“文直而事核”，就是说司马迁对历史的记载真实而准确，《史记》之所以有如此成就，和“文直而事核”是分不开的；范晔评价班固的《汉书》“文赡而事详”，也就是说《汉书》记载翔实，是实事求是精神的体现。实事求是的精神往往用来端正学风。历史是严肃的，不以人的意志为转移，人们要尊重历史，认识史学在“彰往察来”方面的重要作用，才能从历史中汲取智慧，指导我们的社会实践。

二、人本主义思想

西周以前，巫史更多的是充当天人沟通的使者，代天授命，主宰人民。经过周初的礼乐之治，以及巫史的分流，天命逐渐让位于人事，人的作用逐渐被肯定。《春秋》是中国最早的重人事的史籍，它对于水、旱、雨、雹、雪、电、地震等的记录都是作为与人事有关的自然现象来看待的，这与孔子“不语怪力乱神”的思想是一致的。《左传》中“吉凶由人”“天道远，人道迩”等都是对人的肯定，对天命的怀疑。到了西汉司马迁的《史记》，明确提出了“究天人之际”的命题。在《项羽本纪》中，司马迁批评项羽把自己的失败归咎于“此天之亡我，非战之罪也”，认为项羽这种论点是大错特错了，他的失败是因为其“背关怀楚”“自矜攻伐”“欲以力征经营天下”，而非天意。司马迁的《史记》是一部以人物为中心的纪传体史书，其中本纪写帝王，世家写诸侯，列传写士大夫，以其为开山之作的二十四史都继承了以人物为中心的纪传体写法，充分体现了人本主义思想。唐代的刘知几在《史通杂说上》中指出：“论成败者，固当以人事为主。”这种对天命观的否定，成为唐代以后修史的主流。

三、忧患意识

忧患意识是中国古代知识分子积极入世精神状态的一种表现、对自身修养的追求、对社会治乱的忧虑，一言以蔽之，是对人类自身和社会命运的关怀。早在战国时期，孟子就提出了著名的“生于忧患，死于安乐”的观点。西汉的贾谊在总结秦亡的历史教训之后，写出了著名的《过秦论》，表达了对西汉统治者的劝谏，望其避免重蹈秦亡的覆辙。北宋范仲淹写下了“先天下之忧而忧，后天下之乐而乐”的千古名句，成为激励历代仁人志士自强不息、担当道义的自警格言。史家因为对历史和现实的认识更加透彻，因此社会忧患意识会表现得更加突出。《孟子·滕文公下》云：“世道衰微，邪说暴行有作，臣弑其君者有之。孔子惧，作《春秋》。”按照孟子的观点，孔子是因为对当时社会上种种非正常的现象感到忧虑，因此作《春秋》以为教化，这充分体现了孔子的忧患意识。司马迁预先感知到了西汉由鼎盛开始走向衰落，发出了“物盛而衰，固其变也”的感叹。忧患意识表现比较突出的是宋朝，积贫积弱的宋朝始终处于北方少数民族袭扰的外患之中，而崇文抑武的国策更加重了知识分子的主人翁情怀和忧患意识。王安石看到当时社会的种种矛盾，故而推行变法，他在《上皇帝万言书》中表达了“四方有志之士，諰諰然常恐天下之久不安”的忧虑。司马光的《资治通鉴》正是将基于历朝兴亡的得失作为鉴诫来加强统治，宋神宗认为此书“鉴于往事，有资于治道”，故慨然作序，并赐名《资治通鉴》。南宋史学家袁枢把编年体《资治通鉴》创造性地改写成纪事本末体《通鉴纪事本末》，寄寓了他的“爱君忧国之心，愤世疾邪之志”。清人龚自珍《乙丙之际箸议第九》中评价说：“智者受三千年史氏之书，则能以良史之忧忧天下”，很深刻地道出了良史的忧患意识。

四、经世之志

章学诚在《文史通义史德》中说：“能具史识者，必识史德；德者何，谓著述者之心术也。”意思是说，史家应当端正心术。梁启超认为只是心术端正尚不足以称为“良史”，“我以为史家的第一件道德，莫过于忠实”。也就是说，史家要能以客观的态度来秉笔直书，避免掺杂个人的主观臆断，这样才能编撰出令人信服的信史。司马迁就被誉为“良史”。《汉书·司马迁传赞》云：“然自刘向、扬雄博极群书，皆称迁有良史之材……其文直，其事核，不虚美，不隐恶。”司马迁在《史记》中敢于直言不讳，不因刘邦创汉而褒奖，不因项羽失败而贬斥，甚至为项羽冠以“本纪”（只有皇帝才有本纪），体现了他难能可贵的“史德”。具备“史德”的史家在对待撰史的问题上是有很强的社会责任感和自觉意识的。刘知几认为：“人之生也，有贤不肖焉。若乃其恶可以诫世，其善可以示后，而死之日名无得而闻焉，是谁之过欤，盖史官之责也。”这就是说，史家在撰史的时候，要把那些“恶可以诫世，善可以示后”的人和事记录在册，以起到警醒世人、为世所用的目的。王夫之将“资治通鉴”解释为：“鉴之者明，通之也广，资之也深，人自取之，而治身治世、肆应而不穷。”就是说要通达经世之学，通古今之变，以为当朝所借鉴，表达的也是以史为经世之用的观点。章学诚“史学所以经世，固非空言著述也”，是对史学经世之志的注解。

【思考与练习】

1. 简述中国古代史学的伟大成就。
2. 中国古代史学呈现出哪些人文精神？

第十二讲 中国古代的文学

中国古代文学是传统文化中最具活力和影响的内容，是传统文化繁荣的重要标志之一，在伴随文字产生3000多年的发展历程中，不断生成高原和高峰，从作家、作品、文体到文学现象、文学思潮，“江山代有才人出，各领风骚数百年”，千年回响，历久弥新，构成了中国乃至世界文化史上的奇观。

第一节 中国古代文学的发展历程

中国古代文学源远流长，代有传承，不断开拓新的文体领域，产生新的名篇佳作，逐渐形成全面发展的文学体系，成为传统文化的一块瑰宝。

一、先秦时期

先秦时期包括西周以前和西周到秦两个阶段。

西周以前，文学以上古歌谣和神话传说为主导。这个阶段，上古先民对自然的认识存在局限，因此通过自己的幻想去描述好奇且难解的问题。创世神话、洪水神话、战争神话、英雄神话成为文学的主流形式，如盘古开天辟地、女娲补天、黄帝擒蚩尤、大禹治水、后羿射日、精卫填海、夸父逐日等，《山海经》成为保留古代神话传说最多的著作。

西周以后，《诗经》产生了，这是中国第一部诗歌总集，开创了中国古代诗歌现实主义的源头，收集了西周初年至春秋中叶（前11世纪—前6世纪）的诗歌，共311篇，其中6篇为笙诗，即只有标题，没有内容，称为笙诗六篇（《南陔》《白华》《华黍》《由康》《崇丘》《由仪》），反映了周初至春秋约500年间的社会面貌。春秋战国阶段是先秦散文的繁盛期，第一部历史文献汇编《尚书》、第一部编年体史书《春秋》、第一部国别体史书《国语》，以及国别体史书《战国策》的出现迎来了先秦散文的第一个高潮。其后以儒家思想和道家思想为代表的诸子百家先后登上了历史舞台，《论语》《老子》《墨子》《孟子》《庄子》《荀子》《韩非子》等经典作品，成就了先秦散文的第二个高潮。战国时期在南方出现的“楚辞”，以屈宋为代表，造就了熠熠生辉的“楚辞文学”，《楚辞》一书成为中国古代诗歌浪漫主义的源头，与《诗经》并驱文坛。整个先秦时期，不仅是中国，而且是世界文学的轴心时代，创造了难以磨灭的辉煌成就。

二、两汉魏晋南北朝时期

这一时期包含两个阶段，即两汉和魏晋南北朝。

两汉阶段，在诗歌方面，汉乐府和五言诗是继《诗经》之后在诗体上的进一步拓展，由四言到五言，诗歌的表现功能大大增强。散文方面，司马迁的历史散文《史记》开创了纪传体史书的先河，东汉班固的《汉书》与之交相辉映。作为两汉一代文学的汉赋是产生于汉代的新兴文体，产生之后迅速达到了高峰。贾谊的骚体赋《吊屈原赋》、司马相如的大赋《子虚赋》《上林赋》、张衡的抒情小赋《归田赋》成为两汉赋作的杰出代表。

魏晋南北朝阶段，杰出的诗人和诗歌作品开始形成规模，曹家三父子曹操、曹丕、曹植，以及“建安七子”孔融、陈琳、王粲、徐幹、阮瑀、应玚、刘桢，“竹林七贤”嵇康、阮籍、山涛、向秀、刘伶、王戎、阮咸，还有“大小谢”谢灵运、谢朓，“平原二陆”陆机、陆云，以及左思、鲍照、庾信等人的涌现形成诗人群体的第一次高潮；中国第一位田园诗人，被称为“古今隐逸诗人之宗”的陶渊明也在这一阶段进入了文坛。文学理论和文学批评在魏晋南北朝阶段也开始有了较大的发展。曹丕的《典论论文》、陆机的《文赋》、刘勰的《文心雕龙》、钟嵘的《诗品》等文学理论著作，以及萧统的《文选》、徐陵的《玉台新咏》等文学总集，形成文学理论和文学批评的第一个高峰。

三、隋唐五代时期

隋唐五代时期包括隋唐和五代两个阶段。

隋唐阶段迎来了诗歌发展的黄金时代。唐代在不到300年的时间里，留下来的诗歌将近5万首。作为一代文学的唐诗，是中华民族最为珍贵的文化遗产之一，是中华文化宝库中的一颗闪亮明珠，对世界上许多民族和国家的文化发展产生了重要影响。诗仙李白的浪漫主义诗风、诗圣杜甫的现实主义诗风、诗佛王维的诗情画意、诗豪刘禹锡的雄浑畅快、诗魔白居易的爱憎分明、诗鬼李贺的奇丽谲幻，以及“初唐四杰”、王孟韦柳、大历十才子、小李杜等群星闪耀，满足了人们对诗歌的所有遐想，创造了大唐诗歌的辉煌盛世。这一阶段，韩柳的古文运动、唐传奇志怪小说，以及变文和词的出现，丰富了隋唐的古代文学。

五代十国阶段，战乱不断，影响了文学的发展，但仍然出现了南唐二主李璟、李煜，以及温庭筠、韦庄、冯延巳等著名的词人，开启了两宋词坛的序幕。

四、宋元时期

宋元时期包含两宋和元两个阶段。

在两宋阶段，词成长为一代之文学的同时，宋诗也在向前发展，为宋代文坛带来新的气象。词至宋代进入了鼎盛时期，唐圭璋《全宋词》收词人千家以上，词作达到两万余首，显示了宋代词人的高产。在两宋词坛，以苏轼、辛弃疾等为代表的豪放派和以李清照、柳永、秦观等为代表的婉约派双峰对峙，熠熠夺目，赢得了与唐诗并尊的荣耀。在散文方面，继承了韩柳的古文运动，宋代散文也值得称道，“宋六家”苏洵、苏轼、苏辙、王安石、曾巩、欧阳修与唐代的韩愈、柳宗元并成为“唐宋八大家”。诗歌方面出现了以黄庭坚为代表的“江西诗派”，“南宋中兴四大诗人”尤袤、杨万里、范成大、陆游，“永嘉四灵”徐照、徐玑、翁卷、赵师秀，“江湖派”刘克庄、刘过、姜夔等一批诗歌流派，形成了不同的诗歌特色。

元代以元曲为代表性文学形式。元曲产生于元代，分为杂剧和散曲两种类型，留下姓名和曲作的作家有 200 多人，流传至今的作品有 4500 多首（套、部），其中小令 3800 多首（含带过曲），套数 470 套，杂剧 160 余部（本）。代表性的作家有“元曲四大家”关汉卿、马致远、郑光祖、白朴；“四大悲剧”有关汉卿《窦娥冤》、白朴《梧桐雨》、马致远《汉宫秋》、纪君祥《赵氏孤儿》；“四大爱情剧”有关汉卿《拜月亭》、王实甫《西厢记》、白朴《墙头马上》、郑光祖《倩女离魂》。

五、明清时期

明清时期包括明代和清代两个阶段。

明代，小说从宋元时期的说话艺术发展而来，出现了空前繁荣的局面。小说以俗文学的形式打破了正统诗文的垄断地位。《三国演义》《水浒传》《西游记》《金瓶梅》并称为明代“四大奇书”，分别成为历史演义、英雄传奇、魔幻现实主义、白话世情章回体长篇小说的代表作。冯梦龙的“三言”《喻世明言》《警世通言》和《醒世恒言》，与凌蒙初的“二拍”《初刻拍案惊奇》《二刻拍案惊奇》，并称为“三言二拍”，代表了明代白话短篇小说的最高成就。明代的诗歌出现了众多的流派，台阁体、茶陵派、前后七子、公安派、竟陵派等在宗唐与宗宋间摇摆，在复古和性灵间周旋，成为明代诗坛显著的特点。明代戏曲领域出现了伟大的剧作家汤显祖，《还魂记》《紫钗记》《南柯记》和《邯郸记》合称“临川四梦”，其中《牡丹亭》是他一生中最杰出的代表作，“汤义仍《牡丹亭》梦一出，家传户诵，几令《西厢》减价”。现代剧作家田汉认为汤显祖可比莎士比亚，杜丽娘与朱丽叶不相上下：“杜丽如何朱丽叶，情深真已到梅根。何当丽句锁池馆，不让莎翁在故村。”

清代是古代文学集大成的时代和总结的时代，诗、词、散文等传统文体得到了复兴，小说、戏曲、民间讲唱等新兴文体达到了高峰。当然其中最为出色的还是章回体长篇小说的进一步登峰造极，诞生了在思想性和艺术性上都高不可攀的古典小说的巅峰之作《红楼梦》，后世围绕《红楼梦》的品读研究形成了一门显学“红学”。此外，还有成就最高的长篇讽刺小说《儒林外史》、短篇文言小说集《聊斋志异》、短篇文言笔记体小说《阅微草堂笔记》等都是这一时期小说领域的名篇佳作。

第二节　中国古代文学的伟大成就

中国古代文学在漫长的发展中不断积累壮大，最终形成一个又一个高原和高峰。王国维在《宋元戏曲史》中评价：“凡一代有一代之文学，楚之骚，汉之赋，六代之骈语，唐之诗，宋之词，元之曲，皆所谓一代之文学，而后世莫能继焉者也。”这种“一代有一代之文学”的文体嬗变观渊源已久，元代的虞集曾提出：“一代之兴，必有一代之绝艺足称于后世者：汉之文章，唐之律诗，宋之道学。国朝之今乐府，亦开于气数音律之盛。”从某种程度上盖棺论定了古代文学发展的重要阶段和辉煌成就。

一、楚辞

战国时期，伟大的爱国主义诗人屈原创作了一种新诗体——楚辞，并奠定了中国古代文学浪漫主义的传统。《楚辞》之名首见于《史记·张汤列传》："始长史朱买臣，会稽人也，读《春秋》。庄助使人言买臣，买臣以《楚辞》与助俱幸，侍中，为太中大夫，用事。"因楚辞产生于楚地，带有鲜明的地域文化色彩，如宋人黄伯思所说，"皆书楚语，作楚声，纪楚地，名楚物"。西汉刘向辑录屈原、宋玉的作品，及汉代人模仿这种诗体的作品，十六卷，十六篇，书名题作《楚辞》。由于屈原的《离骚》是楚辞的代表作，所以楚辞又被称为"骚"或"骚体"。楚辞虽脱胎于楚地歌谣，但从汉人称楚辞为赋，取义是"不歌而诵谓之赋"来看，楚辞已不再是歌谣的形式。与歌谣不同，楚辞不是整齐的四言体，每句可长可短，在句尾或句中多用语气词"兮"字，这构成了楚辞的显著特征。

楚辞的代表作家屈原和宋玉合称"屈宋"，刘勰《文心雕龙·辨骚》称"屈宋逸步，莫之能追"，可见同时代的其他楚辞作家的成就远不能与屈宋相提并论。《离骚》是楚辞的代表性作品，为屈原遭放逐而作，是屈原抒发政治情怀的一首政治抒情诗，以理想与现实的冲突为主线，赋予奇崛瑰丽的想象，成功地塑造了中国文学史上第一个形象丰满、个性鲜明的抒情主人公的形象，表达了强烈而真挚的爱国主义精神，体现了屈原的伟大思想和崇高人格。

二、汉赋

作为文体名称，源于荀子的《赋》，《汉书·艺文志》载，荀子有赋十篇（现存《礼》《知》《云》《蚕》《箴》五篇），是用通俗的"隐语"铺写五种事物。汉赋延续了荀赋铺陈事物的写法，从赋的形式上看，在于"铺采摛文"；从赋的内容上说，侧重"体物写志"。

汉赋的发展可以分为三个阶段：第一阶段是汉高祖初年至武帝初年，流行的是"骚体赋"，主要继承楚辞的余绪，内容多抒发作者的政治见解和身世感慨，代表性的作家是贾谊、枚乘等。第二阶段是西汉武帝初年至东汉中叶，共约200多年时间，尤其从武帝至宣帝的90年间，是汉赋发展的鼎盛期，也是属于汉大赋的时代。班固在《两都赋序》中描绘当时赋家争雄的宏大场面，"至于武、宣之世，乃崇礼官、考文章，内设金马石渠之署，外兴乐府协律之事，以兴废继绝，润色鸿业……故言语侍从之臣，若司马相如、虞丘寿王、东方朔、枚皋、王褒、刘向之属，朝夕论思，日月献纳。而公卿大臣，御史大夫倪宽、太常孔臧、太中大夫董仲舒、宗正刘德、太子太傅萧望之等，时时间作。或以抒下情而通讽谕，或以宣上德而尽忠孝，雍容揄扬，著于后嗣，抑亦雅颂之亚也。故孝成之世，论而录之，盖奏御者千有余篇”。第三阶段是东汉中叶至东汉末年，讥讽时事、抒情咏物的短篇小赋开始兴起。具有代表性的赋作是张衡的《二京赋》和《归田赋》。特别值得注意的是《归田赋》，作者以清新的语言，描写了自然风光，抒发了自己的情志，表达了在宦官当政、朝政日非的情况下，不肯同流合污、自甘淡泊的品格。从专供帝王贵族案头的体物大赋转变为个人言志抒情的小赋，《归田赋》起到了赋体风格转折的作用。

三、唐诗

诗歌发展登峰造极的时期是唐代。从文体上来看，唐诗分为古体诗和近体诗，再细分为五言古体诗、七言古体诗、五言绝句、七言绝句、五言律诗、七言律诗，唐人可谓各体兼工。从表达内容上来看，可以分为以王维、孟浩然、韦应物、柳宗元为代表的山水田园诗派，以高适、岑参、王昌龄、王之涣等为代表的边塞诗派，以李白为代表的浪漫主义诗派，以杜甫为代表的现实主义诗派，纵贯唐代诗坛。从诗歌的风格来看，可分为初唐时期、盛唐时期、中唐时期、晚唐时期。

初唐时期，陈子昂第一个举起了诗界革命的大旗，把诗歌从前朝的宫体诗中解放出来，“初唐四杰”书生意气，激扬文字，充溢着疏朗奋发的骨鲠之气，昭示着唐诗时代的来临。杜甫《戏为六绝句》评价称:“王杨卢骆当时体，轻薄为文哂未休。尔曹身与名俱灭，不废江河万古流。”

盛唐气象的出现伴随着诗人们高歌建功立业的情怀和昂扬向上的斗志。浪漫主义的诗仙李白和现实主义的诗圣杜甫并驱诗坛，成为大唐盛世熠熠闪光的双子星座。这是一个才子与英雄并出的时代，岑参、高适、王昌龄、王之涣将边塞生活写得瑰丽奇伟、雄浑悲壮。

中唐的元稹、白居易倡导了新乐府运动，他们擅长新乐府、七言歌行、长篇排律，强调诗歌的讽谕作用，语言平易、浅切、通俗，人称“元白体”。

李商隐唱起了“夕阳无限好，只是近黄昏”的末世哀伤，杜牧和李商隐这两颗晚唐的双子星，以他们最后的努力，为这个诗歌盛世抹上浓厚而瑰丽的一笔。

四、宋词

词别称诗余，原本是晚唐五代兴起的可以和乐歌唱的新诗体，称曲子词，又因句子长短不同，也称长短句。两宋时期，词学发展蔚为壮观，词人流派、名篇佳作层出不穷。《全宋词》共收录流传到现在的词作 1300 多家，将近 2 万首，可以推想当时创作的盛况。从篇幅长短上来分，词可分为小令（58 字以内）、中调（59 至 90 字以内）和长调（91 字以上，最长达 240 字）。从音乐性质上来分，词可分为令、引、慢、三台、序子 、法曲、大曲、缠令、诸宫调九种。从节拍上来分，词可以分为令，也称小令，每片四拍；引和近，每片六拍；慢即慢曲，每片八拍。令词一般短小，引、近接近中调，慢词较长。从词牌来源上来分，词可以分为民间的曲调，如《菩萨蛮》《西江月》《风入松》《蝶恋花》等；摘取词中的几个字作为词牌，如《忆秦娥》《忆江南》《如梦令》《念奴娇》等；原本就是词题，如《踏歌词》《舞马词》《渔歌子》《浪淘沙》《更漏子》等。从流派上来分，词可以分为婉约派和豪放派。从词的基调上来看，本属于艳科，张炎《词源》卷下云："簸弄风月，陶写性情，词婉于诗。盖声出于莺吭燕舌间，稍近乎情可也。"词最初的题材主要集中在伤春悲秋、离愁别绪、风花雪月等方面，词境较为狭窄，与雅文学的诗歌无可比拟。因此，"去俗复雅"是宋词创作的主要努力方向，词的诗化的过程就是词的艺术达到巅峰的过程，在这一过程中起到转折作用的是诗词兼擅的大文豪苏轼。

首先，苏词扩大了词境。苏轼的性情、襟怀、学问既融于诗，也融于词。刘熙载《艺概》卷四评价说："东坡词颇似老杜诗，以其无意不可入，无事不可言也。"其次，苏词提高了词品。苏轼"以诗入词"，以诗人"言志"去融入词人"言志"，淡化了儿女情长。胡寅《酒边词序》评价说苏词"一洗绮罗香泽之态，摆脱绸缪宛转之度，使人登高望远，举首高歌，而逸怀浩气超乎尘埃之外"。再次，苏词改造了词风。苏轼旷达豪放的词风改变着词的内质。况周颐《蕙风词话》卷二评价说："熙丰间，词学称极盛，苏长公提倡风雅，为一代山斗。"词的"雅化"在苏轼这里取得了本质性的突破，也将词送上了宋代文坛的王座。

五、元曲

广义的元曲包括杂剧和散曲，狭义的元曲专指杂剧。杂剧每本以四折为主，在开头或折与折间有楔子，每折用同宫调同韵的北曲套曲和宾白组成。散曲则是没有宾白的曲子，内容以抒情为主，有小令和散套两种。一般我们所说的元曲指的是元杂剧，又称北杂剧、北曲，是元代用北曲演唱的传统戏曲形式。元代杂剧是在宋杂剧和金院本的基础上发展起来的一种戏剧样式，大致产生于金末元初，在成宗元贞、大德年间进入鼎盛时期。杂剧最初流行于北方，以大都（今北京）为中心；元统一全国后，杂剧开始南移，成为全国性的文学样式。

在短暂的时间内，元杂剧也经历了从产生到盛极而衰的过程，大致可以分为前后两期。前期约为元世祖至元初至成宗大德末年。这是关汉卿、白朴、王实甫、马致远活跃的年代，元杂剧的代表性作品大都在此时出现，并流传到全国。后期约武宗至大年间至元末。虽然作家作品为数不少，然而只有郑光祖、宫天挺等人的作品还有一些特色，总体成就远不及前期。

代表元杂剧最高创作成就的是“元曲四大家”。明代何良俊在《四友斋丛说》中说：“元人乐府称马东篱（致远）、郑德辉（光祖）、关汉卿、白仁甫（朴）为四大家。”元代钟嗣成的《录鬼簿》把关汉卿列为杂剧作家之首。关汉卿是元代杂剧奠基人，被誉为“曲圣”，已知有 67 部剧作，现存 18 部，最著名的是《窦娥冤》。关汉卿自称“是个蒸不烂、煮不熟、捶不匾、炒不爆、响当当一粒铜豌豆”，以其强烈的现实主义追求和昂扬向上的战斗精神，歌颂了窦娥们敢于反抗黑暗恶势力、至死不屈的斗争精神。王国维《宋元戏曲史》称《窦娥冤》“列之于世界大悲剧中亦无愧色”，关汉卿也因此被称为“中国的莎士比亚”。

六、明清小说

小说之名出现很早，《庄子・外物》云：“饰小说以干县令，其于大达亦远矣。”以“小说”与“大达”对举，是指那些琐屑的言谈、无关政教的小道理。因此，小说最初的定位是不登大雅之堂的。经历了魏晋南北朝的志人志怪、唐代的传奇、宋元的话本，小说终于在明清两代达到了巅峰，成为一代之文学。明清小说无论从思想内涵、艺术成就、文学价值、社会作用等诸方面都达到了登峰造极的地步，打破了正统诗文的垄断。从题材上来看，明清小说可以分为：历史演义小说，以《三国演义》为代表；英雄传奇小说，以《水浒传》为代表；神魔小说，以《西游记》为代表；世情小说，以《红楼梦》《金瓶梅》为代表；公案小说，以《三侠五义》为代表；谴责小说，以《儒林外史》为代表；志怪小说，以《聊斋志异》为代表。其中，《三国演义》《水浒传》《西游记》《金瓶梅》合称明代的“四大奇书”，它们与《红楼梦》均是中国古典长篇章回体小说的杰出代表。

《三国演义》讲的是忠义文化，故事始于刘备、关羽、张飞桃园三结义，这三人既是兄弟又是君臣关系，君臣关系就要讲忠，兄弟关系就要讲义，所以忠和义在刘关张三人身上得到了很完美的体现。作品将刘关张塑造为正面形象，刘备是仁君，关羽是义绝，后世视为忠义的化身。

《水浒传》讲的是侠义文化。108 条好汉梁山聚义，竖起了“替天行道”的大旗，出则为群，入则为伍，纵横江湖，劫富济贫，专门抱打人间不平。他们义气深重，往往可以爆发出惊人的战斗力，三败高俅、两赢童贯、征辽，平田虎、王庆、方腊，建立起属于他们的英雄功业。

《西游记》讲的是神魔文化，塑造的是世俗化的神魔形象，是人性、神性和动物性的高度统一。孙悟空的好胜心、虚荣心、促狭、大男子主义，猪八戒的懒惰、好色、爱发牢骚和市侩气，都是世俗中人人性的真实体现。

《红楼梦》讲的是情本文化，是以情为本的文化。“木石前盟”讲的是宝玉和黛玉的恋情，“金玉良缘”讲的宝玉和宝钗的恋情，然而这一切最终都被封建礼教埋没了，只“落了片白茫茫大地真干净”，这种末世的悲剧体现了强大的悲剧力量，也奠定了《红楼梦》难以逾越的巅峰地位。

第三节　中国古代文学的文化特征

中国古代文学在长达数千年的演进中能够始终保持自己的风貌，根本在于其一脉传承的文化内核，引领着古代文学的发展方向，儒道思想的交替轮转是古代文学发展的两极，但起主要作用的仍然是儒家思想。

一、文以载道

这是儒家思想作用于古代文学的文化表征。宋代周敦颐《通书・文辞》云：“文所以载道也。轮辕饰而人弗庸，徒饰也，况虚车乎。”意思是说，文章是道的载体，就好像车是人的载体一样；如果车不载人，车轮和车扶手装饰得再好也没用。通俗地讲，写文章就是为了说明道理，形式是为内容服务的。这是一种文学的社会功用论，是对文学作品中文与道关系的一种概括。

“文以载道”的前身是“文以明道”，发端于《荀子》。在《解蔽》《儒效》《正名》等篇中，荀子把“道”看作自然的规律，把儒家的圣人看作自然规律的体现者，总理天地万物的枢纽。因此，要求“文以明道”。汉代扬雄将“明道”与“宗经”“征圣”结合起来，认为儒家的圣人及其经书能够最好地体现自然之道。南朝刘勰《文心雕龙》中有《原道篇》，明确地指出了“文以明道”的问题，“道沿圣以垂文，圣因文而明道”，强调“文”就是用来阐明“道”的。唐代古文运动把“文以明道”作为理论纲领，古文运动的先驱柳冕在《答荆南裴尚书论文书》中论述了“文”与“道”的关系，“夫君子之儒，必有其道，有其道必有其文。道不及文则德胜，文不及道则气衰”。韩愈作为古文运动的领袖，以儒家“道统”的继承者自居，他虽重“道”，但并不轻“文”，而且他所尊奉的是“尧、舜、禹、汤、周公、孔、孟”等圣人的“古道”。柳宗元也主张“文以明道”，在《报崔黯秀才论为文书》中，他认为“圣人之言，期以明道，学者务求诸道而遗其辞……道假辞而明，辞假书而传”。可以看出，柳宗元注重的是治世之“道”，即经世致用的“今道”，但在“文以载道”的总体观点上是一致的。宋代古文运动的领袖欧阳修在韩愈的基础上，提倡文章载道要载君国大事，唯有“载大”，才能“传远”。宋代理学家重道轻文，把文看作道的附庸。朱熹主张“文”统一于“道”，认为“道外无物”，《答吕伯恭》云：“道者，文之根本；文者，道之枝叶。”明末清初的思想家黄宗羲、顾炎武等人，主张明道致用。如顾炎武《日知录》云：“文之不可绝于天地间者，曰：明道也，纪政事也，察民隐也，乐道人之善也。”清代章学诚对“文”与“道”关系的论争画上了完满的句号，其《文史通义》有《原道》三篇，专门论“道”。他认为文章要从实际出发，合乎时代的需要，使“文”能为世所用，实现“文道合一”。他在《辨似》中说：“盖文固所以载理，文不备则理不明也。且文亦自有理。”不仅重视道的作用，也重视文的作用，这是章学诚的高明之处，也是对“文以载道”最好的诠释。

二、温柔敦厚

温柔敦厚最早见于《礼记经解》：“温柔敦厚，诗教也。……其为人也，温柔敦厚而不愚，则深于诗者也。”这是汉代儒家对孔子文学思想的一种概括，也是儒家的传统诗教。孔子基于“温柔敦厚”的诗教，主张文学上的中和之美，要符合礼仪的要求，所谓“乐而不淫，哀而不伤”“发乎情，止乎礼义”，这样才能“依违讽谏”，起到教化作用，强调委婉的“讽谏”，而不是尖锐的揭露，因此在创作上往往运用比兴的手法，形成委婉含蓄的艺术风格。“温柔敦厚”产生于汉代“罢黜百家，独尊儒术”大背景下，符合儒家“三纲五常”的伦理诉求，诚如郑玄《六艺论》所说“及其制礼，尊君卑臣，君道刚严，臣道柔顺。于是箴谏者稀，情志不通，故作诗者以诵其美而讥其恶”，要求诗人要在封建伦理纲常的范围内进行创作，作品的主旨要服从伦理纲常的教化原则。从两汉开始，“温柔敦厚”不仅成为诗歌创作的法则，也成为创作者人格规范的要求。宋代的理学家多对“温柔敦厚”推崇备至，如杨时《龟山集·语录》指出：“为文要有温柔敦厚之气，对人主语言及章疏文字温柔敦厚尤不可无。”直到清初，王夫之才在《姜斋诗话》中指出：“诗教虽云温厚，然光昭之志，无畏于天，无恤于人，揭日月而行，岂女子小人半含不吐之态乎？《离骚》虽多引喻，而直言处亦无所讳。”王夫之这段话是借《离骚》质疑“温柔敦厚”。其后，几乎同时代的沈德潜和袁枚在对待“温柔敦厚”上的观点相悖。沈德潜是“温柔敦厚”的坚定支持者，他在编定《古诗源》《唐诗别裁集》等诗歌选本时，奉行的原则是“诗之为道，不外孔子教小子、教伯鱼数言。而其立言一归于温柔敦厚，无古今一也”。而袁枚反对将“温柔敦厚”的诗教绝对化，其《再答李少鹤书》指出：“《礼记》一书，汉人所述，未必皆圣人之言。即如‘温柔敦厚’四字，亦不过诗教之一端，不必篇篇如是……故仆以为孔子论《诗》，可信者，‘兴观群怨’也。不可信者，‘温柔敦厚’也。”袁枚认为“温柔敦厚”只是汉人托圣人所言，未必皆为圣人言，是不可信的。当然，我们应该客观地看待“温柔敦厚”，一方面，它源自儒家的中庸哲学，使文学在主旨上呈现了“中和之美”；另一方面，片面或过度的强调，也会对文学在艺术的多样性上有所削弱。

三、兴观群怨

兴观群怨本是孔子对《诗经》美学功能和社会功用的评价，出自《论语·阳货》：“子曰：小子，何莫学夫《诗》？《诗》可以兴，可以观，可以群，可以怨；迩之事父，远之事君；多识于鸟兽草木之名。”从含义上讲，“兴”，孔安国注：“兴，引譬连类”，朱熹注：“感发意志”，指的是诗歌生动的艺术形象可以触发情感，引起联想，影响读者的意志。“观”，郑玄注：“观风俗之盛衰”，朱熹注：“考见得失”，指的是诗歌可以用来考察社会的风俗和政治的得失。“群”，孔安国注：“群居相切磋”，朱熹注：“和而不流”，指的是诗歌可以用来增进交流，统一认识，促进社会的和谐与团结。“怨”，孔安国注：“怨刺上政”，指的是诗歌可以讽谏社会上的不合理现象，劝善惩恶。“兴观群怨”的前提是“兴”，因为“兴”是用来“感发志意”的，强调文学通过生动的艺术形象去陶冶人、感染人、教育人，对人们进行积极向善的引导，而不是抽象的说教，这是文学最本质的社会功用。清代王夫之从“诗以道情”的思想出发，认为：“‘诗可以兴、可以观、可以群、可以怨。’尽矣。辩汉、魏、唐、宋之雅俗得失于此，读《三百篇》者必此也……出于四情之外，以生起四情，游于四情之中，情无所窒。”这里的“四情”指的就是“兴观群怨”，而“四情之外，以生起四情，游于四情之中，情无所窒”体现的就是“兴”的“感发志意”的重要作用，即“观群怨”是靠“兴”的前提去完成的。后世一系列诗论范畴如“诗言志”“诗缘情”“讽谕美刺”和“补察时政”都是“兴观群怨”说的延续，形成了中国古代文学内在发展的理路和脉络。

【思考与练习】

1. 简述中国古代文学有哪些伟大成就。
2. 你最喜欢中国古代文学哪一种文体，为什么？

第十三讲 中国古代的艺术

中国古代的艺术可以追溯到传说中的黄帝，甚至更久远的时期，不仅起源早，而且形式多样，精彩纷呈，在中国古代文明史上书写了光辉的篇章，造就了数千年传承的艺术宝库。

第一节　中国古代艺术的发展历程

与其他文化形式一样，中国古代艺术也有其发展和演变的规律，在历朝历代的传承中不断成长为成熟的艺术形式，丰富艺术的家园，为人们展开一幅精彩纷呈的艺术画卷。

一、先秦时期

夏商周以前更久远的年代，就出现了原始的音乐、舞蹈、绘画、雕塑，以及紧随其后的原始彩陶和青铜纹饰，这是中国古代艺术的精彩序幕。夏商周时期，因为战争和祭祀的需要，青铜器获得了很大的发展，考古界将其称为“青铜时代”；因为祭祀、图腾崇拜及身份地位的象征，玉器在制作工艺上也有了较大的提高。

二、秦汉时期

在音乐艺术上，随着汉武帝时张骞在西域间的往来交流，胡乐进入了中国，开启了古乐和胡乐之分。在舞蹈艺术上，汉代开始有了本土舞蹈的雅舞和吸收外来舞蹈艺术的杂舞之分。在戏曲艺术上，汉代的角抵戏已初具戏曲的雏形。在建筑艺术上，秦汉陵墓封土为陵，陵墓建筑得到长足发展；随着佛教的传入，汉明帝时在洛阳建造了白马寺，这是我国有记载的最早的佛教建筑。在玉器制作上，出现了著名的“汉八刀”技术，玉器的雕刻和镂空技艺高超，尤其是汉代的金缕玉衣制作精美，堪称艺术珍品。在制陶艺术上，秦始皇兵马俑的彩绘工艺独到，手法精巧，令人叹为观止，入选《世界遗产名录》，被誉为“世界第八大奇迹”。

三、魏晋南北朝时期

书画艺术开辟了发展的新纪元，楷书艺术真正形成，出现了“正书之祖”钟繇和“书圣”王羲之。绘画艺术也独具特色，开辟了审美的新境界。顾恺之、张僧繇等著名画家登上了历史舞台，尤其是东晋顾恺之的人物画《洛神赋图》成为传世的不朽之作。建筑艺术在这一时期由于佛教的普及得到了大规模的发展，据《洛阳伽蓝记》，仅在北魏首都洛阳内外就有寺庙1000 多座。

四、隋唐五代时期

书法艺术空前繁荣，楷书艺术进入成熟期。颜真卿和柳公权都以楷书著称，风格各不相同，代表了当时楷书艺术的最高成就。张旭和怀素的草书极负盛名，张旭被称为“草圣”，与怀素并称为“颠张醉素”。唐代的绘画艺术也显现出大唐气象，题材广泛，手法多样。著名画家阎立本、吴道子都有名作存世，阎立本的人物画形象逼真传神，时人誉之为“丹青神话”。他的《步辇图》再现了唐贞观十五年（641）唐太宗李世民接见来迎娶文成公主的吐蕃使者禄东赞的历史场景。吴道子被尊为“画圣”，尤精于佛道、人物绘画，擅长壁画创作。他的《送子天王图》以释迦降生为中心，天地诸界情状细致入微，想象奇特，令人神驰目眩。唐代的佛教音乐盛行，得到前所未有的发展，对说唱音乐的发展起到了重要作用，源于佛教教义宣传的“俗讲”就是一种备受欢迎的说唱艺术形式。各种乐舞机构也开始不断出现，如教坊、梨园、太常寺等云集了众多民间艺人，带动了音乐舞蹈艺术的广泛传播。唐代的建筑群艺术也日臻成熟。唐都长安（今西安）和东都洛阳都修建了规模巨大的宫殿、苑囿、官署，且建筑布局也更加规范合理。唐三彩是盛行于唐代的一种低温釉陶器，釉彩有黄、绿、白、褐、蓝、黑等色彩，而以黄、绿、白三色为主，因而被称为“唐三彩”，其艺术成就震古烁今，闻名中外。

五、宋元时期

书法艺术上出现了苏轼、黄庭坚、米芾、蔡襄“宋四家”，代表了宋代书法艺术的最高成就。绘画艺术题材广泛，风格多样，技巧成熟，突出体现在山水画、花鸟画和风俗画的创作中。张择端的《清明上河图》是中国十大传世名画之一，描绘了北宋东京汴河沿岸的民俗风光，是北宋时期都城汴京当年繁荣的见证。元代赵孟頫善于画马，名作主要有《人马图》《人骑图》《浴马图》《滚尘马图》《调良图》《秋郊饮马图》等，其中《秋郊饮马图》被称作“神品”。音乐开始转向民间，由宫廷音乐转向平民音乐，勾栏瓦肆等娱乐场所成为平民说唱音乐活动的场所。舞蹈在勾栏瓦肆中有了固定的表演场地，形式开始多元化，成为元杂剧中不可缺少的组成部分。瓷器是宋元时期代表性的艺术形式，瓷器制作技艺精湛，青、白、黑、青白、彩绘瓷品类繁多，著名的汝窑、官窑、哥窑、定窑、钧窑被称为“五大名窑”。

六、明清时期

书法艺术更加多元化，“吴门三家”祝允明、文徵明、王宠，以及“明末四大书法家”邢侗、张瑞图、米万钟、董其昌各有千秋。绘画艺术出现了很多流派，代表性的有宫廷画派、浙派和吴门画派，水墨山水和写意花鸟成就显著，最著名的是“吴门四家”沈周、文徵明、唐寅和仇英，尤其是唐寅诗书画俱佳，号称“江南第一才子”。音乐艺术在曲谱的整理上出现了华秋萍的《华秋萍琵琶谱》、朱权的《神奇秘谱》、叶堂的《纳书楹曲谱》等。北方的鼓词、牌子曲、琴书等说唱曲种，南方的苏州弹词，精彩纷呈。舞蹈转向民间，如秧歌、跑旱船、跑竹马、大头和尚、狮子舞、龙舞、霸王鞭、高跷等通过社火、走会等民俗活动流传至今。明清园林是我国古代园林艺术成就的代表，皇家苑圃和私人园林的数量、规模都大大超越了前代，代表性的建筑有颐和园、圆明园、苏州园林等。瓷器发展到登峰造极的地步，彩釉品种丰富多彩，“其彩色，则霁红、矾红、霁青、粉青、冬青、紫绿、金、银、漆黑、杂彩，随意而施”。江西景德镇作为“瓷都”的地位得到确立，使景德镇窑统领明清两代瓷坛长达数百年，直至今日。

第二节　中国古代艺术的伟大成就

中国古代艺术形式多样，书法、绘画、音乐、舞蹈、建筑等都经历了长期的发展过程，形成了各自的发展特色，创造了灿烂辉煌的成就，为世人留下了宝贵的精神财富。

一、音乐

首先，中国古代音乐起源较早。古代文献对尧舜时期的古乐已有记载，如《吕氏春秋》记载：“昔葛天氏之乐，三人操牛尾，投足以歌八阕：一曰《载民》，二曰《玄鸟》，三曰《遂草木》，四曰《奋五谷》，五曰《敬天常》，六曰《达帝功》，七曰《依地德》，八曰《总禽兽之极》。”葛天氏相传为东夷伏羲氏部落联盟十五部族之一葛天氏部族首领，后袭伏羲氏之号为伏羲世系之帝王，是我国音乐、歌舞的始祖和中华民族共同的人文始祖之一。《论语》中，孔子评价《韶》乐“尽美矣，又尽善也”。相传，韶乐是尧帝禅位给舜帝的礼让之乐，是圣人的音乐，不仅乐曲优美，而且表达了圣人之德，因此是尽善尽美的。音乐在崇尚礼仪教化的周代逐步建章立制，周景王时期已有“五音”，即宫、商、角、徵、羽，加上变徵、变宫，为“七音”；又根据制造乐器质料的不同，将乐器分为八类，即金、石、丝、竹、匏、土、木、革，称为“八音”。与此同时，十二律也产生了，说明当时的音乐活动已经发展到相当高的水平。中国现实主义的文统《诗经》，又称“诗三百”，都是可以和乐歌唱的，即《墨子·公孟》中所说的“颂诗三百，弦诗三百，歌诗三百，舞诗三百”。也可以理解为在《诗经》当中，诗乐舞是统一的，每一首诗都可以用乐器演奏、歌唱和跳舞。中国浪漫主义的文统《楚辞》是屈原根据楚国南部民间祭祀用的歌曲加工而成的，也具有音乐的文化特质。

其次，中国古代音乐的种类繁多。最早的是上古时期的古乐，如朱襄氏之乐、阴康氏之乐、葛天氏之乐、伊耆氏之乐，还有被尊为古代帝王的黄帝、颛顼、帝喾、帝尧、帝舜和夏禹等时代的古乐。到了夏商周时期，乐舞成为主要的音乐形式，如夏代的代表性乐舞是《大夏》，用来歌颂夏禹治水的功业；商代的代表性乐舞是《大濩》，用来歌颂商汤灭夏的伟业；周代的代表性乐舞是《武》，用来歌颂武王伐纣的成功。春秋战国时期，民间俗乐纷纷兴起，《诗经》当中的《国风》，收录的就是 15 个地方的民间俗乐，包括《周南》《召南》《邶风》《鄘风》《卫风》《王风》《郑风》《齐风》《魏风》《唐风》《秦风》《陈风》《桧风》《曹风》《豳风》，也称为“十五国风”。两汉魏晋时期的音乐形式更加多样，汉代的司马相如、桓谭、蔡邕，魏晋时期的阮籍、嵇康都以琴曲名世，尤其是嵇康的《广陵散》，天下绝伦，无可匹敌。此外还有晋室南迁之后，由南方民歌发展起来的“吴声”“西曲”，以及南北朝时期的少数民族音乐鲜卑乐、西凉乐等。隋唐时期的燕乐是宫廷俗乐的总称，它包括中国和外国的音乐，唐贞观时固定的有十部乐，包括燕乐、清商乐、西凉乐、高昌乐、龟兹乐、疏勒乐、康国乐、安国乐、天竺乐和高丽乐。十部之外还有扶南、百济、突厥、新罗、倭国、南诏、骠国和属于鼓吹乐系统的鲜卑、吐谷浑、部落稽等的音乐，著名的《霓裳羽衣曲》是唐朝大曲中的法曲精品和集大成之作。宋元时期用曲子表现音乐的有鼓子词和诸宫调，金章宗时董解元的《西厢记诸宫调》是现存最完整的一部诸宫调，此外还有宫廷音乐和器乐等音乐形式。明清时期出现了各种南方的戏曲声腔，如浙江的海盐腔、余姚腔，江西的弋阳腔，江苏的昆山腔等，影响最大的当属梆子腔和皮黄腔。梆子腔起源于陕西一带，故又称秦腔。

再次，中国古代的乐器各具特色。在距今八九千年的河南舞阳贾湖村新石器遗址发掘出土的“骨笛”，是迄今发现的最早的乐器，出土的还有距今六七千年的新石器时代的陶埙、陶钟、陶铃等。商代已经出现了编钟和编磬，一般以 3 件为一组；西周时有了 8 件一组的编钟；春秋晚期的一套编钟已达到 13 件。1978 年在湖北随州出土的战国初期的曾侯乙编钟，有钮钟 19 件、甬钟 45 件，共 64 件，尤其珍贵的是刻在这些钟上的约 2800 字的音乐铭文，标明了当时曾国及楚、齐、晋、周、申等国各种律名、阶名、变化音名之间的对应关系，为了解当时的乐律学体系提供了宝贵的史料。除了编钟之外，中国古代著名的乐器还有琵琶、二胡、箫、笛、瑟、琴、埙、笙和鼓等，与编钟并称中国“十大乐器”。其中，琵琶被称为“弹拨乐器之王”，大约在秦朝出现，距今已有 2000 多年的历史。二胡又名“胡琴”，唐代已出现，是当时北方少数民族传入中原的乐器。箫的产生可以追溯到 7000 多年前的上古时期，浙江河姆渡遗址出土的“骨哨”是箫的雏形。笛约有 8000 多年的历史，源于上古时期的“骨笛”。瑟的历史也比较久远，在东周时期已经广泛使用。琴据称为伏羲所创，“八音之中，惟弦为最，而琴为之首”。埙是古代用陶土烧制的一种吹奏乐器，大约产生于四五千年前。笙是我国古老的簧管乐器，也是世界上最早使用自由簧的乐器，在商周时期已经流行。鼓大约在 4500 年前出现，它的使用更为广泛，不仅用于祭祀、乐舞，还用于战争、报警等各种场合。

二、舞蹈

首先，中国古代的舞蹈和音乐同源。上古时期原始先民在从事劳作时是载歌载舞的，《毛诗序》中有“咏歌之不足，不知手之舞之，足之蹈之”，说的就是乐舞一体的情况。黄帝、尧、舜、禹、汤武各有代表性的乐舞，黄帝的乐舞《云门》、尧之《大咸》、舜之《大韶》、禹之《大夏》、汤之《大濩》、武之《大武》，总称为“六代舞”。其他还有如葛天氏的八种乐舞、阴康氏的《大舞》都体现了乐舞同源的特点。

其次，中国古代的舞蹈形式多样。上古时期的原始乐舞体现了音乐和舞蹈同源，到了春秋战国时期，伴随着音乐的发展，舞蹈也得到了更加广泛的应用，出现在祭祀、巫礼、驱疫、教育、宴享等各种场合。汉代主要的舞蹈形式是“百戏”，《汉文帝纂要》载：“百戏起于秦汉曼衍之戏，技后乃有高絙、吞刀、履火、寻橦等也。”百戏包括杂技、角抵、幻术、武打、歌舞戏等，尤以杂技为主，《汉书·武帝纪》中记载，元封三年（前108）春，皇家在京师举行百戏表演，“三百里内皆（来）观”，可见当时百戏所受的欢迎程度。魏晋南北朝时期的胡舞由北方少数民族传入中原，呈现出南北文化艺术交流的特征。隋唐时期，舞蹈形式最为多样，主要的舞蹈种类有燕乐、健舞、软舞、大曲、歌舞戏等，规模宏大的三大舞——《破阵乐》《庆善乐》《上元乐》是唐代史诗型舞蹈的代表，根据《霓裳羽衣曲》编排的大曲乐舞《霓裳羽衣舞》代表了唐代乐舞艺术的最高成就。唐代还盛行胡旋舞，主要来自西域各国等，李端《胡腾儿》中的描写“环行急蹴皆应节，反手叉腰如却月”，形象生动地表现了节拍鲜明、奔腾欢快、旋转蹬踏的胡旋风格。宋代舞蹈主要有宫廷队舞、民间队舞和百戏中的舞蹈等形式。其中，宫廷队舞以教坊为主，有两个舞蹈队。一是小儿队，下分10队：柘枝队、剑器队、婆罗门队、醉胡腾队、诨臣万岁乐队、儿童感圣乐队、玉兔浑脱队、异域朝天队、儿童解红队、射雕回鹘队；一是女弟子队，下分10队：菩萨蛮队、感化乐队、抛球乐队、佳人剪牡丹队、拂霓裳队、采莲队、凤迎乐队、菩萨献香花队、彩云仙队、打球乐队，总共20个舞蹈节目，反映了宋代宫廷队舞的主要内容。明清时期的舞蹈成为戏曲表演的重要组成部分，已经形成了成熟的训练体系和表演方法。清代乾嘉年间，众多地方戏，如花鼓戏、采茶戏、五音戏剧、花灯戏等都是在舞蹈的基础上发展起来的，保存了丰富的舞蹈遗产。

三、绘画

首先，中国古代的绘画起源很早。从源头上看，可以追溯到七八千年前的原始彩陶，据考古发现，在半坡文化时期，陶上便出现了最早的彩绘，多是日常生活用品，常见的有盆、瓶、罐、瓮、釜、鼎等，无论是制作工艺，还是艺术成就、历史价值，彩陶都是宝贵的文化遗产。

其次，中国古代绘画的种类很多。最早的表现形式为原始彩陶纹绘，战国时期出现了帛画，延续到汉代，绘画的技法日臻成熟。汉代的壁画已经比较多见，到魏晋南北朝时期，随着宗教的发达，佛教艺术兴盛起来，石窟绘画成为一种流行的绘画形式，代表性的石窟有敦煌石窟、云冈石窟、龙门石窟、麦积山石窟等。其中以敦煌莫高窟最为著名，俗称“千佛洞”，有洞窟735个，壁画4.5万平方米，泥质彩塑2 415尊，是世界上现存规模最大、内容最丰富的佛教艺术圣地。人物画、山水画、走兽画等发展成熟，比较突出的是人物画，如顾恺之的《女史箴图》《洛神赋图》和《列女仁智图》等。隋唐时期的绘画主要集中在人物画、山水画、宗教画上，比如画圣吴道子擅长宗教画，王维擅长山水画，阎立本擅长人物画。五代时山水画和花鸟画朝写实方向发展，山水画代表人物是南唐的董源等，西蜀的黄居寀为花鸟工笔画之祖，江南的徐熙则为后世花鸟写意派所宗。宋代的民间绘画、宫廷绘画、士大夫绘画各自形成体系，绘画的题材更加多样，宋徽宗的宫廷画院里集中了众多的画家，创作出如张择端的《清明上河图》、王希孟的《千里江山图》等一批传世之作。元代的绘画以文人画为主流，赵孟頫的山水画广收诸家之长，强调书画同源，将书法用笔引入绘画创作，体现了文人画的特点。明代的山水画流派众多，最著名的是早期的“浙派”、中期的“吴门派”和晚期的“华亭派”。“吴中四家”的沈周、唐寅、文徵明和仇英诗画兼工，尤以唐寅最为著名。华亭派的董其昌既是书法家也是画家，他将书法的用笔用于绘画，具有典型的文人画特色。清初的花鸟画，风格多样，名家辈出，尤以八大山人朱耷、石涛、恽格最为突出；到了清晚期，赵之谦、任伯年、虚谷、蒲华、吴昌硕等画家将花鸟画推上一个新的高峰。

再次，中国古代绘画诞生了很多画坛巨匠。在绘画艺术发展的过程中，著名画家的出现是绘画艺术成熟的标志，他们将绘画艺术不断推向新的高度。如顾恺之、阎立本、吴道子、王维、赵孟頫，八大山人朱耷、董其昌、倪瓒、石涛、荆浩、李唐等都可以称得上画坛巨匠。其中，顾恺之精于人像、佛像、禽兽、山水等，时人称之为“三绝”，即画绝、文绝和痴绝，与曹不兴、陆探微、张僧繇合称“六朝四大家”，传世代表作有《洛神赋图》《女史箴图》《烈女图》等。阎立本擅画台阁、车马、肖像，尤其是重大题材的历史人物画和风格画，代表作《步辇图》《历代帝王图》《凌烟阁功臣二十四人图》等，所绘人物形象逼真传神，被列为神品，时人誉之为“丹青神化”。吴道子是中国山水画的祖师，被后人尊称为“画圣”，人物绘画“冠绝于世”，所绘人物，善用状如兰叶或莼菜条之线条表现衣褶，使有飘举之势，人称“吴带当风”。王维与孟浩然合称“王孟”，有“诗佛”之称，诗书画均登峰造极，后人推其为南宗山水画之祖。苏轼评价王维：“味摩诘之诗，诗中有画；观摩诘之画，画中有诗。”赵孟頫博学多才，能诗文，懂经济，工书法，精绘艺，擅金石，通律吕，解鉴赏，尤以书法和绘画成就最高，他开创元代新画风，被称为“元人冠冕”。

第三节　中国古代艺术的文化特征

中国古代艺术虽然门类众多，但都植根于中国传统文化的土壤中，汲取了丰厚的养分，形成了与优秀文化因子一脉相承的文化风格，符合中华民族的审美观念，是弘扬中华民族精神的重要载体。

一、持中贵和

持中贵和是中国传统文化的审美追求，也是古代艺术的重要表征。先秦以“和”为最高理想，孔子谈“尽善尽美”是音乐形式和内容的“和”；谈“文质彬彬”是做人内外兼修的“和”；谈“乐而不淫，哀而不伤”是理智和情感的“和”；谈“兴、观、群、怨”是人际关系的“和”。老子主张“守中”，他说：“天地之间，其犹橐籥乎！虚而不屈，动而愈出。多言数穷，不如守中。”儒家认为能“致中和”，使天地万物各得其所，达到和谐的境界。《礼记·中庸》里说：“喜怒哀乐之未发谓之中，发而皆中节谓之和；中也者，天下之大本也，和也者，天下之达道也。致中和，天地位焉，万物育焉。”汉代的董仲舒提出了“天人合一”的主张，认为天与人、天道与人道、天性与人性都是相类相通的，可以实现和谐统一。孔子倡导礼乐教化，正是看到了音乐的和谐之美，所以他在《韶》和《武》之间追求尽善尽美。“致中和”不单是中国艺术的一个核心思想，更是中国文化的一个很基本的思想。以王羲之的书法为例，其在结字上不取绝对的方或绝对的圆，而讲究方圆兼备；在用笔方面，不着意于全部藏锋，亦不故意全部用笔外拓，不一定完全的平平正正，也不一定完全的求险求怪，自然而然地表达出一种美感，因此王羲之被称为“书圣”。又比如，人们把舞蹈称为“动态的雕塑”，把雕塑称为“静态的舞蹈”，这体现的是两种艺术形式的动静之“和”。在“和”这一追求上，舞蹈和雕塑都是优美的，是有着共通性的。蔡元培先生说“我国文学美术皆偏于优美一派”，指的是中国的文学和艺术是含蓄的，追求的是精神和情感的内在和谐，不像西方艺术追求的是外在的形式。数千年传承的“和”的审美范畴一直影响着古代艺术的发展，直到今天，仍然是艺术的重要文化表征。

二、意境融彻

明代朱承爵《存余堂诗话》说："作诗之妙，全在意境融彻，出音声之外，乃得真味。"所谓"意境融彻"，通常是指在文艺创作中所描绘的生活图景与表现的思想内涵完全融合在一起。"意境"是文学、美学、艺术创作等领域的重要范畴，它的主要特点是景中有情，情中有景，情景交融。凡能感动欣赏者的艺术，总是在反映对象"境"的同时，相应表现作者的"意"，即作者能借形象表现心境，寓心境于形象之中，这称为"意境"。传统绘画常常通过对时空境象的描绘，在情与景高度融合后呈现出意境融彻的艺术境界。魏晋南北朝时的山水画借助道家思想和玄学的影响，由原来的"重写生"的阶段开始过渡到"重意境"的阶段，这是绘画领域的重要进步，作品的神韵由此得以体现，艺术感得以增强。这一时期提出的"澄怀味象""得意忘象"等艺术创作理论，以及艺术创作旨在"畅神""怡情"的美学思想，成为后来传统绘画强调意境构成的先声。唐代张彦远提出了"立意"说，五代荆浩提出了"真景"说，宋代画家郭熙提出了"重意"说，认为创作应当"意造"，鉴赏应当"以意穷之"，并首次使用了与"意境"内涵相近的"境界"概念。宋代苏轼"诗画一体"的艺术主张，以及元代倪瓒和钱选的"逸气"和"士气"说的提出，使传统绘画在意境理论的形成和实践上进一步发展。清代笪重光在《画筌》一书中使用了"意境"这一概念，并针对山水画创作提出了"实境""真境"和"神境"的理论，对绘画中意境表现的理论问题做了有益的探索。王夫之关于"情景互"的观点，叶燮关于"形依情，情附形"的观点，为境界奠定了本质论的基础。最为系统地论述"意境"的是近代的王国维，他把艺术境界划分为三种基本形态："上焉者，意与境浑；其次，或以境胜；或以意胜。"这便充分体现了"意境"在艺术创作和审美领域中的重要作用。

三、气韵生动

南朝齐谢赫在其所著《古画品录》中，提出了绘画"六法"，即"一气韵生动是也；二骨法用笔是也；三应物象形是也；四随类赋彩是也；五经营位置是也；六传移模写是也"。他还说："气韵，生动是也。"他在评顾骏之的画时说："神韵气力，不逮前贤；精微谨细，有过往哲。"据此，可以把艺术作品的形神兼备称为"气韵"，"气"在这里是指艺术作品所蕴含的生命力；“韵”是指艺术作品的生命力所呈现的某种情态。所谓“气韵生动”，指的就是要重视以生动的“气韵”来表现物态的情志和精神，使之达到活灵活现的程度，这是我国传统艺术创作和审美的最高境界。唐代张彦远在《历代名画记·论画六法》中持同样的观点：“至于鬼神人物，有生动之状，须神韵而后全。”宋代“妙悟说”的代表严羽，在《沧浪诗话·诗辨》中说：“诗者，吟咏情性也。盛唐诸人唯在兴趣，羚羊挂角，无迹可求。故其妙处彻玲珑，不可凑泊，如空中之音、相中之色、水中之月、镜中之象，言有尽而意无穷。”不仅谈的是“言有尽而意无穷”的意境，也是对“气韵生动”的注解，唯其如此，才能形成妙不可及的意境。此外，在文学批评领域，还有如钟嵘提出“滋味说”、司空图提出“味外之旨”、徐祯卿谈到“神韵”，都与“气韵生动”有异曲同工之妙。清代“神韵说”的代表王士禛在《带经堂诗话》中说：“余于古人论诗，最喜钟嵘《诗品》、严羽《诗话》、徐祯卿《谈艺录》。”虽然是论诗，但体现的也是对“神韵”的推崇。“神韵”和“气韵”如出一辙，在中国古代文学批评史和艺术审美领域占有着重要的地位。

【思考与练习】

1. 简述中国古代艺术的伟大成就。
2. 说说你喜欢的一种艺术形式，并简要介绍它与传统文化的关系。

第十四讲 中国古代的教育

教育的意义不言而喻，它是文明得以传续的重要纽带，是人类传授知识、培养技能、涵养情操、塑造人格不可或缺的社会活动。“教育”一词最早见于《孟子·尽心上》：“得天下英才而教育之。”这是孟子所论“人生三乐”中的“一乐”，可见孟子对教育的重视。“孟母三迁”和“孟母断织”的故事也一直流传至今，启迪人们去重视教育，有效地选择教育的方式，去实现教育的效果，这本身就是教育的一种传承。

第一节 中国古代教育的发展历程

中国古代的教育是中华民族五千年文明史的见证，伴随着文明的演进，教育的内涵和方式也在不断向前发展，为不同的历史阶段培养人才，教化民众，推动历史的进步、人类的前行。纵观数千年的中国古代教育史，可以分为以下几个阶段：

一、上古时期

据汉代董仲舒《春秋繁露》，远在五帝时代，就有所谓“成均之学”，“成均，均为五帝之学”。《周礼·春官·大司乐》云：“大司乐掌成均之法，以治建国之学政，而合国之子弟焉。”按照董仲舒的说法，五帝名大学曰成均，说明这已经是一种专门化的教育形态。与之相印证的是在《尚书·尧典》中有这样的记载：“帝曰：‘夔！命汝典乐，教胄子，直而温，宽而栗，刚而无虐，简而无傲。诗言志，歌永言，声依永，律和声。八音克谐，无相夺伦，神人以和。'"从这段话可以看出，当时帝舜命夔教育贵族子弟音乐，通过教授音乐，培养学生的优秀品格，达到育人的目的，这说明最早的专门化的教育可能是从音乐教育开始的。

二、夏商西周时期

古代的教育有了制度化的雏形，教育机构和教育内容开始分门别类。

在夏朝，据《礼记·明堂位》的记载："序，夏后氏之序也。""序"就是夏朝的学校形态，夏序又有东序和西序之分，"夏后氏养国老于东序，养庶老于西序"。另据《古今图书集成·学校部》的记载，"夏后氏设东序为大学，西序为小学"。"序"的教育内容主要是军事教育，故有"夏后氏以射造士"之谓，能够入序接受教育的当然是贵族子弟，因此"序"是早期的贵族学校。而地方上的学校称为"校"，《史记·儒林列传》记载"乡里有教，夏曰校"，由此可以认定"校"是夏朝的地方学校，即乡校一类，当然其教育内容也和"序"大体一致，以军事教育内容为主。

在商朝，学校的门类更加多元。《礼记》记载："殷人设右学位大学，左学为小学，而作乐于瞽宗"，"殷人养国老于右学，养庶老于左学。"郑玄注曰："右学，大学，在西郊；左学，小学，在国中王宫之东。"可见，商朝不仅有大学、小学、左学、右学之分，也有专门教授贵族子弟音乐的教育机构"瞽宗"。

在西周，学校的教育体系初步形成。《礼记·学记》记载，西周学校的教育体系是"家有塾，党有庠，术有序，国有学"，即从家庭到地方到国家，建立起家塾、党庠、术序和国学等不同层次的教育机构。其中，国学按照不同的入学年龄又分为大学和小学，大学又分为周天子设立的大学和诸侯设立的大学。周天子设立的大学规模较大，分为五学，分布在王宫的不同方向：辟雍居中，四周分设南（成均）、北（上庠）、东（东序）、西（瞽宗）。诸侯设立的大学规模较小，且仅有一学，因其半环以水，故称"泮宫"。正如《礼记·王制》所载："天子命之教，然后为学，小学在公宫南之左，大学在郊，天子曰辟雍，诸侯曰泮宫。"学校的教育内容更加丰富，集中体现为"六艺"，即礼、乐、射、御、书、数等科目。其中，礼是伦理教育，包括道德观念、行为规范等内容；乐是艺术教育，包括音乐、舞蹈等内容；射是射箭，御是驾车，两者属于军事教育；书和数是文化知识教育，包括识字、算术和天文历法等内容。"六艺"也成为西周教育内容的总称。

三、春秋战国时期

随着文化开始下移，古代教育出现了重大变化，那就是私学的兴起。自此以后，形成了官学与私学并行不悖的发展局面。在这一历史性转变过程中起到重要作用的就是儒家先师孔子，他开创了较大规模的私学，“弟子三千人，身通六艺者七十二人”，被誉为私学的开山鼻祖。当时，诸子百家，如道家、法家、墨家、名家、阴阳家、纵横家、农家、杂家等均设立有私学，培养自己的门人弟子，形成了春秋时期教育的主流形式。在教学内容上，孔子以“六经”，即《诗》《书》《礼》《易》《乐》《春秋》为教育科目，宣传儒家“仁”的思想，以达到“克己复礼”的社会功效和教化作用。孔子之后，儒家还有孟子和荀子创办私学，将儒家思想发扬光大。

四、秦汉时期

在秦国文化专制主义的背景下，教育从形式到内容在发展上都受到了限制，从商鞅变法开始，秦国就逐步推行废除私学的举措，以法治代替礼治。秦朝建立以后，秦始皇采纳了丞相李斯的建议，下令“焚书坑儒”，这使得春秋以来百家争鸣的文化繁荣局面受到了压制。汉朝“文景之治”之后，武帝时期国力强盛，政治经济发达，长期的统一局面形成了汉文化的普遍认同感。在思想上，汉武帝接纳了董仲舒的建议“罢黜百家，独尊儒术”，完成了思想上的大一统，并且开办太学作为国家最高级别的教育机构，用于培养儒学治国的人才。太学中开设五经博士，“五经”即《诗》《书》《礼》《易》《春秋》五部儒家经典。太学规模之大，汉明帝时期，在校太学生一度达到3万余人，成为汉朝官吏选拔的主要来源。此外，汉朝为选拔官吏还推出了察举制，分为常科和特科两种。常科中的孝廉科，实行荐举制，特科中的贤良方正科，实行荐举和考试相结合的方式，其他特科还有秀才科、明经科、明法科、童子科等。

五、魏晋南北朝时期

西晋武帝时在太学之外，还新设国子学，设置国子祭酒、博士各一人，助教15人，规定只有官职五品以上的子弟方可入学，教授内容仍为儒家经学。东晋孝武帝在各州郡开办乡学，同时选拔公卿二千石的子弟入太学和国子学，元帝时期博士设置增加到16人。南朝宋文帝时期，先后开设玄学馆、史学馆、文学馆、儒学馆，梁武帝时设立律学馆，这些学馆成为专科学校设置的开端。九品中正制又称“九品官人法”，通过考察，把人按品第分为九等，即上上、上中、上下、中上、中中、中下、下上、下中、下下，成为这一时期主要的官吏选拔制度。

六、隋唐时期

隋文帝时设国子寺，隋炀帝时改国子监，设置最高教育行政长官祭酒，下设主簿、录事等职，形成了中央官学的行政体制。到了唐代，国子监隶属礼部，负责管理“六学”及广文馆。唐代设置地方教育长官，称为长史，负责管理州、县设立的官学，这样就形成了中央官学和地方官学两大官学系统。中央官学分为直系和旁系，国子学、太学、四门学、广文馆、律学、书学、算学，合称“六学一馆”，属于直系，由国子监负责管辖；崇文馆、弘文馆、医学、崇玄学、小学等属于旁系，各有隶属。地方官学也分为直系和旁系，府学、州学、县学、市学、镇学属于直系，医学和崇玄学等属于旁系。

唐代在教育内容上规定《孝经》和《论语》为必须科目，其余如大经，包括《礼记》《春秋左氏传》；中经，包括《诗经》《周礼》《仪礼》；小经，包括《易》《尚书》《春秋公羊传》《春秋谷梁传》等为选修科目。其他在学生入学资格和学习年限上也有相应的规定，如“二馆”的招生仅限于皇亲国戚和高官显宦，三品以上的官员子弟入国子学，五品以上的官员子弟入太学等，学习年限规定为九年，专科性质的律学、书学等为六年。另外，学校中设置了专任教师，有博士、助教、直讲等，并有定额编制，如按学生 300 人计算，国子学需设博士 7 人，助教、直讲各 5 人。继汉代察举制、魏晋九品中正制之后，科举制在这一时期出现了，这是延续后世 1300 年之久，通过考试选拔官吏的制度。唐朝的科举制分为文科和武科，文科又分为常科和制科，常科为每年定期考选的科目，有秀才、明经、进士、明法、明字、明算等六科，以明经和进士两科最为常见。制科为不定期考试，共分五等，考选非常严格，第一和第二等为虚设，第三等为实际上的最高等，以宋朝为例，300 年选拔进士 4 万余名，而制科只举行了 22 次，通过了 41 人，获得第三等的只有一人，就是大文豪苏轼。

七、宋元时期

宋代重文抑武的国策，使得文人的地位获得空前的提高，文化出现了高度的繁荣，教育也更加受到重视。北宋中叶以后先后兴起了“庆历兴学”“熙宁兴学”“崇宁兴学”等三次较大的“兴学”活动。总体来说，宋代的教育分为官学和私学，官学又分为中央官学和州府县学，以及医学、算学、书学、画学等专科学校，在教学门类和内容上较之唐代有了进一步的规范和拓展。更值得称道的是，宋代特殊的私学形式——书院。宋代书院的兴起始于范仲淹执掌南都府学，特别是庆历新政之后，出现了著名的四大书院：河南商丘的应天府书院、湖南长沙的岳麓书院、江西庐山的白鹿洞书院、河南登封的嵩阳书院。到了南宋，在朱熹等一批理学家的亲力亲为下，更多的书院逐渐成为理学传播的道场，盛极一时。

元代的教育延续了宋代的制度，由中央官学、地方官学和书院组成。除此之外，元代创立了独有的基层教育模式——社学，即每五十家为一社，每社设立一所学校，实现了学校教育的更大普及。

八、明清教育

由于两京制度，明代出现了两个国子监，即京师国子监和南京国子监，其他的中央官学还有宗学和武学。明代的国子监制度更加完善，监生有四个来源，分别称为举监、贡监、荫监和例监。国子监内分为六堂，即“正义”“修道”“诚心”“崇志”“广业”“率性”，从中可以看出教授的内容和目的。明代的地方官学较前代更为发达，明太祖时规定各府、州、县设立相应的学校。除此而外，在防区卫所设立卫学和都司儒学，先后设置有都转司儒学、宣慰司儒学、按抚司儒学、诸土司儒学等。明代还沿袭了元代的社学制度，在乡村广泛设立社学，教授民间子弟研习儒家经典。书院的发展在明代受到思想禁锢的影响，仅在嘉靖以后就遭受了四次全国大规模的禁毁行动，其中东林书院因顾宪成所题“风声雨声读书声声声入耳，家事国事天下事事事关心”而知名于世。

清代更大力度推行文化专制，兴起了“文字狱”，用来钳制思想。总体上看，清代教育分为官学、私学和书院三类。国子监仍然是中央官学的主要形式，清代的国子监设立了八旗官学、算学，以及招生留学生的琉球学馆和俄罗斯学馆。除国子监外，还有内务府设立的景山官学和宗人府设立的宗学，主要用来教育八旗子弟。明清两代科举制进一步程式化，八股文成为科举考试的法定文体，一定程度上束缚了读书人的思想。

第二节　中国古代教育的伟大成就

教育的使命是传承知识，普及文化，成就文明。中国古代教育很好地担起了这一使命，为中华文明的传递、中华文明的发展做出了重要贡献，出现了一批知名的教育家，建成了卓有影响的教育机构，形成了选拔人才的制度。

一、教育家

中国古代教育的发展离不开教育家的推动，他们对教育发展的作用是显而易见的。一方面他们提出了鲜明的教育思想，引导教育的发展方向；另一方面他们亲力亲为，兴办教育，培养了一代又一代传人，使他们的教育思想源远流长，流传至今。他们总是恰当地出现在历史需要他们的时刻，用他们的智慧来推动历史的前进。

春秋战国时期，周天子式微，诸侯并起，世袭的贵族不重视教育，进而导致官学的衰落，周初礼乐隆盛的局面已经远去。在这样的情况下，以孔子为代表的教育家们开始在民间兴办私学，在实践中孕育出新的办学思想和办学宗旨，更加注重读书研讨，激发学生的求知欲，创新学术思想。在教育实践的过程中，儒家思想、道家思想、墨家思想、法家思想、名家思想、阴阳家思想、农家思想等学术流派相继走上了历史舞台，形成了百家争鸣的文化大观。

以孔子、孟子、荀子为代表的儒家，注重道德教育，培养学生的道德人格；倡导有教无类，实行平民教育；强调因材施教，针对不同的学生，采取不同的教学方法；强调启发的作用，使学生能够举一反三，真正学懂弄通。

以老子、庄子为代表的道家崇尚自然主义教育，强调尊重学生的发展规律，以身施教，通过教育者的行为潜移默化地使受教育者得到感化，形成人格。

以墨子为代表的墨家强调言传身教和从实践中获取知识，在劳动中不断总结经验，提高创新技能，体现了对科技教育的重视。以商鞅、韩非等为代表的法家强调法治教育，重视通过“耕”和“战”的实际斗争锻炼和培养人才。

西汉实现统一之后，思想上的大一统就显得格外重要了，为了维护封建的统治，需要有自上而下的统一思想。董仲舒在《举贤良对策》中提出了三大教育政策，即“罢黜百家，独尊儒术”“开创太学，改革选士制度”“兴教化，正万民”。“罢黜百家，独尊儒术”形成了以儒家为正统，辅之以法家、道家的思想格局。“开创太学，改革选士制度”奠定了中国封建社会教育的基本框架，培养和选拔了维护封建统治需要的人才。太学成为以后历代封建王朝最高学府和封建教育的象征。“兴教化，正万民”通过“仁义礼智信”的纲常伦理教育，坚定了人民的封建伦理道德，并使这种道德来约束和规范自己的行为。

唐代是中国古代教育高度繁荣的时期，“文起八代之衰”的唐代大文学家韩愈在教育方面有自己独到的见解。他敢于突破流俗的禁锢，提出尊师重道，明确教师要做到“传道授业解惑”，注重儒家伦理的德育、《诗》《书》《易》《春秋》的智育，以及礼乐刑政的政治教育。他还亲自实践教育，在潮州做刺史时，拿出自己的薪俸兴办州学，大力发展地方教育。

南宋理学家朱熹是又一位在中国教育史上有着重要影响的教育家。他一生尊奉孔子，曾说“天不生仲尼，万古如长夜”，而他经过一生的努力，也被“四方仰之如泰山北斗，至谓天下第一人”。朱熹十分重视道德教育，主张将道德教育放在教育的首位，提出了“立志”“主敬”“存养”“古察”等一系列教育思想。他长期从事讲学活动，精心编撰了《四书章句集注》等多种教材；还特别重视小学教育，编成《小学》一书，作为儿童教育用书；编写了《须知》《学则》等来规范儿童道德行为习惯。朱熹的教育思想和教育活动对后世产生了深远的影响，他的《四书章句集注》也被明清两代作为科举考试的内容。

二、教育机构

中国古代教育机构产生较早，作为教育的场所，承载教育的重要功能。因为教育内容和教育形式的变化，历经沿革，传承赓续，产生了中央官学、地方官学、私学等不同的教育类型，既包括太学、国子学、四门学、律学、书学、算学等各类官学教育机构，也包括书院这样的私学教育机构。

夏商周时期，学校有“庠”“序”“校”等称谓，西周时期有了最早的高等教育机构“学”，由官府直接设置和管理，称为“官学”。春秋战国，私学兴起，以齐国的“稷下学宫”最为著名，是世界上第一所由官方举办、私家主持的特殊形式的高等学府，作为当时百家争鸣的思想中心，为繁荣学术起到了重要的推动作用。西汉武帝接受董仲舒的建议，设立了中央最高学府——太学，教授儒学，并建立了以官学为主体，初等教育（庠、序）、中等教育（学、校）和高等教育（太学）三级教学机构组成的教育体系，为此后的历代封建王朝所延续。西晋武帝时期，太学之外，设立国子学，专门培养士族子弟。隋大业三年（607），国子学改称国子监，设祭酒一人，专职管理，属下有主簿、录事各一人，统领各官学，如国子学、太学、四门学、书学、算学。各官学的博士、助教、生员皆有定额。《隋书·百官志》记载：博士，国子、太学、四门各 5 人，书、算各 2 人；助教，国子、太学、四门各5人，书、算各2人，学生，国子140人。唐代延续隋制，虽几经更名，但国子监依然是最高等的教育机构，据《旧唐书·高宗本纪》："凡六学，皆隶于国子监。"所谓"六学"，即国子学、太学、四门学、律学、书学和算学。宋沿唐制，分设西京国子监（在今河南洛阳）、东京国子监（在今河南开封）。北宋庆历三年（1043），范仲淹主持"庆历新政"，增设南京国子监（在今河南商丘）。元代继续设立国子监，管辖国子学。明代国子监规模日大，盛况空前，永乐二十年（1422），达到9900多人，当时高丽、日本、琉球、暹罗等国"向慕文教"，不断派留学生到国子监学习。明太祖定都南京时在南京建国子监。清顺治七年（1650），南京国子监改为江宁府学。清光绪三十二年（1902），南京江宁府学在四牌楼江宁府学基础上建立三江师范学堂。清光绪三十二年（1906），更名两江师范学堂，后校名多次更迭，原址在今东南大学四牌楼校区。

除作为官学的国子监等外，私学的主要教育机构书院是封建社会所特有的一种教育机构，为传统文化的传承做出了不可磨灭的历史贡献，直到今天仍广泛存在于很多高校。书院之名始于唐代，唐开元六年（718），作为皇家藏书之所的"乾元院"更名为"丽正书院"，到了开元十三年（725），又更名为"集贤殿书院"。但这不是真正意义上的书院，只是朝廷收藏图书的地方。袁枚《随园随笔》云："书院之名，起于唐玄宗之时，丽正书院、集贤书院皆建于省外，为修书之地。"南宋淳熙七年（1180）三月，朱熹在南康军任上修复白鹿洞书院，自兼洞主，亲自订立学规，即著名的《白鹿洞书院教规》。《白鹿洞书院教规》是世界教育史上最早的教育规章制度之一，对教育目的、训练纲目、学习程序及修己治人道理，都做了详尽的阐述和规定，成为后续封建社会700年书院办学的模式。岳麓书院为潭州太守朱洞始建于北宋开宝九年（976），大中祥符（1008—1017）年间，周式主持书院，宋真宗亲敕"岳麓书院"匾额，遂成为天下四大书院之一。乾道三年（1167），张栻主持书院，朱熹来访，举行了历史上有名的"朱张会讲"，盛况空前，"一时舆马之众，饮池水立涸"。这次会讲推动了宋代理学和中国古代哲学的发展，成为中国古代文化史上的一件盛事。其后，岳麓书院历经磨难，至清光绪二十三年（1903），由于清末新政，湖南巡抚赵尔巽废书院兴学堂，更名为湖南高等学堂；1926年成立省立湖南大学，1937年确立为国立湖南大学，1959年定名为湖南大学。应天府书院为北宋大中祥符二年（1009），宋真宗御赐得名。天圣四年（1026），范仲淹因母丧守制商丘，受知府晏殊之聘，主持应天书院，培养了大批人才，如王尧臣、赵鰆、张方平、富弼、孙复、石介等。王尧臣、赵螬分别中得状元和探花。“宋人以文学有声于场屋者，多其所教也。”于是，“天下庠序，视此而兴”。庆历三年（1043），范仲淹主持“庆历新政”，应天府书院改升为南京国子监，成为北宋最高学府，同时成为中国古代书院中唯一一座升级为国子监的书院。嵩阳书院初建于北魏孝文帝太和八年（484），时称嵩阳寺，为佛教活动场所。隋炀帝大业年间（605—618），更名为嵩阳观，为道教活动场所。唐弘道元年（683）高宗李治游嵩山时，作为行宫，名曰奉天宫。五代周时（951—960），改为太乙书院。宋仁宗景祐二年（1035），定名为嵩阳书院，成为儒学讲会场所。北宋洛学创始人“二程”程颢、程颐，以及司马光、范仲淹等都曾在嵩阳书院讲学，因此，嵩阳书院被誉为宋代理学的发源地之一。

三、选官制度

汉代以前官员任用多采用世袭制或军功制，世袭制依据血缘关系，军功制带有偶然性，都不是严格意义上的选官制度。到了汉代，出现了察举制和征辟制，这是选官制度的开始。“察举制”确立于汉武帝元光元年（前134），是一种由下而上荐举人才为官的制度，是两汉选用官吏最主要的途径。“察举制”又分为“孝廉”“茂才”“贤良方正”等。“孝廉”是其中最重要的一科，“孝”是指孝敬父母；“廉”是指清廉勤政，是汉代对官吏的普遍要求。东汉和帝（89—105）采纳丁鸿和刘方的建议，改以人口为单位：郡国人口不满10万的，三年举孝廉一人；人口不满20万的，二年举孝廉一人；人口超过20万的，每年举孝廉一人；人口超过40万的，每年举孝廉二人；人口超过120万的，每年举荐孝廉六人，可见，如能作为孝廉被举荐实属不易。董仲舒就是经过察举制被荐举上来的，由汉武帝亲自策问，阐述了“罢黜百家，独尊儒术”的治国方略，受到了汉武帝的重视。“征辟”则是一种自上而下的选官制度，主要有皇帝征聘与公府、州郡辟除两种方式。皇帝征聘采取特征与聘召的方式，选拔有名望的品学兼优的人士，或备顾问，或委任政事；辟除是高级官员任用属吏的一种制度。

九品中正制，又称九品官人法，是两汉察举制的延续和发展，同时又开启了隋唐科举制，起到了承上启下的作用，与察举制和科举制并称中国封建社会三大选官制度。九品中正制是魏文帝曹丕采纳吏部尚书陈群的建议，在黄初元年（220）议定的制度。《三国志·魏书·陈群传》：“文帝在东宫，深敬器焉……及即王位，封群昌武亭侯，徙为尚书。制九品官人之法，群所建也。”九品中正制在各州郡设置大、小中正官，由中央派遣官员担任。大、小中正官负责将辖区内的人才按照家世、道德、才能，分上上、上中、上下、中上、中中、中下、下上、下中、下下等九个等级进行评定后，荐举到吏部，由吏部根据品级进行任命。九品中正制将选拔官吏的权力收归中央，既起到了选拔人才的作用，也有利于朝廷对官吏的管理。

科举制采用分科取士的办法选拔官吏，因此有“科举”之名，这是中国封建社会最为成熟且持续时间最长的选官制度。至隋文帝开皇七年（587），设“志行修谨”“清平干济”两科。隋炀帝大业二年（606）设“进士科”，以试策取士，到清朝光绪三十一年（1905）举行最后一科进士考试为止，前后历经了1300多年。科举制在唐代最终确立和完备，在唐代，考试的科目分常科和制科两类。每年分期举行的称常科，由皇帝下诏临时举行的考试称制科。常科的科目有秀才、明经、进士、俊士、明法、明字、明算等50多种，其中明经、进士两科逐渐成为常科的主要科目。明经、进士两科最初都只是试策，考试内容多为经义或时务。后来开始有所变化，进士重诗赋，明经重帖经、墨义。帖经与墨义，只要熟读经传和注释就可中试，诗赋则需要具有文学才能，因此进士科得第更难，所以当时流传有“三十老明经，五十少进士”的说法。也正因为在难度上更高一筹，为士人所看重，所以进士科也就成为科举制的首选科目，历代名臣显宦大都出身进士，到了明代更是有“非进士不入翰林，非翰林不入内阁”的惯例。武则天长安二年（702），开设武举，由兵部主持考试，内容为马射、步射、平射、马枪、负重、摔跤等。宋代科举，延续了唐代的常科、制科和武举，进士科更加受到重视，通常被认为是宰相科。宋吕祖谦说：“进士之科，往往皆为将相，皆极通显。”宋代进士分为三等：一等赐进士及第，二等赐进士出身，三等赐同进士出身。录取人数由唐代的每次不过二三十人，增加到二三百人，甚至五六百人。从宋太宗开始，根据陈靖的建议，对殿试实行糊名制。糊名，就是把考卷上的考生姓名、籍贯等密封起来，又称“弥封”或“封弥”。但是糊名之后，还可以判断考生的笔迹，后来根据李夷宾的建议，将考生的试卷另行誊录，这样考官评阅试卷时，不仅无法知道考生的姓名，连考生的字迹也无从辨认。因此，糊名和誊录在一定程度上起到了防止徇私舞弊的作用。在考试的环节上，宋代以前，进士只需要通过在尚书省举行的“省试”。宋太祖开宝六年（970）起由皇帝进行殿试，并正式确立了州试、省试和殿试的三级科举考试制度，因为殿试是录取的最后一关，不须再经吏部考试，直接授官，因此录取的考生也被称为“天子门生”。明代科举考试分为乡试、会试、殿试三级。乡试是由各省主持的考试，每三年一次，逢子、午、卯、酉年举行，称为乡闱，又因考试时间在八月，故又称秋闱，考试场所称为贡院。乡试考中的称举人，俗称孝廉，第一名称解元。会试是由礼部主持的全国考试，又称礼闱，乡试的第二年，即逢辰、戌、未年在京师举行，考期在春季二月，故称春闱。考中的称贡士，俗称出贡，别称明经，第一名称会元。殿试在会试后举行，应试者为贡士。贡士在殿试中均不落榜，只是由皇帝重新安排名次。殿试由皇帝亲自主持，只考时务策一道。殿试录取分三甲：一甲三名，赐进士及第，一名状元，二名榜眼，三名探花，合称三鼎甲。二甲赐进士出身，三甲赐同进士出身。进士榜用黄纸书写，故叫黄甲，也称金榜，因此，中进士被称为金榜题名。清代科举大体沿袭明制，除此之外，还举行了三次制科考试：康乾时三科博学宏词、光绪三十九年经济特科、乾隆年间六次翻译科。从明代成化年间（1465—1487）开始，科举考试采用“八股文”，即每篇文章由破题、承题、起讲、入题、出题、起股、中股、后股、束股、落下十个部分组成。从起股至束股这四股中，每股都必须有两股排比对偶的语句，一般是一反一正、一虚一实、一浅一深，亦有联属者，共合八股，故称“八股文”。“八股文”直至清末光绪二十四年（1898）戊戌变法时才予以废除。

科举制对中国古代教育的发展产生了重要影响，宋元以后被越南、日本、韩国、朝鲜等国家长期采用；西方国家如法国、美国、英国等国家的选官制度也都受到了中国科举制间接或直接的影响。孙中山先生在其所著《王权宪法》中说：“现在各国的考试制度，差不多都是学英国的。穷流溯源，英国的考试制度，原来还是从我们中国学过去的。”

第三节　中国古代教育的思想原则

中国古代教育传承数千年，取得了辉煌的成就，这些成就的取得是对系统且成熟的教育思想的践行，历朝历代的教育家为教育思想的发生发展奉献了智慧，不仅推动了当时教育的进步，也为传播灿烂辉煌的中华文化做出了历史性的贡献。

一、德育为先的思想

中华民族尚德之风传承了数千年，教育起到了重要的作用。早期的教育家们通常把德育放在教育的首要位置，教育不仅仅是传授知识，更重要的是育人，教会学生如何做人，帮助学生树立正确的人生观和价值观。在主张德育教育上，孔子无疑是最为用心和用力的。孔子兴办私学，广收门徒，据说有三千弟子，贤者七十二。所谓“贤者”，首先就是要具有“德行”，体现为以德作为人才的评判标准。孔子在教授学生的过程中注重从四个方面来教育学生，这就是“孔门四科”，即“德行”“言语”“政事”“文学”。其中“德行”排在最前面，代表性的人物有颜渊和闵子骞。颜渊正是以其“德行”而被推为七十二贤之首。颜渊早丧，孔子曾说：“噫！天丧予！天丧予！”鲁哀公也曾问孔子哪个弟子最好学，孔子回答说颜回最好学，自从颜回死后，就再也没有那么好学的弟子了。可见颜渊在孔子心目中的地位是无可替代的。《论语》中出现的高频词是“君子”，这恰恰是孔子人才培养的标准，“君子道者三：仁者不忧，知者不惑，勇者不惧”。孔子之后的孟子倡导的是“以德服人”，“以力服人者，非心服也，力不赡也，以德服人者，中心悦而诚服也，如七十子之服孔子也”。为此，孟子主张“养气说”，“我善养吾浩然之气”。所谓“养气”，就是指按照人的天赋本心，对仁义道德经久不懈的自我修养，久而久之，这种修养升华出一种至大至刚、充塞于天地之间的“浩然之气”。在传统教育中，“五常”是最为重要的内容之一，即“仁义礼智信”。孔子提出“仁义礼”“仁者人也，亲亲为大；义者宜也，尊贤为大；亲亲之杀，尊贤之等，礼所生焉”。孟子在“仁义礼”之外加入了“智”，构成“四德”，“仁之实，事亲是也；义之实，从兄是也；智之实，知斯二者弗去是也；礼之实，节文斯二者是也”。董仲舒在“仁义礼智”的基础上又加入了“信”，认为“仁义礼智信五常之道”是与天地长久的经常法则。“以德为先”的教育思想体现在选人用人上，比如汉代的“察举制”，就是把道德的评判放在首位，专设“德”为主的孝廉、孝廉方正、至孝、敦厚等科，其余科目也都是“以德为先”，其中孝廉是“察举制”最重要的一科，“孝”是指孝敬父母；“廉”是指清廉勤政，都是德育的范畴。由此可见，中国古代“德育为先”的教育思想是根深蒂固的，不仅仅是对个人的一种要求，即使是对外邦，也很明确地提出“故远人不服，则修文德以来之”，用以德报怨的方式去平息干戈，这是中华民族高风亮节精神的体现。

二、知行合一的思想

明代王阳明首次提出了“知行合一”说，“知者行之始。行者知之成。圣学只一个功夫。知行不可分作两事”。实际上，对于“知行”的辩证理解早在孔子的教育思想中就已经存在，《论语》的第一篇是《学而》，谈的是有关学习的问题。孔子所谓“学而时习之”，实际上就包含了知与行两个方面，学就是知，习就是行。孔子甚至把“知”的过程分成了学与思两个部分，

“学而不思则罔，思而不学则殆”。如果一个人只学不思，就容易迷茫；只思不学，就容易懈怠。在知与行孰轻孰重的问题上，孔子更加重视行，认为行重于知，“君子欲讷于言而敏于行”，“由，诲汝知之乎？知之为知之，不知为不知，是知也”。孔子之后的荀子同样有对知行的理解，“知之不若行之，学至于行而止矣”。南宋朱熹提出了“知行相须”“知先行重”的观点，认为“知行常相须”，“论先后，知为先；论轻重，行为重”。与朱熹同时的陆九渊也有“致知在先，力行在后”的观点。明末清初黄宗羲认为“圣人教人只是一个行”，“致字即是行字，必以力行为工夫”，同样强调行的重要性。这种“知行合一”的教育思想其实在很多教学原则上也有所体现。比如说“因材施教”，这是最早由孔子提出并付诸实践的教学原则《论语·为政》中说“视其所以，观其所由，察其所安”，对学生“听其言而观其行”，在对学生言行充分认知的基础上，再在教学中对学生施以不同的教学方法，这种建立在知的基础上的行是科学的教学原则。又比如“温故而知新”的教学原则。《论语·为政》中说：“温故而知新，可以为师矣。”朱熹《四书章句集注》注云：“故者，旧所闻；新者，今所得。言学能时习旧闻，而每有新得。”这就告诉人们，学习是一个不断认知、不断实践的过程，只有牢固掌握了已知的知识，才能去探求未知的知识。

三、尊师重道的思想

在中国古人的观念中，“天、地、君、亲、师”是同等重要的，民间也有“师徒如父子”说法，同样体现了对教师的尊重，这是中国古代教育的光荣传统。孔子的学生非常敬佩孔子道德高尚、学识渊博，不辞辛苦，追随孔子左右，周游列国，推行孔子的政治主张。连道家的老子也忍不住赞叹孔子是人中之凤，无论走到哪里，都有一群贤人聚集在他身边。颜渊感激孔子对自己的教诲，“仰之弥高，钻之弥坚。瞻之在前，忽焉在后。夫子循循然善诱之，博我以文，约我以礼，欲罢不能”。孔子死后，弟子们在孔子墓旁搭起草庐，守丧三年，离开时仍然痛苦不舍。子贡更加不忍离开，独自又守丧三年，“夫子之不可及也，犹天之不可阶而登也”，表达了对孔子的无限敬仰。荀子把“尊师重道”提高到关系国家治理的层面，“国将兴，必贵师而重傅……国将衰，必贱师而轻傅”。唐代韩愈的《师说》是一篇阐明教师重要作用的论说文，指出了从师学习的必要性及择师的原则，抨击当时“士大夫之族”耻于从师的错误观念，倡导从师而学的风气，“古之学者必有师。师者，所以传道授业解惑也。人非生而知之者，孰能无惑？惑而不从师，其为惑也，终不解矣”。人不是生下来就懂得道理的，谁能没有疑惑？有了疑惑，如果不跟从老师学习，那些成为疑难问题的，就最终不能理解了。因此，“尊师重道”也就是一种必然的行为了。“尊师重道”同时体现了“为人师表”的道理，古代教育家对自己要求非常严格，强调“言传身教”，“以身作则”，以自己的模范行为作为学生行为习惯的表率。如《论语·子路》中说：“其身正，不令而行；其身不正，虽令不从”“不能正其身，如正人何？”孔子坚持的这种“桃李不言，下自成蹊”的“不言之教”对学生的影响是深远的。荀子在《荀子·致士》中说：“师术有四，而博习不与焉。尊严而惮，可以为师；耆艾而信，可以为师；诵说而不陵不犯，可以为师；知微而论，可以为师。故师术有四，而博习不与焉。”这便指出教师应具备的四个条件：一要有尊严的威信；二要有丰富的阅历和崇高的信仰；三要有讲授儒家经典的能力，诵说时有条有理，不凌不乱；四要能钻研和精通教材的精粗，并且善于阐发微言大义。这种对教师“为人师表”的要求，其实是“尊师重道”内容的一个方面。“尊师重道”还体现为“教学相长”的教育原则。《礼记·学记》中首先提出了“教学相长”的原则，“是故学然后知不足，教然后知困。知不足，然后能自反也；知困，然后能自强也。故曰：教学相长也”。孔颖达疏：“教学相长也者，谓教能长益于善。教学之时，然后知已困而乃强之，是教能长学善也。学则道业成就，于教益善，是学能相长也。”也就是说，通过学习，然后才会发现自己的不足；通过传授，然后才知道自己研究不深。发现自己的不足，就会心愧而努力学习，知道自己的研究不深，就求师问道而弄透事理。因此来说，传授与学习是相互促进的。所以，孔子才说“三人行，其必有我师焉”，这是一种正确的“重道”的方式。韩愈《师说》中也阐述了同样的道理，“生乎吾前，其闻道也固先乎吾，吾从而师之；生乎吾后，其闻道也亦先乎吾，吾从而师之。吾师道也，夫庸知其年之先后生于吾乎？是故无贵无贱，无长无少，道之所存，师之所存也”。真正的“尊师重道”就是要像这样去学习每个人身上的闪光点，而不会去在意其身份贵贱、年长年少，只有这样才能学到真正的东西。

【思考与练习】

1. 谈谈你所了解的中国古代四大书院。
2. 你了解科举制吗？试着简述科举制发展的历史。

第十五讲 中国古代的科技

中国是世界文明起源较早的国家，虽然四大文明古国的说法存在争议，但中国位列其中是毫无争议的。梁启超在《二十世纪太平洋歌》中认为，“地球上古文明祖国有四：中国、印度、埃及、小亚细亚是也。”美国斯塔夫里阿诺斯所著《全球通史》中称：“中东、印度、中国和欧洲这四块地区的肥沃的大河流域和平原，孕育了历史上最伟大的文明。”美国威廉·麦克高希《世界文明史》认为：“古巴比伦、古埃及、古印度、中国、古希腊是世界上的五大文明发源地。”中国古代文明被世界的认可，科技文化的发达是一个很重要的表征。英国科技史家李约瑟指出：“中国在公元三世纪到十三世纪之间保持一个西方所望尘莫及的科学和知识水平。”

第一节 中国古代科技的发展历程

中国古代科技的发展是全方位的，在长期的发展过程中不断创造新的科技领域，产生新的伟大发明。据不完全统计，从前6世纪到16世纪，在长达1000年的时间里，世界上主要的科技成果有298项，其中173项属于中国，这是中国科技为世界文明和人类发展做出的不可磨灭的贡献。

一、上古时期

在中国大地上，很早就有人类活动，考古已经发现170万年前元谋人活动留下的历史遗存，在经历了漫长岁月的旧石器时代之后，大约在1万年前，进入新石器时代，这是根据石器的加工技术来划分的时期，是中国古代科技的萌芽期。旧石器时代的石器做工比较粗糙，采用的是石头之间互相敲击的方式，最后形成适合使用的石器，这是打制石器的阶段。到了新石器时代，石器的加工技术已经有了质的飞跃，进入了磨制石器的阶段。石器加工有了工艺的流程，甚至采用钻孔技术，将石器固定在木柄上，成为木石复合的工具。最晚在2.8万年前，原始先民发明了弓箭，这是一次伟大的革命，它给人们的生产生活带来了巨大的便利。在原始社会时期，人们为了生存，发明了钻木取火，从此告别了茹毛饮血的时代，向着人类文明的时代大步迈进。农业的出现在人类文明发展史上是具有决定意义的事件，它使人们开始了定居的生活，形成了聚集性的村落，有意识地开展家畜养殖和农产品耕种，并发明了耒耜，用来播种五谷，为了保证农业生产，天文、气象、农田技术等科技领域随之萌生。

二、夏商周时期

科技的发展在于金属工具的冶炼技术日益发达，以至于达到炉火纯青的程度。从大约四五千年前的新石器时代晚期开始出现青铜铸造技术，到春秋战国时期，已经出现像编钟这样精美的青铜乐器，足见当时青铜冶炼技艺的高超。成书于春秋末期的《考工记》已经有了青铜冶炼技术的记载，这是在实践中不断总结的成果。青铜文明举世瞩目。到了西周时期，开始逐步出现冶铁技术，铁器逐渐取代了青铜器，有力地促进了社会生产力的发展。农业文明在夏商周时代发展迅速，农业成为关系国家兴衰的根本，以农为本成为一项基本国策。伴随着农业的发展，农耕技术更加精细化，水利灌溉被更加广泛地应用，大型的水利工程如前246年韩国水工郑国在陕西泾阳县修建的郑国渠、公元前256年秦国李冰父子修建的都江堰。尤其是都江堰的建成，使成都平原300万亩良田得到灌溉，“水旱从人，不知荒年，天下谓之天府也”，天府之国由此得名。在数学领域，十进位值制记数法在商周时期已普遍应用，到春秋战国时期被熟练应用于计算数学中，后来这种记数法传入印度，演变为今天通用的阿拉伯数字，这是中国数学对世界文明的重大贡献。诚如李约瑟所说：“如果没有这种十进位制，就几乎不可能出现我们现在这个统一化的世界了。”传统的历法大约始于新石器时代晚期，到春秋战国时期已经比较成熟，当时采用的古四分历，比西方早了500多年，因为传统历法和农业有着密不可分的关系，因此中国的传统历法也称为农历。春秋战国时代的《墨经》是一部早期的重要科学典籍，其中记录了几何学、光学、力学等科学知识，记载了我国最早的小孔成像实验，科学的阐释了小孔成像的原理。产生于殷周之交的阴阳五行学说，认为世界万物都由金、木、水、火、土五种基本元素构成，对传统医学、天文学、数学、农学、地学、建筑学等都产生了深远的影响。医学经典《黄帝内经》约成书于战国晚期，包括《素问》和《灵枢》两个部分，记载了人体的生理、病理、病因和诊断，包括针灸、经络等，据说是黄帝和岐伯互相问答的内容，这是中医学的开篇之作，因此中医学也称为岐黄之术。在前5世纪的春秋时期，出现了一位著名的医学家，名叫扁鹊，他发明了望、闻、问、切四诊法，还创立了脉诊的理论脉学。在治疗上，他采用砭石、针灸、按摩、汤液、熨帖、手术、导引等方法，其中导引术成为运动医学的开端。

三、秦汉时期

承载文明的重要元素造纸技术出现了，至迟在前2世纪，中国已经发明了造纸技术，东汉的蔡伦改进了造纸技术，发明了用树皮造纸的方法，扩展了造纸原料的来源，他主持制造的纸张被称为“蔡侯纸”。造纸术的伟大发明对世界文明的发展和文化交流做出了不可估量的贡献。天文科学也在向前发展，西周时期人们根据自己的观察，认为天是圆的地是方的，即天圆地方的“盖天说”。战国时期产生了“浑天说”，东汉张衡是这一学说的集大成者。他发明了浑天仪和地动仪，认为天就像一个浑圆的壳，地球圆如弹丸，居于这个浑圆的壳中，这是以地球为中心的宇宙结构理论。东汉光武帝中元元年（56），兴建了用于观测天象的国家天文台——灵台，并派驻专人进行天象观测。有美国天文学家指出：“中国古人测天的精勤，十分惊人。黑子的观测，远在西方人之前大约两千年。”两汉时期还产生了现存最早的数学专著《九章算术》，对九大类数学问题，即方田、粟米、衰分、少广、商功、均输、盈不足、方程、勾股等进行了系统的解答，是中国传统数学形成的标志。

四、魏晋南北朝时期

数学家刘徽在三国魏景元四年（263），创立了“割圆术”，对圆周率进行推算。南北朝时祖冲之在刘徽的基础上，运用“割圆术”，求出了第七位有效数字的圆周率，把圆周率计算推进到古代数学领域的最高峰，直到16世纪，阿拉伯数学家阿尔·卡西才打破了这一纪录。北魏郦道元在地理方面成就卓著，他撰写了《水经注》一书，记述了1252条河道，对因地制宜、促进农业生产起到了重要的作用。东汉班固的《汉书·地理志》是第一部以

“地理”命名的著作，对后世地理学影响很大，为国家治理提供了依据。西晋地图学家裴秀创立了中国传统地图学的制图理论“制图六体”，完成了《禹贡地域图》，这是中国和世界见于文字记载的最早地图集。三国魏机械发明家马钧改进了织机，提高了织机的生产效率和生产性能；研制出了指南车，创制了龙骨水车，制造了水转百戏，这些发明体现了古代机械技术的辉煌成就。在农学领域，北魏贾思勰撰写了《齐民要术》，是我国农学史上一部经典著作，反映了当时丰富的农业知识，建立了较为完整的农学体系。东汉医学家“医圣”张仲景写作了《伤寒杂病论》和《金匮要略》两部医书，创立了理、法、方、药俱备的辨证施治的医疗原则。此外，还有王叔和的《脉经》、皇甫谧的《针灸甲乙经》、葛洪的《肘后方》等医学著作，代表了这一时期的医学水平。

五、隋唐宋元时期

古代科技进入全面发展和全面辉煌的阶段，唐代出现了雕版印刷术，至北宋庆历年间（1041—1048），毕昇发明了活字印刷术。雕版印刷术和活字印刷术分别在12世纪和14世纪传到了西方，促进了欧洲的文艺复兴运动。在先秦典籍中有关于“司南”的记载，东汉王充在《论衡》中记载了“司南之杓”，及至唐末宋初出现了指南针，带动了航海事业的大发展，开创了人类航海的新纪元。因为炼丹，唐代中期火药在医学领域产生，到唐代末期，火药开始进入战争领域，宋代是火药发展的重要时期，不仅在《五经总药》中有完整的三个火药配方的记载，而且发明了喷射火药的突火枪，这是后世枪炮的雏形。元代天文学家郭守敬创制的《授时历》沿用了300多年，并被朝鲜、越南等国家采用。北宋沈括的《梦溪笔谈》被誉为“十一世纪的科学坐标”，记载了当时数学、天文历法、物理、地理等多个科技领域的最新研究成果。宋元之际出现了秦九韶、李治、杨辉、朱世杰，号称宋元数学四大家，他们在数学领域的贡献比西方早了五六百年。医学家孙思邈写作了《千金方》，在医学理论、内外科、妇幼科、针灸、药方等方面成就巨大，被后世尊为“药王”。撰于唐高宗显庆四年（659）的《新修本草》，是中国历史上第一部国家药典，也是世界上由国家颁行的最早的药典。唐代李皋设计的车船是现代轮船的始祖。

六、明清时期

郑和下西洋成为伟大的航海壮举，代表着当时世界造船和航海技术的最高水平。现存的《郑和航海图》《瀛涯胜览》《星槎胜览》是当时航海的产物，也是我国最早的航海图和航线记录。至迟在南宋时期出现了算盘，到明代中期以后，算盘已经普及，出现了关于算盘的著作《直指算法统宗》，书中关于珠算加减乘除的口诀沿用至今。在宋金、宋元的战争中火箭作为战争武器出现，到了明代“神火飞鸦”发明，这是一种单级火箭武器，“火龙出水”是一种二级火箭武器，“飞空砂筒”是一种可回收的火箭武器。它们的出现证明现代火箭的发源地在中国。杰出的药物学家李时珍花了26年的时间撰写了《百草纲目》，集中国传统医药之大成，是我国传统医药学的总结性著作。徐光启的《农政全书》是我国传统农学领域的集大成著作，其所蕴含的治国治民的“农政”思想直到今天仍有借鉴意义。地理学家徐霞客游历30多年，撰写了《徐霞客游记》，被称为“千古奇人”。宋应星的《天工开物》展示了有关工农业生产的工艺流程，具有很高的科学性，是一部中国农业和手工业各领域生产技术的总结性著作。康熙时期完成的《皇舆全览图》，是世界上第一部通过实测而绘制的大范围地图，是我国乃至世界测绘史上前所未有的创举。

第二节　中国古代科技的伟大成就

中国古代科技长期处于世界领先的地位，引领人类社会的共同进步，在世界文明发展史上占有至关重要的地位。每一项伟大的科技成就、每一次伟大的科技进步，都彰显着中华民族的创新精神。中国古代的四大发明走向世界，世界通过四大发明来了解中国，这就是科技的影响力。中国古代科技的发展是全领域、全方位的，而且都产生了伟大的成就，那些在灿烂科技星空中闪烁的名字和他们的发明就是最好的见证。

一、科学家

中国古代奋斗在各领域的科学家数不胜数，他们都为古代科技的发展做出了重要贡献，其中有很多科学家即使放在世界文明发展史的长河中也毫不逊色，永远闪耀着难以磨灭的光辉。

张衡（78—139），字平子，南阳（今河南南阳）人，东汉伟大的天文学家、数学家、发明家、地理学家、文学家。他在天文学方面著有《灵宪》《浑仪图注》等，在数学方面著有《算罔论》，在文学作品方面著有《二京赋》《归田赋》，发明了浑天仪、地动仪，被后世誉为“科圣”。联合国天文组织在1970年将月球背面的一个环形山命名为“张衡环形山”，1977年将太阳系中的1802号小行星命名为“张衡星”，国际小行星中心2003年为纪念张衡及其诞生地河南南阳，将小行星9092命名为“南阳星”，用以表彰他在天文领域所做的杰出贡献。张衡最为人所知的贡献是他在汉顺帝阳嘉元年（132）发明了世界上最早的地动仪，称为候风地动仪，这是世界上的地震仪之祖，比西方早了1800多年。据《后汉书·张衡传》记载：地动仪有八个方位，每个方位上均有口含龙珠的龙头，在每条龙头的下方都有一只蟾蜍与其对应。任何一方如有地震发生，该方向龙口所含龙珠即落入蟾蜍口中，由此便可测出发生地震的方向。汉顺帝阳嘉三年十一月壬寅（134年12月13日），地动仪的一个龙机突然发动，吐出了铜球，掉进了对应的蟾蜍嘴里。当时京师洛阳并无地震的迹象，然而几天以后，陇西（今甘肃天水）快马来报，那里几天前发生了地震，陇西距洛阳有1000多里，地动仪能够准确无误的测震，令世人为之惊叹。

张仲景（约150—约219），名玑，字仲景，南阳郡涅阳县（今河南邓州）人。东汉著名医学家，后人尊称为“医中之圣，方中之祖”。他一生花费了大量的时间博采众方，集历代之大成，创作了传世名著《伤寒杂病论》，熔理、法、方、药于一炉，开辨证论治之先河，形成了独特的中国医学思想体系，《伤寒杂病论》被后世尊为“医经”，对于推动后世医学的发展起了巨大的作用，直到今天仍然是学习中医必读的经典著作。清代医家张志聪评价说：“不明四书者不可以为儒，不明本论（《伤寒论》）者不可以为医。”

祖冲之（429—500），字文远，出生于建康（今江苏南京），南北朝时期杰出的数学家、天文学家。在数学方面，他在刘徽开创的“割圆术”的基础上，首次将“圆周率”精算到小数点后第七位，即在3. 1415926和3. 1415927之间，后人称之为“祖冲之圆周率”，简称“祖率”。在天文方面，他撰写的《大明历》是当时最世界上最先进的历法，按照他的推算，一个回归年的长度为365. 2428141日，与今天的推算值仅相差46秒，一直到南宋的《统天历》出现，才有更精确的数据。在机械制造方面，祖冲之设计制造过水碓磨、铜制机件传动的指南车、千里船、定时器等。其中关于千里船，史载“于新亭江试之，日行百余里”。为了表彰他的伟大功绩，国际天文学家联合会在1967年把月球上的一座环形山命名为“祖冲之环形山”，紫金山天文台将1964年发现的编号为1888的小行星命名为“祖冲之星”。

沈括（1031—1095），字存中，号梦溪丈人，杭州钱塘县（今浙江杭州）人，北宋著名政治家、科学家。沈括一生致力于科学研究，在很多科学领域都有很深的造诣和卓越的成就，被誉为“中国整部科学史中最卓越的人物”。哲宗元祐四年（1089），沈括移居江苏镇江梦溪园，直到去世，写成了《梦溪笔谈》，被英国科学史家李约瑟称为“中国科学史上的里程碑”。《梦溪笔谈》共分30卷，其中《笔谈》26卷，《补笔谈》3卷，《续笔谈》1卷。全书有17目，凡609条，内容涉及天文、历法、气象、地质、地理、物理、化学、生物、农业、水利、建筑、医药、历史、文学、艺术、人事、军事、法律等诸多领域。其中，自然科学部分是对北宋时期科学成就的重要展示，如《技艺》详细记载了“布衣毕昇”发明的泥活字印刷术，这是世界上最早的关于活字印刷的可靠史料。1979年，紫金山天文台为了纪念沈括，将1964年发现的一颗编号为2027的小行星命名为“沈括星”。

徐霞客（1586—1641），名弘祖，字振之，号霞客，南直隶江阴（今江苏江阴）人，明代著名地理学家、旅行家和文学家，被称为“千古奇人”，与西方的旅行家马可·波罗并称为“东、西方游圣”。徐霞客早在少年时就立下了“大丈夫当朝碧海而暮苍梧”的旅行大志，万历三十六年（1608），22岁的徐霞客开始了游历中国的旅程，直到56岁逝世。《徐霞客游记》是一部日记体地理名著，主要以日记形式，记录了徐霞客1613年至1639年间旅行观察所得，对地理、水文、地质、植物等现象，均做了详细记录，在地理学和文学上卓有成就。其中对地理地貌类型的记录，就有岩溶地貌、山岳地貌、红层地貌、流水地貌、火山地貌、冰缘地貌和应用地貌七种，尤其是对西南地区岩溶地貌的描述尤为详细，是世界上最早的关于岩溶地貌学和洞穴学的科学文献，代表了当时世界上最先进的水平。后世为了纪念他的功绩，将《徐霞客游记》开篇之日（5月19日）定为“中国旅游日”。

二、伟大的四大发明

马克思在《机械、自然力和科学的运用》指出：“火药、指南针、印刷术——这是预告资产阶级社会到来的三大发明。火药把骑士阶层炸得粉碎，指南针打开了世界市场并建立了殖民地，而印刷术则变成了新教的工具。总的来说，变成科学复兴的手段，变成对精神发展创造必要前提的最强大的杠杆。”由此可见，中国古代四大发明对西方社会发展进程的巨大推动作用。

（一）指南针

四大发明中起源最早，在春秋战国时期已经出现用天然磁石制成的司南，其名见于前3世纪的《韩非子·有度》：“故先王立司南以端朝夕。”《鬼谷子》中也有记载：“郑人之取玉也，必载司南之车，为其不惑也。”可见，人们对司南的特性已有了解，并有所应用，这是建立在人们对磁石吸铁性认识的基础上的。《吕氏春秋·精通篇》记载："慈招铁，或引之也。"到了东汉，王充《论衡·是应篇》指出"司南之杓，投之于地，其柢指南"，明确了司南指南的特性。"杓"通勺，指北斗第五、六、七颗星，亦称"斗柄"。由此可见，王充所记述的是一种勺状的司南，把这种司南放在地上，它的勺柄必然自动指向南方，这种勺状的司南也称为磁勺。除了磁勺之外，晋代葛洪所作的《西京杂记》中提到的"司南车"是一种半自动机械装置指南车。《宋书·礼志》记载："晋代又有指南舟。"无论指南车还是指南舟，都利用了磁性指南的特性。11 世纪初，人们又发明了指南鱼，同时在沈括《梦溪笔谈》中记载了磁针的制作方法，"方家以磁石摩针锋，则能指南"，而且沈括意识到了磁偏角的存在，因此磁针"常微偏东，不全南也"。在西方，直到 13 世纪才知道磁针偏南，哥伦布 1429 年横渡大西洋时，才测到磁偏角现象。12 世纪初，朱彧《萍洲可谈》中提道"夜则观星，昼则观日，阴晦则观指南针"，这是世界航海史上使用指南针最早的记录。指南针传到西方之后，促进了航海的发展，推动了地理大发现时代的到来。

（二）造纸术

在造纸术出现之前，文字的载体有很多，像甲骨文、金文、简牍、帛书等，要么材质昂贵，要么形制过于笨重，不利于书写和传播。最迟在前 2 世纪时的西汉初年，纸在中国问世，当时造纸的原料主要是树皮和破布，质地粗糙，仍然不适宜书写，仅可作包装之用。直到东汉和帝时期，经过蔡伦的改进，开始采用树皮造纸，并且形成了一套较为定型的造纸工艺流程。其后，造纸的原料不断发展，魏晋南北朝时开始利用桑皮、藤皮造纸。到了隋唐五代时期，竹、檀皮、麦秆、稻秆等也都已作为造纸原料。尤其是唐代利用竹子研制的竹纸，标志着造纸技术取得了重大的突破。另外，唐代开始在造纸过程中加矾、加胶、涂粉、洒金、染色等各种工艺，生产出各种各样的工艺用纸。宋元明清时期，楮纸、桑皮纸等皮纸和竹纸特别盛行，纸的用途也更加广泛，除书画、印刷和日用外，还产生了世界上发行最早的纸币"交子"。明代宋应星《天工开物·杀青》中关于竹纸和皮纸的记载，可以说是具有总结性的叙述。造纸术在蔡伦改造之后，先后传到了东亚、中亚和西方，直到 1700 年后的 1797 年，法国人尼古拉斯·路易斯·罗伯特发明了用机器造纸的方法，才取代了中国的造纸术。

（三）火药

中国是最早发明火药的国家，这要归功于古代的炼丹术。先秦时期，人们就开始寻求长生不死之药。在《战国策》中已有方士向荆王献不死之药的记载。西汉武帝渴求“长生久视”，于是招纳方士，广求丹药，促成了炼丹之风的盛行。在炼丹的过程中，炼丹家对硫黄、砒霜等具有猛毒的金石药，在使用之前，常用烧灼的办法“伏”一下，使毒性失去或减低，这种手续称为“伏火”。唐初的名医兼道士孙思邈在“丹经内伏硫磺法”中记载了“伏火”所用的配方：硫黄、硝石、皂角子在混合后比较容易燃烧，这种药被称为“着火的药”，即火药。唐朝末年，火药开始应用于军事。唐昭宗天祐元年（904），杨行密的军队围攻豫章，部将郑璠“以所部发机飞火，烧龙沙门，带领壮士突火先登入城，焦灼被体”。北宋时期建起了火药作坊，先后制造了火药箭、火球、火蒺藜、火炮等以燃烧性能为主的火药武器。北宋末年爆炸威力比较大的火器“霹雳炮”“震天雷”也出现了。南宋则在1259年造出了以巨竹为筒、内装火药的突火枪，到了元代又出现铜铸火统，称为铜将军。明代发明了多种“多发火箭”，如同时发射10支箭的“火弩流星箭”，发射32支箭的“一窝蜂”；最多可发射100支箭的“百虎齐奔箭”等。火药在12至13世纪经由阿拉伯国家传到西方。恩格斯曾高度评价了中国在火药发明中的首创作用：“现在已经毫无疑义地证实了，火药是从中国经过印度传给阿拉伯人，又由阿拉伯人和火药武器一道经过西班牙传入欧洲。”

（四）印刷术

中国是世界上最早发明印刷术的国家，其中雕版印刷术的发明始于唐朝初期，并在唐朝中后期开始普遍使用，世界上现存最早的印刷物是唐懿宗咸通九年（868）印制的《金刚经》，原藏于甘肃敦煌千佛洞，1899年发现，1907年为英国人斯坦因盗去，现藏于英国伦敦不列颠博物馆。到了北宋庆历间（1041—1048），毕昇发明了泥活字，标志着活字印刷术的诞生，比德国人约翰内斯·古腾堡活字印刷术早了约400年。沈括在《梦溪笔谈》中记录了毕昇活字印刷术的制作字形、捡字排列、印刷、并在印刷后拆解留待后来使用的完整流程。到了元代，王祯发明了木活字，并创造出转盘排字方法，提高了排字的效率；后又发明了金属活字，使活字印刷术得到了进一步改进。印刷术传到欧洲后，为欧洲文艺复兴运动的出现提供了重要的物质条件。

三、科技著作

中国古代科技在发展的过程中，伴随着科学实践的不断进步，对实践经验的总结就显得无比重要了，有志向的科学家在对前人成果进行总结的基础上，不断将科技理论推向前进，形成了体大思精的科技著作，对科技的发展起到了重要的指导作用。

（一）农业著作

中国是以农为本的社会，农业生产关系到国家和社会的发展，是中国古代文明的重要内容，因为农业而延伸出了天文历法、医药、水利、地理等其他科技领域。作为立国之本的农业，在古代社会中很受重视。《周易·系辞下第八》："包牺氏没，神农氏作，所木为耜，揉木为耒，耒耨之利，以教天下，盖取诸益。"从传说中的神农氏起，古代的农业生产就开始了，到了西汉时期，产生了被认为是第一部农书的《氾胜之书》，与北魏贾思勰的《齐民要术》、元代王祯的《农书》、明代徐光启的《农政全书》并称为"中国古代四大农书"。《汉书·艺文志》"农家类"称之《氾胜之十八篇》，唐贾公彦《周礼疏》云："汉时农书数家，氾胜为上。"《氾胜之书》约在北宋初期亡佚，现存的《氾胜之书》是从《齐民要术》等一些古书中摘录的原文辑集而成的，约3500字。内容包括耕田法、溲种法、穗选法、区田法，以及禾、黍、麦、稻、稗、大豆、小豆、枲、麻、瓜、瓠、芋、桑等13种农作物的栽培技术，反映了西汉时期农业文明的最高水平，开创了中国农书中作物各论的先例。

《齐民要术》是现存最完整的综合性农业著作，约在北魏末年（533—544）由杰出农学家贾思勰所著，全书10卷、92篇、11万字，援引古籍近200种，所引包括《泛胜之书》《四民月令》等现已失传的汉晋重要农书，系统总结了1500年前中国农艺、园艺、造林、蚕桑、畜牧、兽医、配种、酿造、烹饪、储备，以及治荒的方法，详细介绍了季节、气候和不同土壤与不同农作物的关系，被誉为"中国古代农业百科全书"。《齐民要术》产生之后，唐宋以来很多农书，均以其为范本，如元代王祯《农书》、明代徐光启《农政全书》等都受其影响。19世纪传到欧洲后，英国学者达尔文在其名著《物种起源》中称赞其是"一部中国古代百科全书"。

《农书》是元代王祯总结中国农业生产经验的一部综合性农学著作，是一部从全国范围内对整个农业进行系统研究的巨著，该书完成于元仁宗皇庆二年（1313），明代被收入《永乐大典》。全书共37集，13万余字，内容包括《农桑通诀》6集，主要为农业总论；《百谷谱》11集，主要为作物栽培各论，分述粮食作物、蔬菜、水果等的栽种技术；《农器图谱》20集，论述几乎包括了传统的所有农具和主要设施，堪称中国最早的图文并茂的农具史料。《农书》第一次对广义农业生产知识做了全面系统的论述，提出中国农学的传统体系，在中国古代农学发展史上占有重要地位。

《农政全书》的作者徐光启是明代一位杰出的科学家，他曾同耶稣会传教士利玛窦等人一起共同翻译《几何原本》《泰西水法》等科学著作，成为介绍西方近代科学的先驱；同时他自己也写了《测量异同》《勾股义》等历算、测量方面的著作；他还会通当时的中西历法，主持了一部130多卷的《崇祯历书》的编写工作。但徐光启最为关注的还是农业生产领域，他曾多次亲自从事农业生产，记录许多农作物种植、引种、耕作的经验，写出了《北耕录》《宜垦令》《农遗杂疏》《甘薯疏》《芜菁疏》《吉贝疏》《种棉花法》《代园种竹图说》等多种农业著作，为写作《农政全书》奠定了坚实的基础。《农政全书》分为12目，60卷，50余万字，包括农本3卷、田制2卷、农事6卷、水利9卷、农器4卷、树艺6卷、蚕桑4卷、蚕桑广类2卷、种植4卷、牧养1卷、制造1卷、荒政18卷，不但总结了我国古代农业生产的理论和科学方法，而且介绍了欧洲的水利技术，是我国农学史上最早传播西方近代科学知识的书籍。

（二）医学著作

中国古代中医中药学起源很早，传说中的上古神农氏亲尝百草，以辨别药物作用，并以此撰写了人类最早的医学著作《神农本草经》。春秋战国时期的扁鹊已经是当时的名医，诊疗技术和方法相当高超，最晚在两汉时期已经形成了中医的“望闻问切”四诊法，创立了中国独特的脉学理论。在中医中药学发展的过程中，相继出现了介绍中医中药学理论的著名医书，包括《黄帝内经》《神农本草经》、扁鹊《难经》、张仲景《伤寒杂病论》、王叔和《脉经》、李时珍《本草纲目》等对后世卓有影响的著作。

《黄帝内经》大约成书于春秋战国时期，为古代医家托名黄帝所作，以黄帝、岐伯、雷公对话、问答的形式阐述病机病理，同时主张不治已病，而治未病，对养生、摄生、益寿、延年多有论述。《黄帝内经》分《灵枢》《素问》两大部分，各18卷、各81篇，共计18万余字，其中《素问》偏重人体生理、病理、诊疗原理等基本理论；《灵枢》则偏重于人体解剖、脏腑经络、腧穴针灸等临床技术。《黄帝内经》作为现存最早的医学典籍，是先秦医学发展的系统性总结，奠定了中医学发展的理论基础，代表了当时医学临床的最高水平，其以“经”为名，被后世奉为“经典医籍”。

《神农本草经》大约成书于东汉时期，也是古代医家托名神农氏所作，作者非一人，成书也非一时，是现存最早的中药学著作。全书分三卷，载药365种，“法三百六十五度，一度应一日，以成一岁”。根据药物有毒无毒、性能功效，采用“三品分类法”，将365种药（植物药252种，动物药67种，矿物药46种），分为上、中、下三品，上品、中品各120种、下品125种。这是我国有记录的药物学最早分类法，为历代所沿用，是对古代中药学理论的第一次系统总结，为中药学的发展起到了奠基的作用。

《伤寒杂病论》为东汉末年医圣张仲景所作，是秦汉以来医学的集大成之作，是我国第一部从理论到实践、确立辨证论治法则的医学专著。《伤寒杂病论》经后人整理，至宋代年间，以《伤寒论》和《金匮要略》校订刊行。其中《伤寒论》主要以外感热病为主要内容，《金匮要略》以内科杂病为主要内容，奠定了中医临床学的基础。此外，《伤寒论》载方113个，《金匮要略》载方262个，除去重复，实收方剂269个，均有精妙的配伍，煎法、服法也有细致的交代，为中医病因学说和方剂学说的发展做出了重要贡献，被奉为"方书之祖"。

《本草纲目》为明代李时珍历30余年时间编写而成，借朱熹《通鉴纲目》之名，定名为《本草纲目》。全书凡16部、52卷，约190万字，收录药物1892种，其中植物1195种，附药图一1160幅，阐发药物的性味、主治、用药法则、产地、形态、采集、炮制、方剂配伍等，并录古代药学家和民间单方11096则，是到16世纪为止我国最系统、最完整、最科学的一部医药学著作，被誉为"东方药物巨典"。《本草纲目》在药物分类上改变了上、中、下"三品分类法"，采取"析族区类，振纲分目"的科学分类，把药物分为矿物药、植物药、动物药。其中动物一类，按低级向高级进化的顺序排列为虫部、鳞部、介部、禽部、兽部、人部等六部。这种从低级到高级的进化论思想，对达尔文的生物进化论起到了重要的影响。

（三）天文学著作

中国古代天文学成就斐然，遥遥领先世界数百年到上千年，但是很多的发明创造和理论成果散见于各类著述中，系统性的专著相对较少，但仍然在世界天文史上占有举足轻重的地位。

《甘石星经》是我国古代天文学专著和观测记录，是世界上现存最早的天文学著作之一。战国时齐国人甘德编有《天文星占》八卷，魏国人石申编有《天文》八卷，后人将两书合称为《甘石星经》。《甘石星经》记录了我国最早的恒星变化位置图表，石申观察了二十八星宿、中官与外官，甘德观察了金、木、水、火、土五大行星的运行，发现了五大行星的出没规律，记载了800颗恒星的名字，测定了120颗恒星的方位，在今天看来依然是比较准确的，其中甘德发现的木星三号卫星，比意大利人伽利略和德国人麦依尔的同一发现早了近2000年。《甘石星经》测定的恒星记录，是世界上最早的恒星表，比欧洲第一个恒星表“希腊伊巴谷星表”早约200年。

《授时历》为元代天文学家郭守敬主要修订，其法以365.2425日为一岁，距近代观测值365.2422仅差25.92秒，与现今通行的公历值完全一致，比西方早了300多年，是当时世界上最先进的一种历法，通行了360多年，产生了较大的影响。朝鲜、越南都曾采用过《授时历》。为了修订历法，郭守敬还改制、发明了简仪、高表等12种新仪器。他们还分别在27个地方进行天文观测，称之为“四海测验”，测出的北极出地高度平均误差只有0.35；新测二十八宿距度，平均误差还不到5秒；测定了黄赤交角新值，误差仅1秒多；取回归年长度为365.2425日，达到了当时世界最先进的水平。

《崇祯历书》为明代徐光启、李之藻、李天经、汤若望等人，从崇祯二年（1629）到崇祯七年（1634），历时五年编译而成。全书包括46种，137卷，分为节次六目和基本六目，前者是关于历法的，后者是关于天文学理论、天文数学、天文仪器的。在编纂过程中，来华耶稣会的龙华民（意大利人）、罗雅谷（葡萄牙人）、邓玉函（瑞士人）、汤若望（日耳曼人）等参与编译或节译哥白尼、伽利略、第谷、开普勒等著名欧洲天文学家的著作，书中介绍了哥白尼的《天体运行论》，明确引入了“地球”的概念，是我国古代一部比较全面介绍欧洲天文学知识的著作。

（三）数学著作

中国古代的数学早在西周时期就已经作为“礼、乐、射、御、书、数”中的一门课程来开设，是中国古代科技中相对发达的基础学科。数学方面的理论著作为数不少，隋唐国子监算学科所采用的教科书就有《周髀算经》《九章算术》《海岛算经》《五曹算经》《孙子算经》《夏侯阳算经》《张丘建算经》《五经算术》《缉古算经》《缀术》等十部数学理论著作，合称为《算经十书》。此外，还有宋元以后包括秦九韶的《数书九章》、李冶的《测圆海镜》《益古演段》、杨辉的《详解九章算法》《日用算法》《杨辉算法》、朱世杰的《算学启蒙》和《四元玉鉴》等数学理论著作。

《周髀算经》原名《周髀》，因作为唐时国子监算科的《算经十书》之一，故称《周髀算经》，约成书于前1世纪，是流传至今最早的一部数学著作，主要阐明当时的盖天说和四分历法。《周髀算经》中明确记载了勾股定理的公式：“若求邪至日者，以日下为勾，日高为股，勾股各自乘，并而开方除之，得邪至日。”《周髀算经》也是一部天文学著作，采用了最简便可行的方法确定天文历法，揭示日月星辰的运行规律，囊括四季更替，气候变化，包含南北有极、昼夜相推的道理。

《九章算术》约成书于西汉初期，稍后于《周髀算经》，一般认为是张苍、耿寿昌在前人基础上增补和整理而成的，是对战国、秦汉时期数学成就的总结。不仅如此，《九章算术》中最早提出了分数问题，首先记录了今有术、盈不足、开平方与开立方等问题，还在世界数学史上首次阐述了负数及其加减运算法则，在数学发展史上遥遥领先，标志着我国古代数学形成了完整的体系。

《数书九章》为南宋数学家秦九韶所著，原名《数术大略》或《数学大略》，因全书分为九类，每类一章，改名为《数学九章》。《数书九章》对自然数、分数、小数、负数都有专条论述，第一次用小数表示无理根的近似值。同时，秦九韶还提出以一次项系数除常数项为根的第二位数除法，比西方最早的霍纳方法早了500多年。《数书九章》是对《九章算术》的继承和发展，总结了当时我国传统数学的主要成就，标志着我国古代数学的高峰。

第三节　中国古代科技的精神特征

中国古代科技的发展是以中国传统文化为内驱动力的，每一步的科技创新都带有文化的印记，美国学者李克特就认为，科学是一种文化过程，“是传统文化知识的一种生长物”。社会学家奥格本在《社会变迁》中强调科技创新是社会文化支持的产物，“在根本没有轮子的文化中，不可能造出，也不可能发明出机器驱动的轮子”。因此，古代科技在发展的同时，呈现着传统文化显性的精神特征。

一、实用主义精神

中国传统文化强调的是经世致用，从儒家思想对儒生“修身齐家治国平天下”的普适性要求，就可见一斑。儒家思想是一种入世哲学，“学而优则仕”，说的是要把儒家的圣贤之道学懂弄通，然后去为国家社会服务，这也是实用主义精神的体现。不仅儒家，墨家也重实用，墨子就认为，与其做能在空中飞翔三日不落的木莺，还不如做能载五十石重的大车。因为在他看来，三日不落的木莺巧则巧矣，但没有实用价值，然而一辆大车却可以用来拉东西。这是先秦哲学普遍具有的一种实用观。从实用的角度而言，古代科技中最先受到重视的就是农业。“民以食为天”，这是最实用的需求，因此农业就成为中国古代科技早期发展中最核心的内容。从神农氏开始，遍尝百草，为人们寻找可供食用的谷物，到教会人们创制斧斤耒耜，教导人们种植谷物，农业出现了。农业出现的同时，为了选择可种植的作物，中医药学出现了。在农业劳动实践中，为了更好的收成，需要观察天时和星象的变化，天文学也跟着出现了。为了测量土地的需要，算学也出现了。为了保持水土，改善种植环境，人们还兴建了很多水利工程设施，都江堰、郑国渠等大型水利工程，成为世界水利工程史上的奇迹。可以看出，上述所有的科技进步都是围绕农业来进行的，这是传统文化的实用主义精神对科技发展的引导。以数学著作《九章算术》为例，其所记载的246个应用题及一般解法都体现了实用性。正如李约瑟所说："从它的社会根源来看，它与官僚政府组织有密切联系，并且专门致力于政府官员所要解决的问题，土地丈量、谷仓容积、堤坝和河渠的修建、税收、兑换率——这些似乎都是最重要的实际问题。"再比如天文学，也体现出很强的实用功能，无论是历法的制定，还是占卜天象，都是为满足农业发展的需要。像我们所熟知的"二十四节气"就是天文学领域为了指导农业生产而创制出来的。2006年，"二十四节气"被正式列入联合国教科文组织人类非物质文化遗产代表作名录。还有被马克思称为"预告资本主义社会到来"的"四大发明"，同样产生于实用的需要。如指南针被西方用来航海，发现新大陆，开展殖民统治，在中国更多的是被用于看风水、选茔地；火药是炼丹家们为寻求"不死之药"而无意中发明的，在西方主要作为火器使用，用于战争，而在中国更多是用于制作鞭炮和焰火，"以清脆的响声和绚丽的光彩装饰封建社会的升平景象"，至于用作火器，则仅限于"代矢石之施""作鼓角之号""通斥候之信"。中国古代科技这种明显的实用性，对改善人们生产生活无疑起到重要的作用。

二、创新精神

中国古代的科技长期领先于世界，创造了很多举世闻名的重大发明，当汉唐盛世的科技成就享誉世界之时，欧洲还处在中世纪前的黑暗时代，这种巨大的反差，体现的不仅是中国文化的先进，也体现了中国文化影响下的科技创新精神带来的科技进步，促成了经济社会高度文明的盛世的出现。宋元至明初，在世界重大科技成果中，中国人创造的就占了58%，这是我国古代科技创新精神最直观的呈现，而科技的创新精神，根源在于文化。在《大学》"经"之"传"中，引汤之《盘铭》曰："苟日新，日日新，又日新。"引《康诰》曰："作新民。"引《诗》曰："周虽旧邦，其命惟新。"早在先秦时期，中国文化中的创新精神就体现得如此淋漓尽致，革故鼎新、吐故纳新、推陈出新等许多的成语也都体现了创新的精神。《考工记》是目前已知年代最早的手工业技术文献，记载了木工、金工、皮革、染色、刮磨、陶瓷等六大类30个工种的内容，反映出当时中国所达到的科技及工艺水平。《考工记》中就鲜明表达了“尚巧求精”的创新观念，“知者创物，巧者述之守之，世谓之工”，有智慧的贤者进行创新设计，能工巧匠进行制造，世代传承工艺者称为“工”。正是这样的一种对创新精神的推崇，古代科技发明层出不穷，令人叹为观止。李约瑟在《中国科学技术史》中按照26个英文字母的顺序列举了中国古代的26项发明：“（a）龙骨车、（b）石碾并用水力驱动、（c）水力冶炼鼓风机、（d）旋转风扇和扬谷机、（e）活塞风箱、（f）提花机、（g）缫丝机、（h）独轮手推车、（i）帆车、（j）磨车、（k）胸带和颈圈挽具、（l）弩、（m）风筝、（n）竹蜻蜓和走马灯、（o）钻井术、（p）铸铁、（q）”卡丹“挂环、（r）拱桥、（s）铁索吊桥、（t）运河闸门、（u）船舶和航运、（v）船尾舵、（w）火药和相关技术、（x）运河闸门、（y）纸和印刷书（雕版和活字）、（z）瓷器。”最后，他写道：“二十六个字母用完了，我该停下来了。但是还有很多例子，甚至重要的例子，如有必要，也列得出来。”后来，他的助手和学生坦普尔列出了100项，出版了《中国——发现和发明的国度》。

三、整体精神

有学者指出，“中国古代在许多专门领域已有系统的论著，如《黄帝内经》《天工开物》等。如果说当代西方科学可以称为‘精确科学’的话，那么中国古代科学可以称作‘整体性科学’”，这是对中国古代科技较为恰切的论断。整体和谐的思想有力地促进了医学、数学、建筑学等的发展。中国古代的思想家们注重人与自然的和谐，“天人合一”的观念在很早以前就出现了，《淮南子·精神训》曰：“天地运而相通，万物总而为一。”这种观念被直接应用于医学领域，指人作为“小宇宙”是如何与天地这个大宇宙相应的，“人生天地之中，体自然之形”。例如《灵枢·邪客》说：“天圆地方，人头圆足方以应之。天有日月，人有两目。地有九州，人有九窍。天有风雨，人有喜怒。天有雷电，人有音声。天有四时，人有四肢。天有五音，人有五藏。天有六律，人有六府。天有冬夏，人有寒热。天有十日，人有手十指……此人与天地相应者也。”这里把人体形态结构与天地万物一一对应起来，人体的结构可以在自然界中找到相对应的东西，人体仿佛是天地的缩影，目的在于强调人的存在与自然存在的统一性。《黄帝内经》认为人体与宇宙之间存在内在规律的一致性，强调人体自然节律是与天文、气象密切相关的生理、病理节律，故有气运节律、昼夜节律、月节律和周年节律等。其基本推论是以一周年（四季）为一个完整的周期，四季有时、有位，有五行生克。例如《素问·藏气法时论》认为，一年分四时，则肝主春、心主夏、肺主秋、肾主冬……其昼夜节律也是将一日按四时分段，指人体五脏之气在一天之中随昼夜节律而依次转移，则肝主晨，心主日中，肺主日入，肾主夜半。这种古代中医学所主张的人体的小宇宙和天地的大宇宙的合规律性，就是一种整体精神。

【思考与练习】

1. 简述中国古代的四大发明都有哪些突出贡献。
2. 谈谈你喜欢的一位古代的科学家，他有哪些让你钦佩的伟大成就？

主要参考文献

[1] 金元浦，谭好哲，陆学明．中国文化概论［M］．北京：首都师范大学出版社，2017．

[2] 张岱年，方克力．中国文化概论［M］．北京：北京师范大学出版社，2004．

[3] 金元浦．中国文化概论［M］．北京：中国人民大学出版社，2015．

[4] 陈一平，孙雪霞．中国文化概论［M］．北京：北京大学出版社，2017．

[5] 张应杭，蔡海榕．中国传统文化概论［M］．上海：上海人民出版社，2013．

[6] 王新婷．中国传统文化概论［M］．北京：中国农业大学出版社，2011．

[7] 孟建安，苏文兰．中国文化概论［M］．广州：暨南大学出版社，2016．

[8] 方克力，周德丰．中国文化概论［M］．北京：北京师范大学出版社，2019．

[9] 魏本权．中国文化概论［M］．济南：山东人民出版社，2014．

[10] 何晓明，曹流．中国文化概论［M］．北京：首都经济贸易大学出版社，2019．

[11] 邓天杰．中国文化概论［M］．北京：北京师范大学出版社，2018．

[12] 王丹，孙淑萍．中国传统文化概要［M］．苏州：苏州大学出版社，2013．

[13] 俞思念，魏明，等．当代中国文化发展战略［M］．武汉：华中师范大学出版社，2010．

［14］李灵，尤西林，谢文郁. 中西文化交流［M］. 北京：人民出版社，2009.
［15］邵汉明. 中国文化精神［M］. 北京：商务印书馆，2000.
［16］张岱年. 中国伦理思想研究［M］. 南京：江苏教育出版社，2005.
［17］田亮，陈丛兰. 中国传统伦理概论［M］. 西安：西北工业大学出版社，2012.
［18］张建安. 中国古代哲学［M］. 长沙：湖南科学技术出版社，2009.
［19］王月清. 中国古代哲学经典［M］. 南京：江苏人民出版社，2014.
［20］麻天祥. 中国宗教哲学史［M］. 北京：人民出版社，2006.
［21］王力. 中国语言学史［M］. 上海：复旦大学出版社，2018.
［22］傅书华，孟旭. 教苑之旅——中国古代的教育［M］. 北京：希望出版社，2012.
［23］金秋鹏. 中国古代科技［M］. 北京：中国国际广播出版社，2010.

后记

习近平总书记在党的十九大报告中指出："文化是一个国家、一个民族的灵魂。文化兴国运兴，文化强民族强。"中华民族五千年深厚的文化积淀不仅铸就了中华民族的品格特征，也成为推动历史进步、国家富强的内驱动力，是最值得珍视的精神财富。当前，世界正经历着百年未有之大变局，新一轮科技革命和产业革命将给世界带来更多的不确定性，人类文明面临更多的机遇和挑战，新的政治、经济、社会、文化生态格局正在形成。如何应对这一重大的时代命题，不仅要从现在和将来寻找答案，更要从历史和文化中寻求借鉴。

青年是国家的未来、民族的希望，"中华民族伟大复兴的中国梦终将在一代代青年的接力奋斗中变为现实"，青年一代有理想、有本领、有担当，国家就有前途，民族就有希望。因此，促进青年健康成长和全面发展，使其树立正确的理想和价值观，是教育工作者应有的担当。习总书记反复强调，青年的价值取向决定了未来整个社会的价值取向，而青年又处在价值观形成和确立的时期，抓好这一时期的价值观养成十分重要。要引导青年学生勤学、修德、明辨、笃实，成为社会主义核心价值观的坚定信仰者、积极传播者和模范践行者，帮助他们"扣好人生的第一粒扣子"。这一切工作的前提就是要熟谙我们的历史和文化，在文化自信中坚定理想信念。

文化是如此的重要，尤其是中国的优秀传统文化，怎样让青年学生在优秀传统文化中感受文化的博大，领悟理想的真谛，获取前进的力量，是高等院校和教育工作者需要关注的。

镇江市高等专科学校是一所拥有深厚文化底蕴的百年老校，办学渊源可追溯到 1912 年我国职业教育的先行者吕凤子先生所创办的正则女校。在长期的办学过程中，镇江高专接续传承吕凤子先生"爱无涯、美无极"的文化育人理念，凝炼形成内涵丰富的"崇爱尚美"的校园文化。文化育人特色品牌荣获教育部高校文化建设优秀成果奖。在这样浓厚的文化育人氛围中，镇江高专从事文化通识课程教学工作的教师们更加注重汲取传统文化的精髓，总结课堂教学的经验，兢兢业业地为学生点亮文化的指路明灯。“中华文化概论”课程作为教育部规定必须开设的公共必修课，就是这样的一盏指路明灯，在镇江高专已经开设了数年时间，在一代代教师和一届届学生中开宗明义，传承精华，丰富了精神，圆满了人生。

为了更好地开展“中华文化概论”课程的教学，我们编写了这部《中国文化概论十五讲》教材，将我们多年教学的思考和心得融入其中，同时也是作为我们多年教学经验的一个总结。从教材总体上来看，本教材整体框架较为清晰，于核心概念、涉及范围、学习目的、学习方法等问题均预作说明，始于文化之物质基础、政治结构，依序介绍发展历程和各具体文化领域，各主题章节之间逻辑顺序较为合理，体例基本一致。从教材内容上来看，本教材设计了十五讲，列举文化中的重要门类，包括哲学、宗教、文学、史学、艺术、教育、科技都一一在列，有利于学生对中国传统文化的精华进行简明扼要的通盘学习、全盘把握，做到纲举目张，执本末从。从教材形式上来看，本教材充分考虑了高职院校的学情，尽量以简洁通俗的语言说明问题，而非囿于学术问题而产生理解上的争议，并且为每一讲设计了思考题，以启发学生思考，引导学生对主要内容正确掌握。

需要指出的是，教材在编写的过程中得到了镇江高专相关职能部门领导的关心和帮助，并将教材立项为校级教材建设项目；江苏大学出版社在教材出版过程中给予了大力的支持和指导；同时为了让这部教材与时俱进，我们也参阅了专家学者最新的研究成果，在此一并表示感谢。囿于编者的水平有限，本教材难免存在疏漏与错讹，恳请广大同仁和读者批评指正，我们将在教学过程中不断修订和完善教材，以期交出一份让大家满意的答卷。衷心希望我们精心浇灌的这朵中华传统文化之花能够历久弥新，常开常艳，“若待上林花似锦，出门俱是看花人”。

编　者

2020 年 6 月